바람직한 기업의 필수조건

ESG경영
규범적 도입과 전략적 실행

명재규 · 윤덕찬 · 김종대

ESG 경영을 도입하면 무조건 기업의 수익성이 좋아지는가?
아니면 기업의 장기 존속이 보장되는가?

오해에서 비롯되는 질문에 대한 명쾌한 답!!

도서출판 아딘크라

본 저서는 환경부의 [녹색융합기술 전문인력 양성사업]의 일환인 [녹색금융 특성화대학원] 사업의 지원으로 출판되었습니다.

바람직한 기업의 필수조건
ESG경영 – 규범적 도입과 전략적 실행

저자의 글

이 책은 최근 강조되고 있는 ESG에 대한 이해와 적용에 대한 내용을 담고 있다. 가히 열풍이라고 표현될 만큼 관심을 받는 ESG는 환경(Environment), 사회(Socail), 지배구조(Governance)를 뜻한다. 기업의 사회적 책임이나 지속가능경영 등의 표현으로 간간히 주목을 받아 왔었는데 지금은 ESG란 이름으로 모두에게 화두가 되고 있다.

오래 전 학부 때 일이다. 당시 전공선택 과목으로 기업윤리라는 교과목을 청강했었는데 외부에서 활동하시는 시간강사님께서 오셔서 강의를 해 주셨다. 수업 첫 시간이었던 걸로 기억한다. 당시 강사님께서 '여러분이 경영학 공부를 계속 하시려면 이 분야를 선택하는 것도 좋아요. 다들 마케팅, 재무 등등을 선택하니까 희소가치가 있거든요.'라고 농담 섞인 과목소개를 하셨다. 그것이 인상 깊었었는지, 계기가 되었는지, 이후 1990년대 후반에 처음으로 지속가능발전에 대한 개념을 접하고 환경친화적인 경영에 대한 전공으로 석사과정을 마쳤다. 지금은 작고하신 석사 시절 은사님께서 '조만간 너희들의 시대가 올 것'이라며 가치가 있는 분야를 공부하는 것이니 학업을 게을리 하면 안 된다고 독려하셨던 기억도 생생하다. 이후 연구원 시절과 박사학위를 거치면서 기업의 지속가능성, 기업의 사회적 책임, 기업윤리 등은 주 전공분야가 되었다.

하지만 세상과의 소통은 그렇게 쉽지 않았다. 일단 관련 개념부터 공유가 되어야 하는데, 미디어를 통해 전달되는 기업의 사회적 책임은 대기업들의 연말 사회공헌활동으로만 소비되고 있었고, 지속가능경영이라는 용어는 단순히 기업이 오래도록 존속한다는 뜻으로 축소, 왜곡되어 있었다. 특히 연구원 시절 기업체 담당자에게 개념에 대한 이해와 전략적 도입의 필요성을 설득하게 되면 대부분의 반응은 '중요한 것 알겠고, 무슨 의미인지 이해했으나 우리 회사는 아직 그렇게 할 필요는 없고 적절히 대응하겠다.'는 모습이었다. 모 기업에게 CSR(기업의 사회적 책임)전략 컨설팅 결과를 제시할 때는 NGO수준의 요구를 최종보고서에 담을 수는 없다며 난색을 표하는 피드백도 있었다. 최고경영자의 윤리성과 관련된 분야와 기업윤리를 주로 공부하며 전공으로 삼았을 때, 주위로부터 대학 임용이 힘든 전공을 굳이 공부하는 이유가 무엇이냐는 질문도 심심찮게 받았다. 서문에 개인적인 이야기를 굳이 풀어 놓은 이유는 그만큼 한국사회에서 이 분야는 중심에 있지 못했다는 사실을 강조하고 싶은 마음에서다.

전 정부시절 만들어진 대통령직속 지속가능발전위원회가 정권교체와 함께 녹색성장위원회로 바뀌면서 지속가능성의 개념이 정책적으로 축소되었었고, CSV라는 유행어가 경영학의 본질적 개념인 CSR을 대체하는 개념으로 회자되는 것을 목도하면서 좌절도 했었으나, 그러던 여건이 2년 전부터 급변하기 시작했다. 무려 20년을 기다린 소회라고나 할까. 과거에 사람들의 관심 밖에 멀리 있던 분야가 매일 여기저기서 화제로 오르내리는 상황이 기쁘기도 하지만 한편으로는 아쉬움도 함께 커가는 것을 느낀다. 드디어 '우리들'의 시대가 온 것 같은 현실을 마주했는데 왜 그럴까? 이 책은 이러한 인식에서 시작되었다. 지금 한국의 ESG 현상의 특징은 어떠한가? 아마도 지금 제시하는 몇 가지 아쉬움과 문제의식이 이 책의 집필 동기로 볼 수 있겠다.

첫째, 최소한 한국에서 뜨거운 관심을 받는 ESG는 자본시장의 목소리가 더해진 것에 기인한 바 크다. 투자기관, 은행, 신평사 등 대부분의 자본시장의 플레이어는 그간 이 분야에 대한 관심이 전혀 없었다. 그들의 관심은 전통적인 재무성과에 집중되어 있다. 기업가치 극대화 내지는 수익률 극대화가 중요하고 채권의 상환가능성이 높아야 하는데 환경이나 사회적 이슈는 그러한 목표에 연결고리를 찾기 힘들었다. 기업의 환경, 사회적 성과가 높으면 재무적 성과가 높아진다는 인과관계를 증명하지 않는 이상 자본시장은 관심을 두지 않으니, 아무리 ESG가 중요하다고 해도 움직이지 않았던 것이다. 그러나 최근에는 무슨 연유인지 자본시장이 큰 관심을 갖고 ESG 열풍을 주도하고 있다. 인과관계를 확인했다는 의미일 수도 있겠다. '돈이 되는 ESG'가 갑자기 확인이 되었다니 기쁜 일이지만, 한편으로는 30년간 학술적으로 탐구해온 인과관계의 불확실성이 갑자기 증명된 것에 대해 의구심이 들 수밖에 없다. 문제의식은 여기서 시작된다. 모든 산업계와 자본시장, 정부가 나서서 ESG를 외치지만 만일 ESG가 돈이 되지 않는다는 '진실'이 밝혀지면 이 열풍은 어떻게 될까? 하루아침에 이전으로 돌아가지는 않을까? 우리가 ESG를 추진해야 하는 이유를 수익성으로만 설명하는 것이 과연 옳을까? 매우 중요한 질문이고 ESG를 대하는 모든 사람과 조직이 곱씹어 봐야할 주제이지만 누구도 이 질문에 대해 관심을 두려 하지 않는다.

둘째, ESG 평가와 기업의 대응에 대해서 생각해 봐야 한다. ESG 평가는 자본시장의 투자 등에 필요하기 때문에 수행되는 절차로 볼 수 있다. 비유를 하자면 마치 학생이 꾸준히 공부한 내용을 시험 보듯이, 기업은 그간의 ESG 경영의 성과를 확인 받는 것이다. 당연히 공부가 시험보다 우선이다. 공부에 충실하고 꾸준하면 시험성적은 따라오게 되어 있다. 합격여부가 중요하다고해서 평소에 공부에 관심 없던 학생이 갑자기 족집게 과외를 받는 모습은 바람직하지 않으며 그것이 반복되면 돈만 낭비하고 아무런 유익이 없이 결국 실패하게 된다. ESG를 대하는 기업의 태도에서 아쉬움이 드는 대목이다. 또한 ESG를 해야 한다면 기업은 어떻게 해야 할까? 당연히 전략적인 고민이 필요하다. 경영전략이란 기업의 자원을 효율적으로 활용하여 경쟁우위를 만들고 그 결과 경쟁자보다 높은 수익률을 얻기 위한 의사결정이다. 경영환경의 변화는 기업이 전략적인 선택을 하게 만드는 동인이다. 외부환경분석과 내부역량분석은 전략의 기본이다. ESG도 당연히 그 안에 포함된다.

환경, 사회적 측면을 전략에 통합하려는 노력이 필요한데, 여전히 ESG 평가라는 시험에 답을 달기에 급급하다.

마지막으로 여전히 지금도 ESG에 미온적인 기업들, 관심을 두지 않고, 회사와 관련 없다고 생각하는 많은 기업들이 있다. 많은 중소기업들이 여기에 해당된다. 확실한 것은 ESG는 대기업만의 숙제나, 글로벌 비즈니스에서만 다루는 주제가 아니다. 경영의 범위는 확대되어 간다. 과거에는 의사결정의 중요한 사안이 아니었던 것들이 지속적으로 포함되어가고 있다. 기후변화 이슈도 적응체제도 그렇고 공급망 상에서 통합적으로 ESG를 바라봐야 하는 필요성도 마찬가지다. 적극적인 참여와 고려가 선도기업의 우위(First Mover Advantage)를 만들어 낼 수 있다.

이 책은 최근에 유튜브나 다른 자료에서 자주 다루는 ESG와 수익률의 관계를 강조하고 있지 않다. 위에 전한 문제의식 속에서 이야기를 할 것이다. 1장은 ESG의 배경과 관련 개념에 대해서 다루고 있다. ESG는 최근에 나온 개념도 아니고 이전에 회자되었던 용어들과 크게 다르지 않다. 관련 개념에 대해서 알아보면서 ESG가 본질적으로 어떤 의미를 담고 있는지 확인할 것이다. 2장은 최근에 대두된 ESG의 특징과 핵심개념, 최근의 관련 동향 중에서 주목해야 할 것들을 다룬다. 그럼으로써 자연스럽게 ESG는 기업에게 필수적인 고려사항이 될 수 밖에 없음을 확인한다. 3장은 기업이 ESG 경영을 도입할 때 고려해야 할 요소들을 점검해 본다. 우선은 전통적인 전략경영의 틀 안에 ESG를 통합하는 것이 구체적으로 어떤 것인지 기존의 경영전략에서 논의하는 방법론을 빌어서 설명한다. 일반 경영전략 교재에서 다루는 주제이지만 ESG도 그 안에서 논의되어야 함을 확인한다. 더불어 중대성 평가절차를 설명한다. 기업이 ESG 경영을 도입하는데 있어 첫 단계는 중대성 평가를 통해 핵심이슈를 도출하는 것이다. 구체적인 절차는 기업의 몫이므로 여기서는 중대성 평가절차의 기본적인 개념과 일반적인 방법론만을 제시한다. 실제 적용 시 도움이 되기 바란다. 마지막으로 지속가능발전소(주)의 윤덕찬 대표와 나눈 대화를 실었다. 본문에서는 현재 한국에서 구체적으로 일어나는 실무적 동향을 구체적으로 다루지 않았다. 다른 자료를 통해서도 적시에 필요한 동향정보를 얻을 수 있으나, 독자들에게 본문의 맥락과 연결하여 실무적 흐름을 이해하는 것이 도움이 된다고 판단했다. 또한 지금까지 ESG 평가사업을 뿌리내리는 과정을 보면서, 윤대표가 가진 ESG에 대한 전문적인 식견과 ESG에 대한 진정성을 믿었기에 부록을 추가했다.

지금도 ESG의 확산을 위해 학계는 물론 실무적으로도 많은 연구와 자문을 하시는 은사님이신 김종대 교수님이 책의 완성을 위해 많은 도움을 주셨다. 연구를 진행하고 논문을 발표했던 과정마다 교수님의 가르침이 큰 힘이 되었다. 본문에 있는 많은 내용은 과거 교수님과 논의하고 함께 고민했던 주제들이라고 봐도 무방하다. 특히 CSV에 대한 비판과 지속가능성의 의미에 대한 토론은 잊기 힘든 생생한 기억으로 남아 있으며, 그 내용은 본문에 거의 그대로 들어가 있다. 아무도 관심두지 않던 이슈를 진지하게 앞서서 토론하고 글로 써서 발표했었던 과거를 떠올리니 의미 있던 시간이었던 듯하다.

이 책은 수필과 같은 대중서로 쓴 것은 아니지만 회사에서 ESG를 고민하는 모든 분들, 비영리 조직에서 관련된 활동을 하시는 분들 모두 편하게 읽을 수 있도록 구성했다. 또한 대학교재로서 경영학 전공을 하는 학부생과 대학원생이 공부하는 데도 적합하다고 생각한다. 학계분 아니라 컨설팅, 교육, 평가, 투자, 정책입안 등의 모든 영역에서 ESG 확산을 위한 모든 분의 노력이 넘치고 있음을 안다. 이 책은 그러한 모든 분들의 노력에 작은 도움이 되는 자료로서 활용되기 바란다.

여전히 부족함이 많은 책이다. 끝까지 확인했으나 오류가 혹시 있어도 독자들은 너그럽게 봐주기를 바란다. 시간도 촉박했고, 독자가 편히 읽을 수 있도록 인용의 경우 본문의 문장에 언급하고 별도의 주석을 달지 않았으나 개선해야 할 부분이다. 학술적인 인용에 대한 부분과 구체적인 부연설명을 추가하는 것은 다음 기회로 넘긴다. 마지막으로 아무쪼록 이 책을 통해 왜 기업이 ESG를 해야 하고, 어떻게 ESG를 해야 하는지 알아가는 데 도움이 되기를 바란다.

명재규 씀

차례

제1장 ESG의 배경과 관련개념 / 1

제1절 ESG를 이해하기 위하여 ································· 3
제2절 자본주의 시장경제와 기업 ···························· 11
제3절 경영과 의사결정 ·· 32
제4절 지속가능발전에 대한 논의 ···························· 37
제5절 기업의 지속가능성과 사회적 책임 ·················· 50
제6절 이해관계자 참여 ·· 69
제7절 기업윤리와 의사결정 ···································· 78
제8절 공유가치창출(CSV)과 CSR ··························· 98

제2장 ESG의 개념과 동향 / 109

제1절 ESG 현상의 의미와 이해 ···························· 111
제2절 ESG 동향의 특징 ······································· 124
제3절 ESG 동향과 과제 ······································· 136

제3장 기업의 전략과 중대성 평가 / 147

제1절 전략경영과 ESG ·· 149
제2절 중대성 평가 ·· 170

부록. 국내 ESG 현황 관련 대화 / 187

소개와 배경 ·· 191
ESG 평가방식과 사례 ·· 196
기후변화 관련 동향 ·· 204
ESG관련 투자 ·· 211
국내 기업의 ESG ··· 219
기업의 태도와 그린워싱 ······································ 227
마무리 ··· 234

마무리 글 / 237

제1장

ESG의 배경과 관련개념

제1장

ESG의 배경과 관련개념

제1절 ESG를 이해하기 위하여

들어가며

　최근 사회경제 측면에서 강조되고 있는 ESG를 바르게 이해하기 위해서는 개념정리가 필요하다. 우리 주위의 여러 현상을 설명하는 기본적인 접근방식은 용어에 대한 이해로 시작한다. 쉽게 생각하면 정확하게 용어가 가진 뜻을 정리하는 것이 필요하다. 이 글은 다양한 관련 용어를 중심으로 ESG가 무엇인지 확인하는 과정을 거칠 것이다. 그 이후에 경영학에서 전통적으로 강조하는 전략적 의사결정과의 관계를 짚어 보면 지금까지 우리가 ESG에 대해서 간과하거나 잘못 생각한 것이 무엇인지 드러날 것이다. 미리 전달하자면 기업경영의 중심에는 전략적 의사결정이 있고 ESG도 이 틀에서 생각해야 한다. 전략적 의사결정과 연결하여 ESG에 대한 이해를 정리하다 보면 기업이 어떻게 ESG를 이행할 것인지에 대해서도 힌트를 찾을 수 있을 것이다.

너도 나도 ESG를 외치는 지금 우리는 제일 먼저 이러한 질문을 하게 된다. '갑자기 무슨 이유로 모두들 ESG를 중요하다고 하고 있을까, 왜 그럴까?' 좀 더 나아가 ESG가 환경(Environment), 사회(Social), 지배구조(Governance)의 약어라고 알아채는 순간 다음과 같은 의문점도 생긴다. 'ESG라는 것은 과거에도 중요하다고 강조하던 기업의 책임이나 사회적 역할과 유사한 것 아닐까?', '유사한 정도가 아니라 같은 것은 아닐까?', '언제부턴가 기업의 지속가능성이나 지속가능경영, 혹은 기업이 지속가능해야 된다는 표현을 자주 접했는데, 비슷한 것 아닐까?'라는 생각을 많이 할 수도 있다. 관련 문서를 많이 접하고 나름의 공부를 한 사람이라면 특히 '최근에 한국에서 기업의 사회적 책임이라고 번역을 해서 사용하는 경영학 용어인 코퍼레이트 소셜 리스판시빌러티[Corporate Social Responsibility: CSR]와 비교해서 어떻게 이해해야 될까?' 라고 생각할 수 있다. 여기서 끝이 아니다. 더 생각해 보면 윤리경영이라는 표현도 매스컴 등에서 익숙하게 접하던 단어인데, 윤리경영과는 다른 건지, 같은 건지 의문점이 생기기도 한다. '윤리경영과 기업윤리는 같은 것인가, 다른 것인가?'라는 질문도 생각날 수도 있다. 원어에서 표현하는 비즈니스 에틱스(business ethics)를 생각해 볼 때, 윤리경영이라는 단어가 주는 협소한 시각을 배제하는 의미에서 개인적으로는 기업윤리라는 단어를 사용하는 것이 옳다고 여기지만, 실상 이렇게 깊이 들어가서 용어정의만을 따져 구분하기에는 ESG로 표현되는 현실은 너무도 크게 우리 앞에 와 있다. 자, 여기서 멈추고 다시 생각해 보자. ESG란 무엇인가? 기업은 ESG를 과연 어떻게 생각하고 있을까?

올바른 질문

잠시 다른 얘기를 해야겠다. 당연한 생각부터 해보자. 우리는 사회 속에서 사회구성원으로 살고 있다. 사회란 단어는 광범위해서 한마디로 정의하기 힘들지만 굳이 요약하자면 개인의 사고와 행동을 구조화시킨 집단으로서, 인간이 인간다운 공동생활을 영위함에 있어 필요한 구성체계라고 표현할 수 있다. 사회에서 벌어지는 다양한 현상을 분석하고 연구하는 학문분야를 우리는 사회과학이라고 일컫는다. 기업의 행태와 구성요소, 기업을 둘러싼 환경과의 관계를 연구대상으로 삼는 경영학도 당연히 사회과학의 한 분야다. 이렇게 보면 사회현상은 필연적으로 인간의 행태와 직결된다. 인간의 사고와 행동, 관계는 모든 사회현상을 구성한다. 따라서 인간이 무슨 생각을 하느냐는 다양한 사회현상을 해석하는데 중요하다. 사회현상은 인간이 만든 모습이기 때문에 자연현상과는 다르다. 자연현상에는 인간이 개입할 수 있는 여지가 없다. 태풍과 같은 자연재해를 보라. 인간에게 일방적으로 주어지고 인간은 피동적으로 받아들이며 대응을 고민한다. 따라서 자연현상을 잘 이해한다는 의미는 가장 바르게 설명하기 해석하는 정답을 찾는 게 중요하다는 뜻과 같다. 여름날 소나기는 왜 내리고, 번개가 치는 현상은 어떻게 일어나는지 설명하는데 정답만 필요하다. 정답이 존재하면 다른 나머지는 오답이 된다. 이처럼 자연현상을 조망하고 해석하는데 관점이 중요하다고 보기는 힘들다. 그 현상을 그대로 받아들이고 정답을 찾으면 된다.

하지만 사회과학은 인간이 개입하여 만드는 현상을 분석대상으로 삼는다. 일례로 국가경제의 인플레이션 현상을 보는 시각은 천둥번개 현상을 보는 시각과는 다르다. 왜 인플레이션이 발생했고 이를 해결하기 위해서는 어떻게 해야 하는가라는 질문에 대한 답은 하나일 수 없다. 사회현상을 분석하려는 사람이 어떠한 생각을 하고 무슨 관점을 갖고 있느냐에 따라 전혀 다른 원인과 처방이 나온다. 사회과학에는 정답이 없다. 따라서 정답이 중요한 게 아니며 오히려 질문이 중요하다. 그렇기에 정답을 찾았다고 주장하는 것은 어불성설이다. 다만 바람직한 답을 찾을 수는 있고, 바람직한 답을 찾으려는 노력은 필요하다. 정답이 아닌 바람직한 답, 이를 위해서는 올바른 질문이 중요할 수밖에 없다. 이렇게 표현할 수도 있겠다. 사회과학은 정답이 아니라 정문(正問)을 찾아야 한다.

기업의 행태를 연구하는 경영학은 사회과학의 한 종류이기 때문에 여기서도 우리는 끊임없이 올바른 질문을 찾아야 한다. 사회에 필요하고 올바른 질문이라면 사회구성원은 그 질문을 접할 때 많은 동의를 할 것이다. 남들이 미처 생각하지 못했던 질문을 던질 수 있다면 그리고 그 질문이 사회의 진보에 도움이 된다면 그 질문은 가치가 있을 것이다. 지금껏 아무도 깨닫지 못했던 사회현상을 새롭게 해석하고 궁극적으로 사회발전에 기여하는 물음을 던진다는 것은 독창적이며 효과적인 관점을 가지고 있다는 반증기도 하다. 수많은 경영전략 사례를 접하고 이를 분석하며 기업의 수익성제고와 연결 지어 생각하는 중에도 우리는 첫째로 이러한 질문에서 시작한다. '당신이 처한 비즈니스 상황을 어떻게 인식하고 있는가?', 그리고 다음의 질문으로 귀결된다. '당신이라면 어떠한 경영의사결정을 할 것인가?' 즉 관점이 중요하고 질문이 정문이어야 한다. 그 이후의 답은 다양할 수 있고 궁극적으로 바람직한 답을 찾으려는 시도가 필요하지만 말이다.

ESG를 접하면서 우리는 수많은 질문을 던진다. 앞에서 ESG를 접한 기업이 갖는 물음들을 간단하게 인용해봤다. 하지만 간과하면 안

된다. 우리는 올바른 질문을 던지고 있는 것인가? 정문(正問)을 찾으려는 노력이 있었는가? 일단 여기서 멈춘다. 이제 앞으로 논의를 풀어나가면서 구체적인 얘기를 덧붙일 것이다. 이것만 기억하자. ESG 현상에서 가장 필요한 질문은 무엇일까?

생각하는 방식

이런 예를 들어보자. 윤리경영이란 말을 들어봤을 것이다. 기업윤리라고 표현하기도 하지만 어쨌든 ESG가 이들 용어와 다른 의미를 지녔는지, 아니면 같은 의미의 다른 표현일 뿐인지 생각을 해 볼 수 있다. 이러한 의문들이 중요한 점은 용어의 뜻을 상세하게 파악해 보면서 생각이 확장되기 때문이다. 각 단어를 짚어가면서 내포된 의미와 배경, 추구하는 가치 등을 정리해 보면 자연스럽게 왜 기업이 ESG에 주목해야 하고 어떻게 ESG를 대해야 할지 결론을 내릴 수 있다. 더욱이 미처 생각하지도 못한 궁금증을 해결하는 것도 가능하다. 기업윤리가 무엇인가라는 질문에 답하기 위해 기업윤리라는 용어를 설명하다 보면 중요한 개념을 찾아 정리할 수 있고 이를 바탕으로 기업이 처한 상황과 경영활동을 해석할 수도 있다. 이렇듯 단어가 가진 사전적 의미에 더하여 사회적 용례와 맥락적 이해를 추구하는 방식으로 풀어가 보자. 기업의 사회적 책임이나 윤리적 활동이 중요하다고들 하면서 왜 그에 걸맞는 실질적인 노력이나 변화시도는 없었는지도 자연스럽게 깨달을 수 있을 것이다. 앞으로 기업의 과제는 무엇인지 고찰하는 기회도 될 수 있다. 지금껏 경영에서의 윤리적 행위와 경영전략이 어떻게 연결되어 있는지 두 주제를 하나의 테이블에 올려 놓고 바라보는 데에 큰 관심이 없었던 이유는 처음부터 용어가 가진 사회적 의미를 정리하면서 진지하게 현상을 해석하는 시도가 부족했던 것일 수 있다. 내용을 이해하기 어렵거나 실행하기 힘들어서가 아니고 말이다.

ESG가 화두가 되어가는 지금도 여전히 ESG를 새로운 규제라고 보는 기업이 있는 듯하다. 규제란 강제의 의미가 내포되어 있다. 그렇다면 ESG는 과연 규제인가? 이 질문이 가장 중요한 질문이라고 볼 수는 없으나(규제라고 하면 억지로 요구수준만큼만 따라 할 것이고, 규제가 아니라면 무시하겠노라는 의미라면 더 이상 심사숙고할 필요가 없기 때문이다. 기업의 행태를 결정짓는 전략적 경영의사결정의 측면에서 보면 더욱 그렇다. 이에 대해서는 책 뒤에서 다룰 것이다.) ESG에 대한 논의의 틀에서 짚고 넘어가야할 주제이기는 하다. 물론 이 책은 규제를 중심으로 논의를 하지 않을 것이며, 법률 전문가가 규제의 세부적인 내용과 전망에 대한 정보를 전달하지는 않을 것이다. 그럼에도 규제라는 단어를 생각해 보자. 기업의 입장에서 규제란 것은 그들이 비즈니스를 수행하는데 있어 제약조건과 다르지 않다. 규제라는 표현을 사용하는 것은 웬만해선 그것을 피하고자 하는 욕구가 숨어 있다. 과연 ESG는 피해야 할 규제인가? ESG는 기업경영의 제약조건인가? 그렇다고 지금 생각한다면 아마도 바람직한 답을 찾기 힘들 것이다. 어떻게 생각하는 것이 옳은 것일까? 간단히 먼저 답하자면 ESG를 규제로 보는 시각에 동의하지 않는다. 그러나 여기서 강조하려는 바는 규제라는 용어를 생각하고 이해하는 방식이 중요하다는 점이다.

우선 ESG를 규제로 인식했다면, 최소한의 자원투입만으로 규제충족을 달성하려는 시도가 가능하다. 그렇다면 정반대의 접근도 생각해 보자. 즉 ESG를 규제라고 봤기 때문에 내부자원을 결집하여 이 규제를 조직에게 유리한 조건으로 이끌어 내려는 적극적인 시도도 물론

가능하다. 더욱 전향적으로 본다면 ESG는 규제가 아니며, 사업의 새로운 기회라고 판단할 수도 있다. 규제라는 논의의 틀에서만 보더라도 어떻게 이해하는가에 따라 그 결과는 사뭇 차이가 난다. 요약하면 단순히 규제라는 표현이라 해도 기업의 대응방식은 전혀 달라질 수 있는 것이다. 회사가 신사업에 뛰어들기 위해서 대규모 투자도 감행하고 장기 비전과 사업전략의 목표를 수립하여 구체적인 실행계획을 추진하고 있는 중에 ESG라는 새로운 트렌드(라고 생각하는) 현상과 변화를 접하면서 '사업하기도 힘든데 이건 또 무슨 규제야?'라고 생각할 수 있다. 하필이면 조직 내 자원(resource)을 전량 투입하며 몰입하는 지금 이 절체절명의 순간에 한가하게 환경과 사회, 더군다나 경영의사결정과 관련된 지배구조를 손보라고 하다니. 짜증날 수도 있다. 이러한 생각이 지배를 한다면 자연스럽게 ESG는 후순위로 밀리게 될 것이다.

그렇게 되면 아무리 ESG가 중요하고 기업이 지향해야 할 가치라고 조언을 해도 귀에 들어올 리가 없다. 그들에게는 ESG는 규제고 자유로운 경영활동을 막는 제약조건이기 때문이다. 혹시 아닐까 의심해 볼 수도 있지만 결국 규제라는 생각을 바꾸지 않을 것이다. 왜냐하면 정부가 나서서 관련 법령을 제정하며 반드시 따르라고 하는 것도 확인하기 바쁜데, 다른 쪽에서는 우리 회사를 평가하겠다는 이름 모를 기관들이 갑자기 나타나서 귀찮게 하기 때문이다. 그래서 어쩔 수 없이 ESG가 중요하다는 것에 공통된 인식을 한다며 말로만 발표를 하게 된다. 지금까지 해왔듯이 환경오염 방지에 최선을 다하고, 사회공헌 활동에 얼마의 기부를 하겠다고 점잖게 덧붙인다. 어떤 생각이 드는가? 그나마 이러한 기업은 나은 편이다. 또 다른 기업은 ESG가 중요한 것은 알겠지만 당장 사업에 집중하고 순차적으로 나중에 고려하겠고 간단히 정리한다.

"이번 신사업이 안정되면 그 때가서 ESG를 고려해 보도록 하지요."

과연 이러한 기업의 모습이 바람직한 모습일까? 기업의 의사결정이 사회에 바람직한지를 묻는 것이 아니다. 기업에게 바람직한 의사결정일까 묻는 것이다. 이 질문이 그래도 와닿지 않는다면 다시 물어본다. 과연 기업의 이러한 모습이 전략적일까? 기업 외부환경변화를 자유로운 경영의사결정의 제약이고 규제라고 단순히 결론 내리는 것이 옳은 것일까?

제2절 자본주의 시장경제와 기업

자본과 자본주의

ESG를 규제로 인식해야 되는 것 아니냐, 기업 경영활동의 새로운 규제 아니냐. 트렌디한 이슈이긴 하다만 나중에 신경 써도 되는 것 아니냐는 질문은 일단 멈추고, 다음과 같이 생각을 던져보자.

"ESG를 평가한다는 기관도 이렇게 많은데 결국 ESG를 해야 된다면, 무엇을 어떻게 해야 되는 것인가?"

라는 질문이다. 그렇다. 시니컬한 의도가 있던 없던 '무엇과 어떻게'라는 질문은 오늘 우리가 ESG를 올바르게 대하는 핵심이다. 과연 ESG는 무엇이고 ESG를 어떻게 추진해야 하는 것일까?

이제부터 여기서 출발한다. 답을 순차적으로 풀어가기 위해서 저 멀리 과거로 돌아가서 이야기를 나눠보려 한다. 이른바 자본주의의 역사흐름을 짚어보면서 생각을 정리하려는 것이다. 하지만 무게를 느낄 필요는 없다. 자본주의의 역사는 거대한 역사이기 때문에 모든 이야기를 풀어 놓는 것은 불가능하고 더군다나 우리가 알아가야 하는 주제와 이 글의 목적에 어울리지도 않는다. 필요한 얘기만 하려 한다. 그것은 철저히 왜 기업이 ESG를 적극적으로 받아들여야 하는가에 초점이 맞춰 있다.

캐피탈리즘(capitalism: 자본주의)란 무엇인가? 먼저 자본(資本)은 영어 capital의 번역어로, 자금의 근본이다. 일반적으로 자금이라고 하면 장사나 사업에 기본이 되는 밑천을 뜻하며 경제학의 표현을 따르자면 상품을 만드는 데 필요한 대표적인 생산수단이다. 단순히 화폐를 뜻하는 단어라기보다 넓은 개념으로 생산주체가 목적달성을 위해 사용, 소비하는 모든 자원으로 유형의 자산과 토지 등을 모두 포함하여 자본으로 보기도 한다. 자본주의(資本主義, capitalism)의 정의는 무수히 많으나 여기서는 위키피디아에 기록되어 있는 미국의 경제학자인 하일브로너(Heilbroner, Robert L.)가 내린 정의를 인용한다. 번역하면 다음과 같다.

"자본주의란 경제체제로서 생산은 사적인 소유를 통해 이익을 추구하여 운영되고 이는 통상적으로 시장 내 경쟁체제에 기반한다."

사적소유와 생산, 경쟁에 기반한 이익추구가 그 핵심이란 의미다. 재화의 사적 소유권을 자유의지로 보장한다. 첨언하면 이 권리는 본인의 동의나 사회합의에 의한 법률에 의하지 않고는 양도가 불가능한 기본권이다. 사회가 이 기본권을 인정한다는 의미는 자유주의적 사고와 관련된다. 하일브로너의 정리처럼 사적 생산활동을 보장하는 사회경제체제의 의미를 더하면 재화의 매매, 양도, 소비 및 이윤의 처분 등에 대한 모든 결정이 개인의 자유의지에 일임되는 것을 말한다. 따라서 자연스럽게 개인의 이기적 욕망이 경제사회 발전의 원동력이 되며 자본주의 경제체제는 모든 재화나 서비스가 시장경제 하의 경쟁을 통해 거래된다.

애덤 스미스와 그의 저서

현대 자본주의 경제체제의 모습과 제도들은 대부분 16세기 이후 근대 이전까지 영국에서 진화되어 왔다. 이후 애덤 스미스를 필두로 경제학의 고전학파는 이러한 자본주의 사상을 확립했다. 알려진 대로 아담 스미스는 스코틀랜드의 글래스고대학의 도덕철학, 윤리학 교수이기도 했다. 그는 우리에게 잘 알려진 저서 국부론(The Wealth of Nations)을 세상에 내놓기 전에 도덕감정론(The Theory of Moral Sentiments)이라는 책을 먼저 집필했다. 여기서 잠깐 그의 저서를 이해하기 위해 애덤 스미스가 어떤 사람인지 확인할 필요가 있다. 21세기 한국에서 살고 있는 독자의 입장과 사고의 틀을 뛰어넘어 18세기 영국이라는 섬나라로 직접 들어가서 그의 저서와 삶을 보는 것이 중요하다.

현재 애든버러의 캐넌게이트에 있는 스미스의 묘비는 '도덕감정론과 국부론의 저자(Author of the Theory of Moral Sentiments and Wealth of Nations)'라고 되어 있으나 실상 그는 도덕감정론의 저자라고 적히기 원했다고 전해내려 온다. 그만큼 그는 도덕감정론이라는 자신의 저서를 아꼈었다. 스미스는 학자의 삶을 살았으나 당시 잉글랜드에서 기득권에 속한 사람은 아니었다. 그는 당시 소외된 스코틀랜드 출신이었으며 실제로 그가 옥스퍼드에도 잠시 머물렀으나 결국 스코틀랜드로 돌아가 평생을 지냈는데, 잉글랜드의 차별과 관련된 것으로 해석된다. 또한 그가 집필한 국부론은 말 그대로 국가의 부가 증가하면서 경제적 풍요를 이루어 내는 방법을 다루고 있었는데 시장의 효율성, 구체적으로 정당한 가격이 작동하는 시스템에서 국부의 증가가 가능하다는 점을 강조했다. 여기서 제시한 정당한 가격이란 당연히 재화 뿐 아니라 노동에 대한 가격도 포함한다. 중상주의의 폐단을 없애는 새로운 경제체계(자본주의)는 시장거래 참여자 모두에게 경제적 자유가 보장되어야 한다. 따라서 노동자들에게도 경제적 자유는 필수적이다. 스미스 뿐 아니라 이후 그의 사상을 이어온 학자들은 자유로운 시장경제를 통한 자유무역이나 노동분업이 왕이나 군주보다는 보통 사람들에게 도움을 줄 것이라고 확신했다. 당시의 중상주의 중앙계획경제 체제에서는 정치권력이 경제적 지위를 결정하는 데 반해 시장경제는 가난한 사람들도 부자가 될 수 있다고 주장했다. 따라서 우리는 이를 도덕철학, 윤리학의 관점에서 이해해야 한다. 요즘 표현으로 보면 불평등과 정의롭지 못한 절차, 차별을 해소하기 위해서 새로운 경제시스템을 제시한 것이며 자신도 역시 그러한 차별의 당사자로서 따뜻한 마음을 바탕으로 세상의 풍요와 정의를 달성하는 방법을 고민한 것이다.

 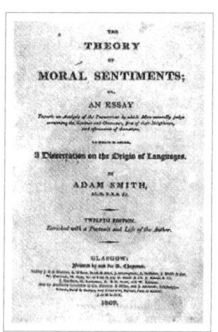 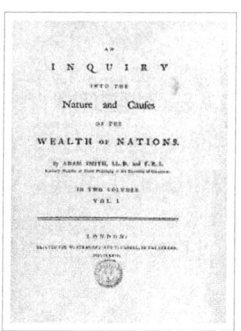

• 애덤 스미스 •   • 도덕감정론 원서 •   • 국부론 원서 •

출처: wikipedia

1759년 발표한 도덕감정론을 통해 그는 사람의 이기심이 아닌 타인과 공감하는 능력을 강조했다. 나의 행복을 위해 남을 불행하게 해서는 안 된다는 게 핵심이다. 그는 자신의 행동을 설명하면서 두 개 자아로 나누어 해설하였다. 하나는 관찰자로서 특정관점에서 자신을 그 상태에 넣고 나에 대해 어떻게 보여지는지 생각하는 사람이며, 또 다른 하나는 내 자신이라고 부르는 바로 그 사람이다. 첫 번째 자아는 판단자이며, 두 번째는 판단을 받는 자아이다. 따라서 도덕적인 인간은 본질적으로 두 자아로 나뉘어 있으며, 양심의 소리에 하나가 된다. 여기서 양심이란 바로 나를 바라보고 듣고 판단하는 타자를 뜻한다. 그는 결국 판단을 통해 인간이 도덕적 존재가 될 수 있다고 주장했다.

이후 1766년에 그는 그 유명한 국부론을 세상에 내놨다. 그의 주장에 의하면 국가가 여러 경제 활동에 간섭하지 않는 자유 경쟁 상태에서 '보이지 않는 손'에 의해 사회의 질서가 유지되고 발전된다. 국부론은 최초의 체계적인 자유주의(혹은 자본주의)경제학 저서로 그 후의 여러 경제학설의 근간이 되는 고전 중의 고전이다. 우리가 잘 아는 국부론의 내용 중 일부를 간단히 요약 인용하면 다음과 같다. 시장경제 체계는 사는 사람과 파는 사람 모두에게 만족스러운 결과를 주며 이를 통해 그 사회의 자원이 적절하게 배분된다. 이와 관련한 매우 유명한 문장이 있다.

"It is not from the benevolence of the butcher, the brewer, or the baker, that we expect our dinner, but from their regard to their own interest. We address ourselves, not to their humanity but to their self-love, and never talk to them of our own necessities but of their advantages."

즉 우리가 저녁 식사를 기대할 수 있는 건 푸줏간 주인, 양조업자,

빵집 주인의 자비심 덕분이 아니라, 그들이 자기 이익을 챙기려는 생각 덕분이다. 우리는 그들의 박애심이 아니라 자기애에 호소하며, 우리의 필요가 아니라 그들의 이익만을 그들에게 이야기할 뿐이다. 도덕감정론의 주장과 연결하여 생각해 보면 그가 강조하는 것은 자유로운 자신의 이익추구에 머무르지 않는다. 그는 공정한 원칙과 방식을 통한 시스템(도덕적 판단, 양심의 소리 등)이 보장된 틀 내에서 자유롭게 자신의 이익을 추구하는 것이 시장의 효율성을 높인다고 본 것이다. 따라서 그는 독점이나 제3자의 개입에 의한 어떤 것도 반대했던 것이다. 전통적인 자본주의가 완전경쟁이 아닌 독점을 반대하는 이유는 시장의 비효율성 때문이다. 독점은 결국 타인에 공감하지 못하는 잘못된 이기심인 것이다. 역시 제3자의 개입도 자유로운 의사결정에 반하기에 비효율성을 야기한다. 그는 도덕감정론이 국부론보다 중요하다고 보았으며 당연히 고전경제학의 기반이 되는 국부론 역시 도덕철학을 바탕으로 하고 있다.

하지만 불행하게도, 너무도 유명해서 누구나 아는 '보이지 않는 손(Invisible Hand)'이나 자유주의 경제원리 등의 개념이 현대까지 전해져 오는 동안 통상적인 의미와 적용이 왜곡된 측면이 있다. 비즈니스 세계에서 그리고 처절한 경쟁시장에서 도덕을 논하는 것은 한가한 소리이고 이윤추구에 전혀 도움이 되지 않는다고 주장하는 소리를 들어본 적이 있는가? 이러한 뒤틀린 현대 자본주의 주체들의 목소리에 무비판적으로 동의한다면, 국부론을 잘못 이해한 것이다. 자본주의는 더 살기 좋은 세상, 사람이 더 잘 사는 복지사회를 만드는 수단이며, 도덕철학을 모든 학문의 근본에 두었던 스미스의 철학이었다. 당연히 그는 이윤추구나 사적이익이 궁극적 목적이 아닌 수단으로 전제하고 있다. 왜 그럴까? 그가 말한 자유시장도 결국은 사회자원의 효율적 배분을 목적으로 하고 있기 때문이다. 스미스의 사후 자본주의의 분화를 목도해 왔고 현대 신자유주의가 대두되는 과정까지 경험한 우리는 국부론과 함께 도덕감정론을 동등하게 취급하며 이해의 폭을 넓혀야 한다.

스미스는 도덕을 사회 행위의 기준으로 설명한다. 문명화된 사회에서 시민들이 지켜야 하는 규율이다. 사회질서가 유지되는 원인이기도 하다. 그 바탕에는 공감능력이 있다. 자신의 행동이 사회 내 구성원들로부터 공감을 얻을만한 것인지(물론 반대의 경우도 마찬가지) 여부가 사회적 행위를 할 수 있는 기준이 됨을 뜻한다. 그는 구체적으로 '타인의 고통을 목격하거나 상상할 때 고통을 함께 느끼고 슬픔을 공유하는 것이 당연하다'고 언급했다. 이것을 이타성으로만 볼 수는 없다. 그는 인간의 양면성을 지적했다. 인간들은 서로 도움을 필요로도 하고 서로 침해를 주기도 한다면서 균형을 찾는 것이 중요하다고 강조했다. 그래서 공정한 관찰자라는 객관적 판단 잣대의 역할을 강조했던 것이다. 쉽게 이해하면 공정한 관찰자라는 자아는 이성적 판단이다. 계속 강조하지만 국부론에서의 자유는 이러한 도덕적 기준을 전제하는 것이다. 심경섭은 아담스미스의 경제윤리사상에 대한 고찰에서 도덕감정론을 심층적으로 다뤘는데 여기서 일부를 요약하면 다음과 같다.

"스미스는 인간행위의 도덕 판단기준에 동감이라는 감정을 중요하게 다뤘다. 동감이란 상상력을 통해 자신이 곧 타인이 되어 동일한 감정을 느끼는 것을 말한다. 이 감정은 그 사람 때문에 발생한 것으로 이기적인 것도 이타적인 것도 아니다. 따라서 동감은 행위의 당사자와 관찰자 사이를 연결한다. 이 때 관찰자라는 것은 단순한 방관자가 아니라 자기의 입장을 타인의 입장으로 옮겨 놓고 자기의 행위를 조정하는 '사정에 정통하며 냉철한 관찰자'이다."

좀 더 부연하면 스미스는 동감이 사회통합원리로 작용하며 이기심과 이타심을 모순 없는 관계로 설명했다. 즉 '도덕감정론'과 '국부론' 간에는 모순이 없다. 스미스는 또한 세 가지 덕목을 논했는데 첫째, 개인의 이기심에서 발생하는 덕으로 자기의 행복을 위한 배려이며 둘째, 정의의 덕, 인애의 덕은 이타심에서 발생하는 것으로 타인의 행복을 해치지 않으려고 하거나, 염려하는 데서 발생하는 덕이다. 도덕감정론은 후자인 정의와 인애의 덕을 강조했다. 이 덕을 통해 자기의 행복을 위한 덕이 가능하다고 보았다. 스미스의 자유주의 경제사상은 올바르게 이해될 필요가 있다. 정의가 중요한 사회적 화두가 되는 이 시점에 더욱 그렇다. 그의 도덕철학이 퇴색되지 않도록 고민할 필요가 있다. 그것이 ESG를 논하는 지금 우리가 가져야 할 가장 필요한 모습이다.

부의 축적과 자유주의

자본주의에 대한 논의는 끝도 없겠으나, 영어가 아닌 자본주의라는 한자식 표현으로 자본을 '돈'이라고 표현한다면 자본주의는 돈이 중심이 되는 사상이다. 돈이 주인이 되는 이데올로기, 즉 돈이 근본인 사상이다. 돈이 근본이라는 말은 사실 자본주의를 너무 단순화한 표현이기는 하다. 지금까지 우리의 인식이 자본주의라는 단어가 갖는 단순한 의미에 쉽게 매몰되어 있던 것은 아닌지 돌아볼 필요가 있다.

18세기 이후 자본주의라 체제가 본격적으로 퍼져가면서 인류에게 어떤 변화가 생겼을까? 부의 축적이 아니었을까? 애덤 스미스가 국부론을 세상에 내놓으면서 현대 자본주의의 원형이 만들어지는데 이는 그 이전 경제시스템이라 할 수 있는 중상주의(Mercantilism)와는 전혀 다른 모습이었다. 중상주의는 세계 경제와 무역의 총량이 불변이라는 가정 아래 자본의 공급에 의해 국가가 번영을 일으킬 수 있다는 내용을 담고 있다. 15세기에서 18세기까지 유럽의 국가들에서 채택되었던 국내 산업의 보호와 해외 식민지 건설 등을 핵심 내용으로 하는 경제 정책들이 대표적인 중상주의 방식으로 볼 수 있다. 귀금속을 부로 여기고 귀금속을 축적하는 제로섬 경제방식의 중상주의와는 달리 자본주의는 국가 부의 증가가 시장경제체제 속에서 가능하다고 보았다. 철학자인 스미스는 이것이 경제학이고 철학적으로 올바른 사회 경제체제라고 하였다.

그 이후 몇 백 년이 지난 지금 우리도 여전히 부의 축적을 이야기하고 있다. 부의 축적을 다르게 표현한다면 경제성장이라고 할 수 있다. 경제성장의 속성은 부의 양적인 증가다. 자본주의 사회에서 경제성장은 누구도 건드릴 수 없는 고귀한 가치를 품고 있다. 어찌 보면 경제성장이라는 것 자체가 핵심적인 이데올로기인 것이다. 반복하지만, 경제성장은 어떻게 가능할까? 바로 자유주의적 기반에 의해서 성공할 수 있다. 자유주의(Liberalism)는 자본주의와 매우 가깝게 연결되어 있다. '보이지 않는 손'의 속뜻은 자유로운 시장경쟁이며 국가는 안전 외에는 아무것도 개입하면 안 된다는 의미다. 자유방임주의에서 야경국가론을 제시하는 것은 바로 국가가 할 일은 사유재산 보호라는 기본 역할 뿐이며 다른 무엇도 필요하지 않다.

추가적으로 강조하면 앞에서 언급한 정육점 주인과 양조업자, 제빵업자의 이기주의는 우리 일상에서 쓰는 부정적 의미의 이기주의와는 다르다. 반칙을 하지 않고 본인의 이익을 위해서 열심히 일하다 보면 시장도 효율적으로 작동을 하게 된다. 자신이 가진 기술과 능력으로 경제행위를 하면 거래는 효율화되고 효익은 증가한다. 완전경쟁시장하에서 사회적인 효익은 극대화 된다. 가격과 수량은 시장의 보이지 않는 손에 의해서 결정된다. 이것이 우리 사회가 지금도 옳다고 믿는 자유주의와 자본주의의 만남이다.

기업과 유한책임제도의 시작

이 자유주의, 자본주의의 만남은 성공을 거뒀다. 그러나 생각해보자. 과거에 가내수공업 중심으로 이루어지던 완전경쟁시장의 모습과 스미스가 추구했던 순수한 자본주의와 자유주의는 1800년대를 지나 20세기로 다가 오면서 어떻게 달라졌을까? 산업혁명이 일어나면서 기술이 발전하고 대량생산이 가능해지기 시작했다. 완전경쟁시장의 조건으로 볼 수 있는 수많은 공급자의 존재는 점차로 현실에서 발견할 수 없게 되었다. 현대 기업의 형태가 만들어지기 시작한 것이다.

인류의 발명품 중에 역사상 무엇이 가장 뛰어나고 가치가 있을까? 흔히 종이, 화약, 나침반이라고 하지만 유한책임제도를 바탕에 둔 주식회사라는 기업의 형태를 고안해 낸 것은 다른 발명품 못지않는 인류 역사의 위대한 성과일 것이다. 지금 우리가 회사라고 칭하는, 사업을 운영하는 조직은 14~15세기 중세 이탈리아 북부 도시들에서 원형을 발견할 수 있다. 길드(Guild)라고 불리는 동종의 사업자 조직은 당시 상업과 해운업을 운영하면서 서로 사업상의 보호와 부조를 제공하는 공동체의 성격이 있었다. 즉 위험을 감수하면서 대규모의 사업을 진행하고 과감한 투자를 결정하는 사업보다는 안정성을 추구하며 지속적인 사업활동을 보장하기 위한 보수적인 운영에 집중했다. 이러한 방식은 16세기 이후 영국으로 전파되며, 자금의 규모도 커지고 출자 방식의 변화가 생기기 시작했는데 이것을 지금의 주식회사 제도의 시작이라고 보는 것이 타당하다. 물론 현재와 같은 공개주식공모 방식이 아니었기에 똑같다고 볼 수는 없다. 초기 영국에서는 주식소유를 대중들에게 허락하지 않았다. 사업의 파트너나 경제력이 있는 소수 선택된 상류계층이 주주로 참여하고 정부의 보호 아래에서 독점적인 무역업을 영위했다. 동인도회사로 우리가 알고 있는 회사들이 모두 이러한 방식이었다.

또 당시의 회사는 지금의 유한책임제도와는 전혀 다른 방식이 적용되고 있었는데 그것은 무한책임제도라는 점이었다. 당시 '선택된' 주주들은 아이러니하게도 그들이 선택한 회사와 운명을 함께하는 무한책임을 져야 했다. 즉 회사의 파산은 자신이 가진 전체 자산의 상실을 의미했으며 모든 법률적, 도덕적 책임을 피할 수 없었다. 무한책임제도와 소수의 주주구성방식은 19세기까지 큰 변화가 없었으나 다른 모든 사회변화의 궤와 마찬가지로 격변의 19세기 이후에는 전혀 다른 모습으로 진화하였다. 앞서 말했듯이 인류 최고의 발명품 중의 하나인 유한책임제도의 등장이 그것이다. 유한책임제도란 쉽게 말해 주주가 일부만 책임진다는 뜻이다. 갑자기 이러한 변화는 어떻게 시작된 것일까?

산업혁명은 모든 것을 바꿨다. 생산기술과 교통체계의 발달은 생산성의 비약적인 증대와 유통의 혁신을 가져왔다. 생각해 보자. 과거 미국 동부에서 서부로 이동하는 것은 마차를 타고 가능했지만 증기기관의 발달과 함께 철도의 건설과 기차이동이 가능해졌다. 하지만 기술만 필요하고 기술만이 역할을 한 것이 아니었다. 그 먼 거리에 철도를 깔고 기차로 이동하는 운송체계를 건설하기 위해서는 대규모 자본이 필요했다. 대규모 자본조달의 필요성 때문에 공개된 형태의 주식공모가 시작되었다. 과거 영국에서 시작된 회사라는 조직체는 해외 식민지 건설, 산업혁명과 더불어 사업의 기회와 공간이 비약적으로 확장된 세상에 놓이게 되었다. 산업화로 표현할 수 있는 급격한 변화는 필연적으로 회사규모의 증가를 가져왔으나 중요한 문제는 여전히 남아있었다. 사업의 규모가 커질수록 리스크가 증가하는 문제에 맞닥뜨리게 된 것이다. 만일 사업이 실패하면 그 규모는 이전과는 비교할 수 없었으며 무한책임제도하에서는 그 누구도 선뜻 나서서 주주로 참여하기 힘들었다. 즉 무한책임은 버려야 할 제도가 됐다. 우선은 보다 많은 사람이 주주로 참여할 수 있어야 자본이 더욱 쉽게 모일 수 있었고, 자본 규모가 확대되는 만큼 참여하는 많은 주주들이 회사에 지는 책임은 한정될 필요가 있었다. 돈을 벌기 위한 의사결정 때문에 인생이 송두리째 무너지는 것은 말이 되지 않았다. 기업의 위기와 파산이 닥치더라도 자신이 투자한 금액에 대해서만 손실을 감당할 수 있어야 좀 더 수월하게 자본조달이 이뤄지고 사회 전반에 회사의 활동이 활성화될 수 있었다. 인류의 위대한 발명품인 주식회사, 즉 유한책임제도는 이렇게 시작되었다. 단순히 기술만 발달했다고 지금의 대규모 사업이 가능할 수는 없었다는 이야기다. 그 결과 리스크는 헷지(분산)가 되고 기술의 발전에 의해서 사회적으로 필요한 대규모 공사라든지 SOC 사업과 같은 큰 프로젝트가 진행되었다. 대량생산과 대량소비가 가능한 자본주의의 일면은 이렇게 가능했다.

변화와 대공황

우리가 주목할 것은 과거에 자본주의라는 것이 등장하고 자유주의가 철학적으로 발전을 하면서 자리잡아 오던 사회경제시스템에도 변화가 생길 수밖에 없다는 점이다. 많은 자금을 가진 대규모 기업이 생기고 대량생산이 가능하다는 것은 어떤 의미를 가질까? 결국 시장에는 과점과 독점현상이 쉽게 등장하게 되었다. 스미스의 자본주의 경제체제와 이후 고전학파에서 제시했던 완전경쟁시장이라는 것이 현실에는 존재할 수 없다는 사실을 깨닫게 되었다. 완전경쟁시장이 가장 효율적인 시장인데 현실은 그렇지 않았다. 자유로운 시장의 작동방식만 보장이 된다고 해서 자본주의가 제대로 굴러갈 수 없다는 사실을 알게 되었다. 결국 20세기 들어와서 삐걱대던 고전학파의 자본주의는 경제대공황으로 불리는 전세계적인 위기에 힘을 잃었다.

콘트라티에프 50년 주기처럼 자본주의 경제의 경기순환을 당연한 것으로 이해를 할 수도 있으나 1929년의 경기침체를 대공황(Great Depression)이라고 하는 이유는 그 정도가 매우 심각하고 길었으며 전 세계에 주는 파급이 너무 컸기 때문이다. 1차 대전 후 1920년대 내내 세계경제는 번영을 누렸다. 특히 미국경제는 최고의 호황을 맞이했는데 그것은 전후경제회복이라는 특수의 이익을 홀로 미국이 맛볼 수 있기 때문이었다. 전시피해가 없던 미국은 유럽국가들이 필요한 생필품을 팔아 막대한 이익을 남길 수 있었다. 물론 유럽을 포함안 모든 세계경제가 호황을 누린 것은 아니며 농산품 가격의 하락도 있었으나 미국의 자본시장은 팽창을 거듭하여, 대공황이 발생한 1929년 10월까지는 주식가격이 최고에 다다르게 되었다.

'마의 목요일'이라 불리게 된 그해 10월 29일의 급작스런 주가폭락은 호황이 끝났다는 신호탄이었다. 이는 투자자들에게 엄청난 타격을 주었으며 그 영향은 실물경제로 전파되었다. 전세계에 큰 비중을 차지하던 미국경제의 급작스런 경기침체는 필연적으로 세계적인 경기침체로 확대되었다. 그렇다면 경제공황은 왜 나타났을까? 여러 시각이 있지만 부의 불평등이 심화된 것에서 그 이유를 생각해 볼 수 있다.

1929년에 미국에서 가장 부유한 국민 1%가 국부의 60%를 점유하는 심각한 불평등은 경제가 오로지 상류층의 소비에 의존할 수밖에 없는 구조라는 것을 뜻한다. 부유한 사람들의 소비로 인한 경제의 활황은 착시효과를 일으켰다. 기업은 설비를 늘리고 생산을 확대하면서 경기 호황의 열매를 따는 데에만 집중했으나, 그 결과 과잉투자가 산업 전반에 나타났다. 결국 소비는 생산을 따라가지 못했으며 대공황이 나타난 것이다.

· 대공황 초기 뱅크런이 있는 동안 뉴욕의 아메리칸 유니언 은행 앞에 모인 관중들의 모습 ·

출처: wikipedia

노동자의 소득이 매우 낮았기에 점진적으로 시장의 수요를 늘려 경제를 회복시키는 방법은 불가능했다. 특히 대공황 이후에 유휴생산설비로 인한 실업의 증가는 노동자의 경제수준을 더욱 악화시켰다. 자유방임형의 자본주의 방식 하에서 정부가 직접 나서서 공적 보험과 같은 복지정책을 적극 도입하지 않았기 때문에 실업과 빈곤은 지속될 수밖에 없었다. 여기서 추가적인 질문이 또 필요하다. 애초에 부의 불평등은 왜 만들어졌을까? 이는 시장의 효율성이 작동하지 않았기 때문이었다. 독점과 과점기업은 홀로 초과이윤이라는 열매를 딸 수 있었는데, 사기업의 초과이윤은 사회경제 전체의 효율적인 생산과 소비를 불가능하게 만들었다. 독점기업의 부의 증가와 가난한 노동자가 많아지는 현상은 연결되어 있었다. 낙수효과라는 것이 없었다. 생각해 보면 기업의 생산량을 감당하는 사회의 수요, 구매력이 뒷받침되어야 상생하는 경제가 가능한데, 과거 대공황시절의 경제주체는 이를 간과했다.

생계가 어려운 많은 빈곤층은 정부의 적극적인 행동을 기대하는 등 정부의 역할을 요구하는 목소리도 높아졌으나 반면에 무능한 정부를 벌하는 정치사회적 시도도 있었다. 하지만 당시 대부분의 국가는 정부정책을 통한 적극적 시장개입을 거부했는데 이는 스미스와 고전학파의 경제논리를 따랐기 때문이다. 경기순환의 흐름에서 이해하면 자유방임형 경제정책이 유효할 수는 있으나 자연적으로 불황이 치유되는 경기회복 시점을 기다리기엔 고통이 너무 컸다.

우리는 대공황을 기억하며 기업의 역할에 대해서 생각해 볼 필요가 있다. 생산을 통해 기업의 수익성을 추구하는 영리기업의 본연의 역할, 혹은 이익추구라는 기업의 목적이 목적으로서 충분한지 질문을 던질 필요가 있다. 기업은 부의 불평등을 해소할 사회적 책임이 없는 것일까? 부의 불평등은 경제활동에서 야기되고 경제활동의 주체가 기업이라 본다면 이러한 질문에 회사는 온전히 자유롭지 못할 것이다. 또한 기업이 사회적 책임에 관심을 기울이는 것이 기업에게 전혀 도움이 되지 않는 것일까? 기업이 사회적 책임을 위해 노력하는 시간과 돈을 수익성을 높이려는 활동에만 집중하는 것이 효율적인 것일까? 그렇지 않을 것이다. 대공황에서 봤듯이 총수요를 증가시키는 적극적인 행위는 기업의 수익성에도 도움이 될 것이다. 혹시 그러한 역할을 정부가 전담하고 기업은 무시해도 되는 것 아니냐는 질문도 가능하다. 왜냐하면 기업은 공적인 영역에서 활동을 하는 조직도 아니고 전문성도 없기 때문이니까. 하지만 이후 이 책에서 논의되는 ESG와 관련된 흐름을 짚어가다 보면 이 질문에 대한 답을 찾을 수 있다. 미리 말하지만 기업은 불평등 해소 이외에도 다양한 사회적 책임에 충분히 역할을 할 수 있으며, 그러한 활동을 통해서 비즈니스를 개선하고 사회의 발전에 기여할 수도 있다. 더욱이 중요한 점은 그리고 기업에게는 그러한 역할을 감당해야만할 이유도 있다.

케인지언과 신자유주의의 등장

미국에서는 1933년에 프랭클린 루스벨트가 대통령이 되면서 새로운 정책으로 전환되는 전기가 마련됐다. 그는 대공황을 해결하기 위해 케인스의 경제이론을 정책에 도입했다. 경제학자 케인스와 그의 이론을 따르는 케인지언이 주장하는 것은 정부가 시장에 개입하는 것이다. 정부가 개입을 해서 시장의 총수요, 즉 유효수요를 증가시키는 방식으로 수정자본주의라고 칭할 수 있다. 케인스는 공황의 근본적인 원인이 과도한 공급이라기보다는 불충분한 수요에 있다고 생각했다. 그는 정부가 경제에 직접 개입하여 시장에 통화량을 늘리고, 정부주도의 대규모 공동사업을 발주하여 총수요를 늘리는 것을 제안했다. 따라서 정부는 어느 정도의 적자재정을 감수해야만 했다. 이러한 방식은 당시 자유주의 기반의 국가, 특히 미국에서 추구해온 경제사회 정책과는 정반대의 흐름이었지만 선택의 여지가 없었다. 부의 재분배를 위한 정부의 개입도 구체적이고 다방면에 시행되었다. 누진세를 포함한 조세정책과 사회보장제도도 도입됐다. 이러한 뉴딜정책을 통해 미국경제는 점차 안정화되기 시작했으나 궁극적으로는 1939년 2차 세계대전이 발발하면서 전쟁특수로 인한 회복이 다시 한 번 전체적인 경기 활성화의 기폭제가 되었다.

독일 나치의 등장도 대공황과 그 회복과정에서 이해할 수 있다. 당시까지의 자유민주주의 국가에서는 대공황이 발생한 원인과 대처가 매우 미흡했으며 그 결과 벌어진 경제사회적 문제를 효과적으로 해결할 능력이 없었다. 마침내 여러 나라에서 권위주의적인 파시즘 등장이나 공산주의의 물결이 거세지는 정치사회현상이 나타났다. 대공황 시기에 노출된 경제적 신분차이는 심각한 것이었고 사람들에게 새로운 계급으로 여겨지게 되었으며 사회적 갈등도 여기서 비롯됐다. 대공황은 전쟁 이후 경기가 활성화되는 과정에서 심화됐던 고름이 터졌던 것인데 아이러니하게도 전세계 경제의 회복은 또 다른 비극인 2차 세계대전을 거치면서 가능했다.

전후 미국이 승전국의 지위로서 전 세계의 패권을 쥐고 나서 원래 자본주의가 시작됐을 때의 그 개념 '자유롭게 시장의 흐름에 맡기라'는 목소리가 서서히 재등장했다. 본격적으로 1970년대 말 이후 레이건 행정부와 대처 행정부가 미국과 영국에서 고전학파의 자유주의적 경제정책의 본격적인 도입을 시작했다. 그것이 신자유주의로 불리는 경제흐름이다. 시장의 논리에 의한 메카니즘의 확대와 작은 정부로서의 역할추구가 재차 전면에 등장하게 되었다.

당시 케인스의 수요중심 이론이 경제학의 주류로 자리 잡았으나 실업과 물가상승이 함께 문제가 되는 스태그플레이션이 생기면서 케인스학파 이론의 타당성에 대하여 반기를 든 시카고학파(Chicago School of Economics)가 주목을 받았다.

· 존 메이너드 케인스 ·   · 밀턴 프리드먼 ·

출처: namu.wiki

　대표적인 학자로 밀턴 프리드먼(Milton Friedman)을 들 수 있는데, 통화주의자로도 불리는 이들 시카고학파의 주장은 레이건 행정부의 경제정책의 근간이 되었다. 신자유주의는 고전학파의 자유주의와 같은 경제적 자유를 당연히 최우선으로 주장한다. 즉, 자유시장, 규제완화, 재산권 보호 등을 중시한다. 시장의 개방을 추구하며 자유 무역과 국제적 분업을 지향한다. 그러나 신자유주의는 과거 고전학파의 자유주의와 자유방임에 대한 해석에 있어 다른 점이 있었다. 고전학파는 이론적으로 자유로운 경쟁시장의 틀을 바탕으로 하며, 국가의 개입을 제한하는 것이 옳다는 주장을 하는 반면, 신자유주의는 행여 시장에 문제가 있어도 시장의 자생적인 힘으로 시장질서가 회복 될 수 있다는 점을 강조한다. 고전학파에서는 이기주의에 기반한 시장의 효율성을 제시하고 있으나 신자유주의는 시장 자체가 실질적인 도덕성을 담보한다고 본 것이다.

트루먼 쇼와 ESG

1980년대 이후 20세기 말로 오면서 환경친화적인 경영활동이나 기업의 사회적 책임(CSR: Corporate Social Responsibility)과 같은 표현들, 이에 대한 관심이 커지는 것을 많이 볼 수 있었는데 신자유주의적인 경제질서에 대한 보완적 시각으로 이해하는 것이 필요하다. 정부의 시장개입은 정부가 기업의 활동에 구체적인 입장을 드러내는 것으로 볼 수 있다. 하지만 기업의 자유로운 경영활동을 제한하거나 규제하는 움직임으로만 축소해서 이해하는 것은 곤란하다. 우리가 살고 있는 21세기에 ESG를 강조하는 현상은 자유주의적 기반의 경제 질서가 올바르게 작동하도록 하고 각 사회주체가 동등하게 균형을 이루는 상태를 지향하는 시도로서 봐야 한다. 마치 고전학파의 역할을 보완하기 위해 케인지언이 등장한 것과 같은 모습처럼 말이다. 한쪽의 힘이 강해지면 균형을 이루고자 사회의 인식이 형성되는 것이다. 앞에서 간략히 자본주의의 흐름을 요약했지만, 자본주의의 역사는 시장 중심의 자유주의적 가치를 중심에 두고 이것이 제대로 작동하지 않을 때 보완하려는 시도가 끊임없이 등장하는 흐름으로 볼 수 있다.

명확하게도 신자유주의적 경제질서에 대한 회의적인 시각이 커지고 있는 시대에 우리는 살고 있다. 하지만 중요한 것은 그렇다고 해서 자본주의를 버리자는 주장이 구체화 된 것은 없다. 자본주의를 뛰어 넘는 사회경제체제의 본격적인 태동을 감지할 수 있는 신호를 볼 수 있는 것도 아니다. 우리는 여전히 자본주의와 자유주의의 울타리 안에 살고 있다. ESG가 기업의 자유재량권을 원천봉쇄하는 규제라거나 기업의 시장경쟁을 막고 정부가 기업의 경영에 직접 개입하는 것을 의미하지 않는다.

사람은 자신의 가치관이나 사상이 형성되면 그 틀에서 벗어나기 힘들다. 어릴 때부터 자연스럽게 체득해 오고 경험하며 교육받아 형성된 자본주의적 가치를 중심으로 생각하는 것이 당연하다. 갑자기 북한의 체제를 당연한 것으로 받아들이고 산다는 것을 상상조차 하기 힘든 이유다. 이데올로기는 개인의 사고를 지배하기 마련이다. 자본주의 안에 살면서 이에 대해서 끊임없이 회의하고 다른 생각과 주장을 하기는 쉽지 않다. 특히 이데올로기를 지지하는 시스템이 현재 작동하고 있고 그 안에서 역할을 맡아 성취를 경험하며 살고 있으니 그렇다. 짐 캐리가 주연을 맡은 트루먼 쇼라는 영화가 있었다. 유명하기도 하고 재미있던 영화기도 하지만 특히 기억나는 장면이 있다. 영화에서 주인공은 자신이 평생을 살면서 믿어왔던 모든 것들, 가족, 학교, 친구, 사랑 등이 모두 시나리오에 의해 짜여진 허구였으며 한낱 리얼리티 방송프로그램의 출연자였을 뿐이었다는 사실을 깨닫는다. 그는 결국 세계의 전부라고 믿었던, 그렇지만 한낱 거대한 방송용 스튜디오였던 세트장을 떠나기 위해 보트를 타고 먼 바다로 나아간다. 그 바다는 절대 가면 안 되는 금지의 영역이었다. 영화의 마지막에서 그는 결국 스튜디오의 벽면에 부딪힌 배에서 내려 층계를 올라 하늘이 배경으로 그려진 곳에 있던 문을 열고 나온다. 인상적인 장면은 바로 그 순간이다. 주인공은 자신의 삶과 모든 환경(이데올로기)을 벗어나는 마지막 그때에 문을 기운차게 열어젖히며 의기양양한 승리자처럼 행동하지 않는다. 그의 확신과는 다르게, 기쁘긴 하지만 조심스러운 태도로 자신의 틀을 벗어난다.

영화는 이렇게 말해 주는 듯하다. 지금까지 당연했던 것을 뛰어넘기 위해서는 끊임없이 관찰하고 의심하고 준비하며 도전하는 과정이 필요하다. 마지막에는 단호하게 기꺼이 새로운 시도를 해야 한다. 물론 트루먼 쇼의 트루먼처럼 어렵고 힘든 결정일 수 있다. 마지막 순간에 승리자처럼 첫발을 다시 내딛는 것보다는 조심스럽게 한 발 한 발 떼며 전진하는 것일 수 있다. 미지의 세상에 나가는 것일테니 말이다. ESG가 바로 그렇다. 기업이 지금까지 해왔던 경영방식과 의사결정과는 다른 접근이 있어야 하며 우리 사회가 추구해 온 양적성장 중심의 이데올로기와는 구분되는 새로운 가치체계를 추구해야 한다.

• 트루먼쇼 영화 마지막 장면 •

출처: namu.wiki

제3절 경영과 의사결정

경영학의 관점

　지금까지의 기업의 생성과 자본주의의 흐름에 대한 이해를 바탕으로 대규모 경제활동이 가능하도록 만든 유한책임제도부터 추가적인 이야기를 더해 보자. 유한책임제도의 대표적인 형태가 주식회사제도다. 즉 주식회사제도를 통해 대규모 경제활동이 가능해졌다. 대규모 자금을 바탕으로 조직의 규모가 커지니 당연히 회사의 관리측면에 대한 관심이 생겼다. 조직의 행태에 대한 관심이라고도 할 수 있다. 바로 이러한 흐름 속에서 경영학이라는 학문분야가 발달했다. 그러면 경제학이라는 사회과학의 한 분야와 경영학이라는 분야는 무엇이 다른 것일까? 여기서 학술적으로 이 광범위한 주제를 다루는 개념(혹은 학문영역)을 모두 정리하려는 것은 아니지만 이해를 위해서 다음과 같이 비교를 해 볼 수 있다.

　경제학에서는 기업은 생산요소로서 그냥 상수로 존재한다. 거시경제학 책을 한번 본 사람이라면 많이 접했을 것이다. 대표적인 생산요소로서 자본과 노동을 분석단위로 삼는다. 대부분의 경제학 교재에서 자본은 K로 표시하고 노동은 L로 나타낸다. 그리고는 노동력과 자본력이 주어진 것으로 보고 기초적인 경제모형이나 현상을 설명한다. 즉, 전통적인 경제학에서는 자본이라는 것이 상수로 정해져 있다. 이 자본이 바로 기업이라고 볼 수 있다. 왜냐하면 기업은 대표적으로 자본을 모은 경제주체이기 때문이다. 그러나 20세기 이후 기업들은, 다시 말해 자본을 가진 기업들은 의사결정을 통해 경영활동을 한다. 상수가 아니라는 것이다. 의사결정에 따른 기업경영활동의 변화, 즉 변수로 봐야 한다. 경제학에서는 시장의 생산요소인 자본이라는 상수로서 기업을 보았지만 경영학은 자율적인 경제주체로서의 자본, 즉 기업에 관심을 가지는 것이다. 경제학은 시장에 관심이 있지만 경영학은 기업에 관심이 있다. 여기서도 재차 강조한다. 경영학에서 기업의 경영의사결정은 자유롭다는 것을 전제하고 있다는 것을 말이다. 그러니 ESG 하의 경영의사결정도 마찬가지다.

경영학이라는 학문분야는 1950년대 이후 사회과학의 독립된 분과학문 중 하나로 형성되어왔다. 1960, 70년대를 지나오면서 글로벌 시장의 확대, 미국 외, 독일이나 일본의 경제성장과 맞물려 경영전략을 비롯하여 기업의 행태, 기업경쟁력의 요소, 조직 유효성, 생산, 마케팅 등 기능별 활동의 효율성 등에 대한 관심이 폭발적으로 증가했다. 이 시기부터 경영학이라는 학문이 꽃을 피웠다고 말할 수 있다. 이러한 사실은 기업의 자유로운 의사결정이 그만큼 더욱 중요해졌다는 사실을 의미한다. 글로벌 시장에서는 기업 간 경쟁이 심해지고, 기업의 경영활동에 대해서 많은 사람들이 관심을 가지기 시작했다. 다시 언급하지만 대규모 기업들의 경쟁은 궁극적으로 독점과 과점 현상을 초래한다. 한 산업에서 2~50개 기업이 존재하면 일반적으로 과점산업으로 분류하는데 시장과 산업의 범위를 어떻게 정의하느냐에 따라 달라질 수는 있지만, 현대 대부분의 산업은 과점산업이다. 과거 스미스 때는 이를 크게 고민하지 않았지만 과점 때문에 사회적 편익이 줄어드는 것이 현실이다. 결론적으로 주식회사 제도가 확대되면서 대규모 경제활동이 가능겼다는 점, 그리고 우리가 지금 논의하고 있는 ESG, 이와 연관되는 변화와 그 필요성은 떼어 놓고 생각할 수 없는 주제다. 더불어 경영 혹은 경영학의 관점에서 ESG를 자유재량적 의사결정의 틀 안에서 이해해야 하며, 비록 앞으로 가는 길이 힘들더라도 지금까지의 가치체계를 바꾸려는 적극적이고 끊임없는 시도 속에서 가능한 것이 ESG경영이다.

의사결정

경제학에는 '세이의 법칙(Say's Law)'이라고 있다. 고전학파 시절 프랑스의 경제학자인 장 바티스트 세이(Jean-Baptiste Say)가 자신의 저서 '정치경제학에 관한 논문: 또는 부의 생산, 분배 및 소비(1834)'에서 주장한 것으로 공급은 스스로 수요를 창출한다(Supply creates its own demand)는 표현으로 알려져 있다. 하지만 이 표현은 케인스가 그의 주장을 간략히 정리한 것이며 그의 저서에는 생산의 중요성을 강조하고 있었다. 경제 전체적으로 우선 공급이 가능하면 그만큼의 수요가 자연적으로 따라오기 때문에 이후 케인즈가 주장했던 유효수요 부족에 따른 공급과잉이 발생하지 않는다. 생산능력이 높으면 수요도 높아진다. 즉 수요를 가능하게 하는 것은 생산능력이라는 것이다.

세부적인 당시 영국이나 유럽의 경제상황과 그의 주장이 수정되었던 역사적 사실보다 주목할 것은, 그의 주장이 있던 시절은 생산을 하면 물건이 팔리던 시대, 수요가 많고 공급하는 사람들은 적기 때문에 물건을 만들어 팔기만 하면 팔리는 것이 당연한 시대였다. 이 법칙은 고전학파 경제학자들이 주장하는 공급중심의 경제정책을 주장하는 데 있어 중요한 논거가 되었다. 만들면 팔린다는 사실을 짚어보면 중요한 것이 무엇일까? 아무래도 현재 우리들이 당연히 여기는 품질보다는 납기가 더욱 중요하게 고려될 수밖에 없다. 제품의 가격보다 시장에 제품이 공급되는 것이 더 중요하다. 생산이 유효수요를 창출하기 때문이다. 하지만 이 논리는 지금도 여전히 법칙으로서 의미를 갖고 있을까? 전혀 그렇지 않다. 지금은 빨리 만들어서 시장에 물건을 내놓는 것이 제일 중요하다고 말할 수 없다. 케인즈의 수요중심 이론은 세이의 법칙과 정반대에 있으며, 세이의 법칙이 독점의 이론적 바탕으로 활용되었다는 곱지 않은 시선과 함께 1930년대의 경제대공황의 원인으로 비판을 받기도 한다. 현대 기업은 과연 공급중시의 사고 속에서 시장에 제품을 공급하는 것으로 충분할까 생각해 봐야 한다.

우리는 기억할 것이 있다. 경영이란 어떻게 언제 시작된 것일까? 학교에서 경영학을 가르치면서 나는 학생들에게 이런 질문을 던지곤 한다.

"경영이란 무엇일까?"

이 글을 읽는 독자는 경영을 무엇이라고 정의 내릴지 궁금하다. 앞에서 제시했듯이 생산이 경영의 핵심일까? 아니, 납기, 품질, 가격(원가)을 효율적, 효과적으로 결정하는 것일까? 여기서 출발해 보면 이렇게 간단히 표현할 수 있겠다. 기업의 수익성 제고를 위한 의사결정이 경영이다. 즉, 의사결정이 중요하다. 그렇다면 앞으로 계속 다룰 ESG도 마찬가지로 의사결정의 영역에서 봐야 한다. '기업의 수익성 제고를 위한 의사결정'이라고 의사결정의 의미를 좀 더 구체화할 수 있겠다. 그것은 전략적 사고를 뜻한다. ESG 등등의 새로운 접근방식을 논하기 전에 전통적으로 전략경영론에서 제시하는 경영전략의 의미는 기업의 수익성 제고를 위해 핵심역량을 바탕으로 경쟁우위를 지속하는 것이다. 이것이 전략적 의사결정이며 경영이다.

그러니까 경영학이라는 학문뿐 아니라 실무적으로 기업들이 시장 내 경쟁에서 이기기 위해서 하는 모든 것들은 전략적 의사결정이다.

기억하자. 단순히 생산하고 판매하는 행위가 아니라 경영의 제반여건과 환경을 고려하면서 의사결정을 하는 행위, 그 의사결정이 기업의 핵심역량과 경쟁우위에 도움이 되어야 한다는 점을 잊으면 안 된다. 경영환경의 변화를 감지하는 순간 기업은 반드시 전략적 의사결정을 해야 한다.

제4절 지속가능발전에 대한 논의

인식의 전환

　현재 환경문제가 심각하고 전 인류의 중요한 해결과제라는 것에 동의하지 않는 사람은 거의 없다. 국내에서도 최근 몇 년 사이에 기후변화 이슈는 전문가끼리 논의하고 걱정하는 주제가 아니라 일반 시민들도 관심을 갖고 바라보는 국제적, 국가적, 사회적 사안이 되었다. 이 글을 쓰는 현재 우리는 더 이상 지구온난화라는 용어를 잘 사용하지 않는다. '기후변화'라는 표현으로 모든 것을 바라보고 설명한다. 인식의 폭이 넓어지고 관심이 깊어졌으며 사안의 중요성에 공감하고 있는 것이다. 사회과학에서는 어떠한 용어를 사용하는가가 매우 중요하다. 사회과학자들의 연구에 의하면, 사회적 사건이나 상태를 지칭하기 위해 명칭을 부여하는 것은 해당 사건과 현상에 대한 관점을 대변한다. 예를 들어 '세월호 사고'로 부를 것인지, '세월호 참사'로 통일할 것인지는 그 관점차이를 드러내는 시작이 된다.
　같은 맥락에서 십 수년 전 '환경문제'라는 표현을 들어 본 적이 없다. 환경문제가 없었다는 의미가 아니다. 기억을 더듬어 보면 1980년대 공장지대가 많은 도시에 가면 지금보다 훨씬 좋지 않은 대기질을 그대로 방치했던 것 같다. 그럼에도 환경문제라고 하지 않았다. 그럼 무엇이라 했었나? 단순히 '공해문제'라는 표현을 사용했다. 예전의 신문을 살펴보면 모두 공해라는 단어를 사용했다. 지금은 공해라는 표현을 사용하지 않는다. 마치 지구온난화라는 표현이 서서히 사라지고 기후변화라는 용어를 주로 사용하듯이, 사람들이 중요하게 생각하고 그 영향력이 커짐을 깨닫고 그 의미와 개념을 확대한다. 현재 공해대신에 환경이라고 표현하는 맥락에는, 공장에서 폐기물이나 배출물질을 강이나 대기로 내보낼 때 관리하는 것이 핵심이 아니라는 의미가 담겨있다. 흔히 엔드 오프 파이프(End-of-pipe)관리라고 표현하는 물질, 매체관리가 환경을 고려하는 기업의 핵심과제가 이미 아니다.

산성비와 유엔인간환경회의

20세기 이후 지금까지도 우리가 겪고 있는 인구문제, 남북문제 뿐 아니라 환경문제도 불평등과 관련된 문제로 볼 수 있다. 생산활동을 비롯한 기업의 다양한 활동의 영향은 사회와 지구환경에 긍정적, 부정적 영향을 야기했다. 경제발전을 통한 삶의 질 향상이라는 긍정적인 변화 속에는 인간사회의 불평등, 인간과 자연과의 불평등이 눈에 띄게 많아졌다. 2차 세계대전 이후 그러한 현상은 더욱 심화되었는데 사회적 불평등을 제외하고 지구환경과 인류의 관계에만 주목해도 이른바 '자연을 지배'하는 인간활동의 양태를 쉽게 발견하게 되었다.

대표적인 사건이 스웨덴에 내린 산성비다. 산성비는 주로 대기 내에서 반응하는 산성을 생성하는 황과 질소 혼합물이 인간이 사용한 화석연료의 연소에 의해 대기로 방출되면서 유발되는 비로서 pH 5.6 미만의 산성도를 나타내는 비를 말한다. 스웨덴 노르웨이 핀란드 등이 위치한 북유럽 스칸디나비아 반도는 영국의 산업화로 인해 100년에 가까운 오랜 기간 심각한 산성비 피해를 당해왔다. 그러다가 1950년대부터 스칸디나비아 반도의 숲과 호수에 이상 징후가 나타나기 시작하면서 심각성을 느끼기 시작했다. 대표적으로 숲이 마르고 하천의 물고기가 사라지기 시작했다. 당시 스웨덴은 산성비의 피해가 가장 심각했다. 영토 내 호수의 40% 이상이 생물이 살기 부적합한 수질로 변해갔다. 스웨덴은 이 문제로 1967년 전 세계 최초 정부조직으로 환경보호청을 설립했다. 그럼에도 산성비 피해는 1980년대 전 유럽으로 확대되었다.

스칸디나비아 국가들은 산성비 피해를 국제적인 주요 이슈로 만들기 시작했다. 1968년 5월 제44차 유엔경제사회이사회에서 스웨덴은 국제환경회의를 제의했으며, 그 결과 1972년 6월 5일에 스웨덴의 스톡홀름에서 세계 최초의 국제환경회의인 '유엔인간환경회의'가 개최됐다. 회의 이후 영국은 자국 내 석탄사용을 줄이고 황산화물질 저감기술 개발 노력을 지속했으며, 2000년까지 산성비 유발물질인 아황산가스 배출량을 55% 이상 감소했다. 무엇보다 이 회의가 역사적인 것은 환경문제를 다자간 국제논의의 틀에서 다루게 된 첫 번째 자리이기 때문이다. 이전까지 환경문제(공해문제)는 지역적 문제였을 뿐이었다. 하지만 1972년 유엔인간환경회의를 통해 인류는 환경문제를 한 국가가 다루고 해결하는 것은 불가능하고 국제문제로서 해결해야 한다는 생각을 갖게 되었다. 유엔인간환경회의를 통해 '인간환경선언'이 채택되었다. 달력을 보면 '환경의 날'이 6월 5일에 표시되어 있는데, 이는 유엔인간환경회의가 개최된 날을 기념하여 제정된 것이다.

환경 및 개발에 관한 유엔회의

스칸디나비아의 산성비 사례에서 보았듯이 국제환경문제를 해결하기 위해 무엇보다 중요한 것은 국제사회의 관심과 지원을 끌어들이는 것이다. 이러한 흐름 속에서 1972년 이후 또 하나의 중요한 유엔회의가 열리게 되는데 1992년 브라질의 리우데자네이루에서 열린 '환경 및 개발에 관한 유엔회의(UNCED, United Nations Conference on Environment and Development)'가 그것이다. 1992년 6월 3일부터 6월 14일까지 열린 이 회의는 리우 회의(Rio Summit) 또는 지구정상 회의(Earth Summit)이라고 불리는데 전 세계 185개국 정부 8,000여 명의 대표단과 167개국의 7,892개 민간단체 대표 1만여 명, 그리고 114개국 정상 및 정부 수반들이 참여하여 지구환경보전 문제를 논의했다.

주요 논의주제와 행사는 도시환경문제를 의논한 '세계도시회의', '국제환경기술박람회', '열대식물환경조사회의' 등이 있었으나, 회의의 최대 쟁점사항인 개도국에 대한 재정지원 및 기술이전 문제를 둘러싸고 선진국과 개도국 간의 입장이 첨예하게 대립하여 이후 후속회의가 세계 곳곳에서 열리게 되었다. 또한 이 회의는 지금도 역사적 성과로 여겨지는 선언적 의미의 '리우 선언'과 '의제 21(Agenda 21)'을 채택하고, 지구 온난화 방지 협약, 생물다양성 보존 협약 등이 서명되는 성과를 얻었다. 이 중에서 총 27개 원칙으로 구성된 '환경과 개발에 관한 리우 선언'은 통칭 리우 선언으로 불리는데 리우 선언은 '지구의 통합적이고 상호의존적인 본성'으로 지구가 우리의 고향임을 언급한다.

주목할 내용은 첫째, 지속가능한 발전은 인간에 주로 관련되는 개념이며 인간은 자연과 조화를 이루며 건강하고 생산적인 삶을 영위할 권리가 있고(제 1원칙), 둘째, 지속가능한 발전은 현세대와 차세대 모두를 공평히 대하는 원칙에 입각해야 한다(제 3원칙, 제 4원칙). 더불어 빈곤문제의 해결과 개도국의 특수한 상황을 고려하는 공동의 이익을 추구해야 하며(제 5원칙, 제 6원칙), 지속가능한 생산과 소비 및 인구문제의 해소를 중요하게 고려하고 있다(제 8원칙). 환경문제는 국제적인 이슈로서 협력적으로 다뤄져야 하며 예방적 조치와 환경오염 부담자의 책임, 경제적 유인책의 활용도 제시하고 있다(제 10원칙부터 19원칙). 마지막으로 국제법 상의 준수, 평화로운 발전, 청년과 여성의 참여 등 지구환경문제를 보는 시각이 사회적 형평성과 세대 간의 형평성을 모두 고려하는 폭넓은 관점으로 정리되었다.

리우선언

원칙1: 인간을 중심으로 지속 가능한 개발이 논의되어야 한다. 인간은 자연과 조화를 이룬 건강하고 생산적인 삶을 향유하여야 한다.

원칙2: 각 국가는 유엔 헌장과 국제법 원칙에 조화를 이루면서 자국의 환경 및 개발 정책에 따라 자국의 자원을 개발할 수 있는 주권적 권리를 갖고 있으며, 자국의 관리구역 또는 통제 범위 내에서의 활동이 다른 국가나 관할 범위 외부 지역의 환경에 피해를 끼치지 않도록 할 책임을 갖고 있다.

원칙3: 개발의 권리는 개발과 환경에 대한 현세대와 차세대의 요구를 공평하게 충족할 수 있도록 실현되어야 한다.

원칙4: 지속 가능한 개발을 성취하기 위하여, 환경 보호는 개발 과정의 중요한 일부를 구성하며 개발 과정과 분리시켜 고려되어서는 아니 된다.

원칙5: 모든 국가와 국민은 생활 수준의 격차를 줄이고 세계 대다수의 사람들의 기본 수요를 충족시키기 위하여, 지속 가능한 개발의 필수 요건인 빈곤의 퇴치라는 중대한 과업을 위해 협력하여야 한다.

원칙6: 개발 도상국, 특히 극빈 개도국과 환경적으로 침해받기 쉬운 개도국의 특수 상황과 환경 보전의 필요성은 특별히 우선적으로 고려의 대상이 되어야 한다. 또한, 환경과 개발 분야에 있어서의 국제적 활동은 모든 나라의 이익과 요구를 반영해야 한다.

원칙7: 각 국가는 지구 생태계의 건강과 안전성을 보존, 보호 및 회복시키기 위하여 범세계적인 동반자 정신으로 협력해야 한다. 지구의 환경 악화에 대한 제각기 다른 책임을 고려하여, 각 국가는 공통된 그러나 차별적인 책임을 가진다. 선진국들은 그들이 지구 환경에 끼친 영향과 그들이 소유하고 있는 기술 및 재정적 자원을 고려하여 지속 가능한 개발을 추구하기 위한 국제적 노력에 있어서 분담하여야 할 책임을 인식해야 한다.

원칙8: 지속 가능한 개발과 모든 사람의 보다 나은 생활의 질을 추구하기 위하여, 각 국가는 지속 불가능한 생산과 소비 패턴을 줄이고 제거해야 하며 적절한 인구 정책을 촉진해야 한다.

원칙9: 각 국가는 과학적, 기술적 지식의 교환을 통하여 과학적 이해를 향상시키고, 새롭고 혁신적인 기술을 포함한 기술의 개발, 적용, 존속, 전파 그리고 이전을 증진시킴으로써, 지속 가능한 개발을 위한 내재적 능력을 형성, 강화하도록 협력해야 한다.

원칙10: 환경 문제는 적절한 수준의 모든 관계 시민들의 참여가 있을 때 가장 효과적으로 다루어진다. 국가 차원에서 각 개인은 지역 사회에서의 유해 물질과 처리에 관한 정보를 포함하여 공공 기관이 가지고 있는 환경 정보에 적절히 접근하고 의사 결정 과정에 참여할 수 있는 기회를 부여 받아야 한다. 각 국가는 정보를 광범위하게 제공함으로써 공동 인식과 참여를 촉진하고 증진시켜야 한다. 피해의 구제와 배상 등 사법 및 행정적 절차에 효과적으로 접근할 수 있어야 한다.

원칙11: 각 국가는 효과적인 환경 법칙을 규정해야 한다. 환경 기준, 관리 목적, 그리고 우선 순위는 이들이 적용되는 환경과 개발의 정황이 반영되어야 한다. 어느 한 국가에서 채택된 기준은 다른 국가, 특히 개도국에게 부적당하거나 지나치게 경제적, 사회적 비용을 초래할 수도 있다.

원칙12: 각 국가는 환경 악화 문제에 적절히 대처하기 위하여, 모든 국가의 경제 성장과 지속 가능한 개발을 도모함에 있어 도움이 되고 개방적인 국제 경제 체제를 증진시키도록 협력해야 한다. 환경적 목적을 위한 무역 정책 수단은 국제 무역에 대하여 자의적 또는 부당한 차별적 조치나 위장된 제한을 포함해서는 아니 된다. 수입국의 관할지 역 밖의 환경적 문제에 대응하기 위한 일방적 조치는 회피되어야 한다. 국경을 초월하거나 지구적 차원의 환경 문제에 대처하는 환경적 조치는 가능한 한 국제적 합의에 기초해야 한다.

원칙13: 각 국가는 환경 오염이나 기타 환경 위해의 피해자에 대한 책임과 배상에 관한 국제법을 발전시켜야 한다. 각 국가는 자국의 관할권 또는 통제 지역 내에서의 활동이 자국의 관리 범위 이외 지역에 초래한 악영향에 대한 책임과 배상에 관한 국제법을 보다 발전시키기 위하여 신속하고 확실한 방법으로 협력해야 한다.

원칙14: 각 국가는 환경 악화를 심각하게 초래하거나 인간의 건강에 위해한 것으로 밝혀진 활동이나 물질을 다른 국가로 재배치 또는 이전하는 것을 억제하거나 예방하기 위하여 효율적으로 협력해야 한다.

원칙15: 환경을 보호하기 위하여 각 국가의 능력에 따라 예방적 조치가 널리 실시되어야 한다. 심각한 또는 회복 불가능한 피해의 우려가 있을 경우, 과학적 불확실성이 환경 악화를 지양하기 위한 비용/ 효과적인 조치를 지연시키는 구실로 이용되어서는 아니 된다.

원칙16: 국가 당국은 오염자가 원칙적으로 오염의 비용을 부담해야 한다는 원칙을 고려하여 환경 비용의 내부화와 경제적 수단의 이용을 증진시키도록 노력해야 한다. 이에 있어서 공공 이익을 적절히 고려해야 하며 국제 무역과 투자를 왜곡시키지 않아야 한다.

원칙17: 환경에 심각한 악영향을 초래할 가능성이 있으며 관할 국가 당국의 의사 결정을 필요로 하는 사업 계획에 대하여 환경 영향 평가가 국가적 제도로서 실시되어야 한다.

원칙18: 각 국가는 다른 국가의 환경에 급격한 위해를 초래할 수 있는 어떠한 자연 재해나 기타의 긴급 사태를 상대방 국가에 즉시 통고해야 한다. 국제 사회는 이러한 피해를 입은 국가를 돕기 위하여 모든 노력을 기울여야 한다.

원칙19: 각 국가는 국경을 넘어서 환경에 심각한 악영향을 초래할 수 있는 활동에 대하여 피해가 예상되는 국가에게 사전에 적시적인 통고 및 관련 정보를 제공하여야 하며 초기단계에서 성실하게 이들 국가와 협의해야 한다.

원칙20: 여성은 환경 관리 및 개발에 있어서 중대한 역할을 수행한다. 따라서 지속 가능한 개발을 달성하기 위해서는 그들의 적극적인 참여가 필수적이다.

원칙21: 지속 가능한 개발을 성취하고 모두의 밝은 미래를 보장하기 위하여, 전 세계 청년들의 독창성, 이상, 그리고 용기가 결집되어 범세계적 동반자 관계가 구축되어야 한다.

원칙22: 토착민과 그들의 사회, 그리고 기타의 지역 사회는 그들의 지식과 전통적 관행으로 인하여 환경 관리와 개발에 있어서 중요한 역할을 수행한다. 각 국가는 그들의 존재와 문화 및 이익을 인정하고 적절히 지지하여야 하며, 또한 지속 가능한 개발을 성취하기 위하여 그들의 효과적인 참여가 가능하도록 해야 한다.

원칙23: 압제, 지배 및 점령하에 있는 국민의 환경과 자연 자원은 보호되어야 한다.

원칙24: 전쟁은 본질적으로 지속 가능한 개발을 파괴한다. 따라서 각 국가는 무력 분쟁시 환경 보호를 규정하는 국제법을 존중하여야 하며, 필요한 경우에는 이의 발전을 위하여 협력해야 한다.

원칙25: 평화, 발전, 환경 보호는 상호 의존적이며 불가분의 관계에 있다.

원칙26: 국가는 그들의 환경 분쟁을 유엔 헌장에 따라 평화적으로 또한 적절한 방법으로 해결하여야 한다.

원칙27: 각 국가와 국민들은 이 선언에 구현된 원칙을 준수하고, 지속 가능한 개발 분야에 있어서의 관련 국제법을 한층 발전시키기 위하여, 성실하고 동반자 정신으로 협력해야 한다.

이렇듯 실천적 방법을 포함하고 있지는 않으나, 리우회의를 통해 국제적 논의 주제로서 환경문제는 중요한 의제로 인류에게 자리매김을 하게 되고 궁극적으로는 사회 불평등 이슈까지 아우르게 되었다. 그러나 여전히 이러한 문제의식 하에서 인류의 발전을 위한 구체적 행위로 전환은 쉽지 않았는데 그 이유는 국가 정상들의 선언이 자동으로 실제 집행능력이 있는 기업들의 참여로 이어지지 못했기 때문이다. 이후 추동력이 담보되지 않는 화려한 말잔치로만 다자간 협상의 틀이 머무르면 안 된다는 공감 하에서 본격적으로 논의 중심에 있게 된 단어가 지속가능성(Sustainability)이다. 리우 선언에 언급된 표현으로 옮기면 지속가능발전(Sustainable Development) 논의가 전면에 등장하게 되는데 이 글을 읽고 있는 독자는 이 시점에 지속가능발전이란 것이 무엇인지 확인할 필요가 있다.

지속가능한 발전과 브룬트란트 보고서

1990년대 후반 이후 21세기에 사회 각 분야에 지속가능발전에 대한 관심이 증대해 왔다. 특히 기업경영환경의 변화를 이야기할 때 지속가능발전에 대한 논의는 그 영향력이 증가되는 현상을 보인다. 이렇듯 관심이 확산되는 한편에는 기업의 사회적 책임, 사회책임경영과 같은 유사 개념과의 혼란도 존재한다. 지속가능발전이라는 거시적 담론이 기업에 도입되면서 '지속가능하다'는 용어의 쓰임새와 본질적 개념이 혼동되고 있는 현상을 쉽게 볼 수 있다.

알다시피 많은 기업이 지속가능보고서(혹은 지속가능성 보고서)를 발행하는 등 표면적으로는 지속가능한 발전을 위해 산업계 차원의 기여가 작동하는 것으로 보이지만, 과연 지구의 지속가능발전을 담보하는 경영활동을 의미하고 자원을 투입하며 전략적 고민을 하는 것인지 의심이 되기도 한다. 여기서 문제제기 하는 바는 첫째, 지속가능한 발전(혹은 지속가능발전)의 역사적 배경과 개념을 정확히 이해하는 상태에서 기업경영활동에 그 의미를 적용하고 있는지 확인할 필요가 있다. 둘째, 향후 어떠한 시각으로 지속가능경영을 추진하는 것이 바람직한지 생각해야 한다.

산업혁명 이후 현대사회까지 자본주의적 가치가 전 세계에 자리 잡아 오는 과정 안에서 모든 국가의 관심은 경제발전으로 정리할 수 있다. 더 많은 자연자원을 통해서 생산량을 늘리고 이를 소비하는 과정에 부가가치는 증가하고 경제발전은 달성된다. 그러나 1960년대 이후 산업화 성공의 반작용으로 대두된 환경, 자원 문제는 이른바 '성장의 한계'를 인류에게 보여주기 시작했다. 지속가능발전이라는 개념은 이렇듯 환경, 자원문제의 전 지구적 심각성을 배경으로 구성되어 왔다. 선진국을 중심으로 환경에 대한 경고는 확대되어 왔지만 자원부국이나 저개발 국가는 경제성장이 지상과제가 되기 때문에 갈등과 반발이 국제사회에 드러나게 되었다.

이러한 시대적 배경 속에서 노르웨이 전 수상 브룬트란트의 주도하에 '우리 공동의 미래(Our Common Future)'라는 보고서가 발표됐다. 1987년 발표된 브룬트란트 보고서라고도 불리는 「우리 공동의 미래」는 환경을 해치지 않고 경제를 발전시키는 방법에 대한 답을 담은 보고서이다. 동 보고서에 최초로 정리된 지속가능발전은 '미래세대가 그들의 욕구를 충족시킬 수 있는 기반을 저해하지 않고 현세대의 욕구를 충족시키는 발전(Sustainable development seeks to meet the needs and aspirations of the present without compromising the ability to meet those of the future)'으로 공유되었다. 이후 지속가능발전에 대한 논의는 이 정의를 각 영역에서 어떻게 해석하고 적용하는가에 모아지고 있다.

많은 매체와 문서에서 소개하고 있는 이 지속가능발전에 대한 정의는 쉽게 얘기하면 우리가 누리고 우리가 원하고 우리에게 도움이 되기 위해서 발전, 성장해야 하는데, 후손들의 삶과 그들의 필요를 저해시키면 안된다는 뜻이다. 표현만큼 쉽지 않은 의미를 지녔다. 생각해 보면 어려운 얘기다. 자원을 소비해야 경제가 돌아가는데, 그 자원은 유한하다. 그러면 어쩔 수 없이 후손의 삶의 질에 영향이 갈 수 밖에 없다. 그래서 사람들은 지속가능발전의 정의를 보면서 감만 잡을 뿐이다. '뭔가 내가 지금 마음 놓고 다 쓰면 안 되겠구나.'라고 생각할 뿐 구체적으로 무엇을 어떻게 할지 모른다. 또한 미래세대라는 표현도 쉽게 이해하기 힘들다. 모호한 표현이다. 미래세대가 누구인지에 대한 논의도 보고서에는 없다.

철학적으로 권리를 논하기 위해서는 권리를 받을 자격이 특정되어야 하고 그 의미로 볼 때, 불특정한 미래세대라는 표현은 그들의 요구와 권리를 보장해 준다는 표현과 어울리지 않는다. 불특정 다수가 갖는 권리라는 것이 구체적으로 무엇인지 사실은 아무도 모른다. 그래서인지 브룬트란트 보고서에는 실천적인 내용을 포함하고 있지 않다. 선언적 의미로 중요하다는 것을 강조하고 있을 뿐이다.

그럼에도 지속가능발전은 경제우선주의 즉, 환경과 이해관계자를 고려하지 않은 일방의 경제성장은 불가능하다는 입장에서 출발한다. 스미스의 자본주의 철학은 부의 증가에 대한 신화를 현실로 만들었다. 하지만 생태계와 자원을 비롯한 자연환경의 유한성과 한계, 불가역성을 중요하게 인식하고 고려해야 하는 현 시점에서는 영원한 부의 양적 성장(경제성장)은 현실적으로 불가능하다는 사실을 확인할 수 있다. 이미 세계 경제는 지구의 부양능력을 넘어서 더 이상의 성장은 성장주체를 파멸시키는 단계에 이르렀다. 부의 무한성장 이론은 과학적이지도, 실증적이지도 않으며, 경제주체의 이기적인 면만을 반영한 시각이다. 요약하면, 지속가능발전은 경제적 성장과 관계없이, 생태 환경에 대한 고려와 함께 타자에 대한 착취를 포함하지 않는 조건 등을 보여주거나, 생산성과 제고에도 빈곤계층이 존재하기 때문에 전통적인 부의 성장만으로는 '지속가능한 성장'이 되지 않기 때문에 형평성 차원의 보완이 필요하다는 입장을 역설한다. 더불어 지속가능발전은 산업혁명 이후 자본주의의 발달로 인한 경제상장이 인류의 삶에 긍정적인 결과를 가져왔는가에 대해서도 주목한다. 성장만으로는 빈곤의 문제조차 해결할 수 없으며 생산량을 늘리려는 노력보다는 경제적 불평등을 위해 공정한 분배를 통해 정의를 실현하는 것이 필요하다. 이는 현재 한국사회에서 시민의식의 성장 속에 화두가 된 '정의로운 사회'의 논의에도 부합한다.

지속가능성과 생태주의

지속가능성과 생태주의는 같은 표현인가? 결론적으로 지속가능성은 생태주의가 아니다. 우리 표현으로 근본생태주의 혹은 깊은 생태주의라고 하는 딥 이콜로지(deep ecolgy)라는 말이 있다. 생태주의 중에서도 매우 강한 극단의 생태주의를 뜻한다. 근본생태주의에 의하면 인간이 하나도 자연에 비해 우월하지가 않다. 우리 눈에 보이는 모든 자연환경, 예를 들어 산 위에 올라가서 보이는 너른 들판, 도도하게 흐르는 강물, 커다란 암벽마저도 인간과 똑같은 가치가 있다고 생각을 한다. 비록 근본생태주의는 아니더라도 생태주의란 인간이 자연을 지배하거나 인간의 이익을 위해 환경을 수단화하는 것과 대척점에 있다.

따라서 생태주의는 환경주의와도 다르다. 현재의 환경 문제를 기술적 전문성의 적용으로만 해결할 수 있는 것으로 여기며 사회의 근본적 성격이 개선될 필요가 없다고 여기는 환경주의와 달리, 생태주의는 이를 보다 심각하고 심층적인 잘못들이 겹쳐 일어난 문제로 보고 있다. 사회의 틀을 유지하면서 환경문제는 해결할 수 없고 사회적, 경제적, 정치적 질서들의 모든 문제를 해결하기 위한 방식이 필요하다고 본다. 남녀문제와 같은 인간사회의 위계질서가 인간이 자연 위에 군림하는 위계질서와 같은 맥락이기 때문에 사회생태학에서는 자연적 균형상태를 추구해야 한다는 주장을 하기도 한다. 따라서 지속가능성이 생태주의의 특성을 그대로 따라가고 있는가 생각해 보면 전혀 그렇지 않다는 것을 알게 된다. 지속가능성은 인간 중심의 사고를 바탕에 깔고 있기 때문이다.

비유를 하자면 지속가능성을 주장한다고 해서 인류의 멸망을 무릅쓰고라서도 지구행성의 영원한 존속을 말하는 것은 아니다. 하지만 지속가능발전이나 지속가능성을 처음 접하는 사람들 중에, 기업의 경영활동에 대한 규제 내지는 제한 요건으로 인식하고 지속가능성을 생태주의 혹은 운동권적 시각에서 귀찮거나 전혀 기업에게 도움이 되지 않는 것들로 치부해 버리는 경우가 많다. 당연히 잘못된 생각이다.

여전히 반대측면에서 비판받고 있듯이 지속가능발전은 '성장'을 이야기 하고 있다. 다만 인류사회가 성장하는 방식에 대한 사고체계를 질적으로 바꾸려는 시도로 봐야 한다. 과거 고민하지 않았던 심각한 이슈에 기업이 경영활동을 지속하기 위해서 적극적인 참여와 더 나아가 전략적인 판단을 통해 새로운 사업기회 창출을 기대하는 것이다. 철저히 인류사회의 발전을 의미한다. 그러니 오해하면 안 된다. 역시 ESG도 이 틀 내에서 다뤄지는 주제인 것이다.

제5절 기업의 지속가능성과 사회적 책임

기업의 지속가능성

최근 20년 간 지속가능경영이란 용어는 사회적으로 주목을 받는 용어로 자리매김하게 됐다. 비단 학계뿐이 아니다. 기업의 경영현장에서도 지속가능경영을 표방하며 이에 대한 관심과 실질적 적용이 증가했다. 지금은 상식처럼 받아들이지만 지속가능경영은 본래 지속가능발전(sustainable development)에서 비롯됐으며 앞에서 설명했듯이 선언적 의미의 지속가능발전을 구현하기 위한 산업계의 역할을 고민하는 차원으로 논의되었다.

하지만 지속가능경영이라는 단어는 실상 한국식 표현이다. 지속가능발전은 동태적 개념이며, 이를 정태적으로 표현하면 지속가능성(Sustainability)라고 할 수 있다. 즉 지속가능한 발전이 되어 있는 상태(Status)가 지속가능성(Sustainability)이므로 이 상태를 달성하기 위한 노력의 큰 틀에서 '기업의 지속가능성(Corporate Sustainability)'이 논의되었다. 우리가 흔히 칭하는 지속가능경영이 바로 영미권에서 사용하는 기업의 지속가능성, 코퍼릿 서스테이너빌리티(Corporate Sustainability)다.

재차 강조하지만 지속가능발전은 정의내리기 모호한 측면이 많다. 특히 이행차원에서 논의하기에 그렇다. 선언적이고 개념적인 용어로서 지속가능발전은 이를 활용하는 경제사회 주체들이 자유롭게 해석할 여지를 남겼다. 혹자는 이를 개념의 확장성 차원에서 긍정적으로 평가도 하지만 그 불분명함 때문에 본디 전하려 했던 '지속가능경영

(혹은 발전)'의 의미를 오남용하고 심지어는 악의적으로 왜곡하는 경우도 왕왕 발생한다. 일각에서 주장하는 '지속경영'이라는 용어가 대표적 왜곡사례다. 지속'가능'한 것보다는 근본적으로 '지속'이 낫다, 지속'가능'한 것은 아무런 유익이 없기 때문에 '가능성'을 이야기 하지 말고 본래부터 '지속'을 추구해야 한다는 설명은 전혀 학술적이지도 않고 지속가능성에 대한 태동과 역사적 배경, 이론적 함의를 애써 간과하는 의도성까지도 의심하게 한다.

확장성의 이름으로 본의를 가리는 다양한 행태는 다양한 곳에서 쉽게 발견할 수 있다. 언론이나 각공 보고서에 유행처럼 사용하는 '지속가능한 정책'이란 용어도 그 의미를 어떻게 규정하는지 의심스러운 경우가 많다. '지속가능해야 한다.'는 술어를 사용하는 많은 경우에 장기 존속에 대한 관점만을 부각시켜 강조하는 의도에서 비롯된 용법인 경우를 쉽게 볼 수 있다. 본질적인 의미로 돌아가서 지속가능성(sustainability)이 비록 장기적인 지속성(continuity)를 담보하고 지향하는 개념임에는 틀림없으나 지속가능성을 지속성의 개념으로만 사용하는 현실상황은 오용의 수준을 넘어 의도적 왜곡의 단계로 볼 수 있다.

예를 들어 '지속가능한 교육정책'이라는 용어가 과연 의미하는 것은 무엇인가? 그 국가정책의 시행주체인 정부부처의 지속성을 의미하는 것은 아닐 터이니, 정책 그 자체의 지속성을 뜻하는 것일까? 정책의 지속성을 논하는 것이라면 후대까지 현존 교육정책이 유지되도록 해야 한다는 의미인가? 그것보다는 정책이 추구하는 가치가 지속가능성을 담보하고 있어야 한다는 의미로 해석하는 것이 가장 올바른 해석일 것이다. 그러나 앞에서 검토했듯이 지속가능성을 고려하는 교육정책으로 볼 것인지는 구체적으로 그 정책을 분석해 봐야 한다. 수사적인 의미로 사용해서는 안 된다. 지금까지 한국 사회에서 유행처럼 사용하고 있는 수식어인 '지속가능한'의 의미는 전 지구적 환경문제와 전통적 의미의 경제성장과 환경의 조화, 양자 간의 형평성을 고려한 맥락으로 사용되고 있지 않다. 이런 문제의식을 바탕으로 기업경영 현장에서 더욱 널리 사용되는 지속가능경영이라는 용어의 사용은 검토되어야 한다. 지속가능경영(한국식 영어로 표현하면 서스테이너빌리티 매니지먼트(sustainability management))인 기업의 지속가능성(corporate sustainability)은 기업의 장기존속을 의미하는가? 그리고 경영전략에서 중요하게 고려하는 요소인 '지속가능한 경쟁우위'라는 관점에서 활용하는 '지속가능'과 같은 의미로 볼 수 있는가? 이에 대한 해답을 바탕으로 기업이 어떠한 관점에서 이를 이해하고 경영전략을 추진해야 하는지 검토하기 위해서는 다음의 주제부터 출발해야 한다. 그것은 기업이 지속가능경영을 하면(기업의 지속가능성을 추진하면) 사업적으로 성공할 수 있는가라는 질문이다.

지속가능경영과 기업의 존속

"기업의 지속가능성이란 기업이 망하지 않고, 예를 들어 100년 기업, 200년 기업으로 살아남는 것이다. 사업에 성공해서 영원히 계속 초우량 기업으로 살아남는 것이다."

이것이 기업의 지속가능성, 지속가능경영인가? 전혀 그렇지 않다. 그럼에도 의미를 왜곡해서 사용하는 경우가 너무 많다. ESG를 바르게 이해하기 위해서는 지속가능성의 의미부터 명확히 알아야 한다. 다시 한 번 강조하지만 기업의 지속가능성이란 기업은 자신이 속한 사회, 지구의 지속가능성을 위한 경영을 한다는 뜻이다. 독자 여러분이 회사생활을 한다면, 지금 여러분들이 속한 조직은 망하지 않아야 할 것이다. 당연한 희망이다. 그런데 생각해보면 이 희망이 있기 전부터 환경문제를 비롯한 수많은 지속가능성 이슈는 회사에 영향을 주고 있었다. 그러니 회사가 사업에 실패해서 망하는 것은 기업의 지속가능성 추구와 같은 의미로 보기 힘들다.

    어떤 회사가 경제적 성공을 이루면서 동시에 공평한 부의 배분, 인권, 환경, 제품책임, 안전보건, 복지, 지역사회 협력, 유해물질 관리, 이해관계자 소통, 합리적 가격정책 등, 현재 ESG에서 강조하고 있는 모든 분야에 진정한 노력을 하고 지속적으로 그 성과도 맛보고 있다고 하자. 그런데 어느 순간 이 기업이 망하게 되었다면 우리는 이 기업의 명멸과 관련된 현상을 어떻게 평가할 수 있을까? 우선 이 회사가 추진한 경영활동 면면은 지속가능경영에서 제시하고 강조하는 모습을 충실히 따르고 있던 것으로 평가할 수 있다. 상기 열거한 모든 경영활동은 지속가능경영의 틀 안에서 이해할 수 있는 내용이다. 우리 주위에 볼 수 있는 기업이 발간하는 지속가능성보고서의 주요 내용에도 해당한다. 그런데 왜 이 회사는 사업의 성공은커녕 존속하지도 못하고 사라지게 되었을까?

    혹자는 이 기업이 전략적인 경영의사결정(전략경영)에 실패했기 때문이라고 지적할 것이다. 또 실무적 관점에서 설명한다면 결국 사업적 역량이 부족해서 발생한 결과라고 표현할 수도 있다. 그러나 이러한 평가는 일방의 주장일 뿐이다. 인간이 창조한 사회는 단 하나의 원인으로 모든 사회현상을 설명할 수 없다. 사회는 시시각각 변화하고 진화한다. 특정 사건을 분석하기 위해 다른 모든 사회적 동인이 멈춰 있지 않다. 통제된 조건에서 수행되는 자연과학 실험과는 다르다. 기업이 망하는 이유(기업의 소멸원인)를 분석하기 위해서 단 하나의 원인을 찾는 것은 논리적으로도 적절치 않은 일이다. 행동경제학에서는 이러한 인지방식을 확증편향으로 보고 있으며 구체적으로는 사후확신편향과 잠복성 결정론으로 설명할 수 있다.

  여기서 잠시 간단히 살펴보자. 먼저 확증편향(confirmation bias)은 새로운 정보들이 기존의 이론이나 세계관, 그리고 확신하고 있는 정보들과 모순되지 않는다고 보는 경향으로 우리가 갖는 인지오류의 기본적인 속성에 해당한다. 확증편향은 새로운 정보를 내 신념에 맞춰 확대해석하는 경우에 발생한다. 그 중에서 사후확신편향은 '그렇게 될 줄 알고 있었다.'는 인식오류를 뜻한다. 어떤 사건이 발생한 이후에는 모든 것이 마치 분명한 개연성에 따라 일어난 일로 보이는 것이다. 사고의 발생 이전에 있었던 여러 조건들이 강력한 인과관계를 구성한다. 기업의 소멸과 같이 그 결과가 매우 안 좋은 경우 사후확신편향은 더욱 강해진다. 또한 잠복성 결정론은 보다 심각한데, '필연적인 결과'라고 사후에 여기는 성향을 의미한다. 따라서 발생하지 않은 일에 대해서는 관심이 없다. 즉, '망한' 기업과 매우 흡사한 경영환경 속에서 잘못된 의사결정을 망한 기업과 똑같이 반복함에도 기업이 존속되는 수많은 사례가 있다. 손쉽게 기업부도의 원인으로 지목한 이유들이 항상 부도를 발생시키는 것은 아니기 때문이다. 이 경우라면 망한 기업과는 어떤 차이가 있는지 분석하는 것이 논리적인데 전혀 그런 데는 관심이 없다. 따라서 잠복성 결정론은 표본추출편향과도 관련이 있다. 기업이 망하는 것(시장에서의 퇴출 등)처럼 드물게 발생하는 대형 사회적 사건은 표본추출편향의 속성을 가진다. 이상의 맥락을 고려하면 다음과 같이 언급하는 것이 옳다.

"기업이 망하는 데는 무수히 많은 원인이 있으니, 면밀한 분석을 통하기 전에는 섣불리 결론짓기 힘들다."

다시 말해, 사회적 형평성이나 환경적 건전성에 기반하여 지속가능성을 담보하는 경영활동 즉, 경제, 환경, 사회적 책임에 충실하다고 무조건 기업이 (장기)존속하리라는 보장은 없다. 이 명제는 그 역이 성립하는 사회현상을 고려해도 마찬가지다. 사회적 물의를 일으켰어도 여전히 사업을 영위하고 있는 많은 회사들과 노동, 인권 등에 악명 높은 모 다국적 기업이 엄청난 매출과 이익을 실현하며 끊임없이 성장하고 시장을 지배하고 있는 현실을 상기해 보면 비즈니스 성공과 지속가능경영은 관련성이 없는 것으로 여겨진다. 요약하면 지속가능경영 성과가 높다는 말과 기업의 장기존속은 전혀 다른 차원의 이야기다. 이 점이 중요하다.

하지만 지금까지의 논의에 국한하여 결론짓기에는 고려하지 않은 부분 있다. 다음과 같은 의문이 바로 그것이다. 우리가 지금껏 지속가능경영을 주창하고 경영의사결정에 반영해 온 이유가 조직의 장기 존속을 위함이 아니었던가? 이 질문에 대한 답을 위해서는 조직론의 관점에서 생각해 볼 필요가 있다. 조직론은 경영학의 주요 학문분야 중 하나이다. 조직론이라 불리는 일련의 연구가 지닌 가장 중요하고 근본이 되는 탐구주제가 있다. '어떤 조직이 망하지 않고 오래 살아남을까?'라는 질문, 이것이 바로 조직론 분야의 핵심주제다. 20세기 후반부터 한국을 비롯하여 전 세계적으로 강조하고 있는 기업의 지속가능성이 우리 앞에 나타나기 훨씬 이전부터 사회과학의 한 분파인 조직이론 연구에서는 기업의 장기존속을 연구해 오고 있었다. 그러니 우리가 1990년대 이후 입에 오르내리는 지속가능경영을 기업의 장기존

속에 대한 조직론의 관점으로 환원시켜 이해하는 것은 말이 안 된다. 지속가능경영에 대한 철학적 근본관심이 조직론연구 화두의 다른 이름일 뿐이란 말인가? 앞에서 고찰한 지속가능발전의 배경과 전지구적 논의를 담아내고 산업계가 노력하는 지속가능경영이 20세기 초부터 논의한 조직론의 연구주제는 결코 아니다.

다만, 지속가능경영을 충실히 하면 기업의 장기존속 가능성이 높아지는 것 아니냐는 반문은 일리가 있다. 왜냐하면 주주중심주의에서 벗어나고 열린 거버넌스 하에서 모든 이해관계자의 요구와 그들의 권리를 충족시키는 투명한 경영활동을 한다면, 단순히 재무적 성과만을 추구하는 모습보다 오히려 수익성을 높일 수 있다는 ESG의 논리를 생각해 볼 때, 장기존속 가능성은 높아질 수도 있겠다. 그러나 장기존속 가능성이 지속가능성과 같은 뜻은 아니며, 기업의 장기존속의 가능성을 높이는 경영활동이라는 발언도 확실한 증거를 제시할 수는 없다. ESG가 유행하는 지금도 이론적으로 확실한 증거라고 말할 수 있는 것은 아니다. 또한 지금까지 강조했듯이 기업이 명멸하는 원인을 간단히 단정할 수 없기 때문이기도 하다.

사실 '기업이 망한다'는 간단한 표현도 하나의 명제로서 그리 수월하게 정의내릴 수 없다. 한때 세계 휴대폰 시장을 석권하던 노키아를 생각해 보자. 과거 목재가공업을 주된 사업으로 삼고 존속해 오던 노키아가 20세기 후반 휴대전화를 주력제품으로 생산하는 기업으로 변신했다는 사실은 잘 알려져 있다. 노키아가 사업구조를 획기적으로 바꾸고 휴대폰 시장에서 절대강자였던 현상(현재, 노키아는 스마트폰 시장으로 재편된 글로벌 경영환경에 적절하게 대응하지 못하여 선두기업의 위치를 주고 밀려나 있다. 그 이전까지의 내용으로 이해하자)을 두고 혁신경영의 성과로만 이해할 수 있을까? 반대의 사례를 생각해 보자. 과거 엘지반도체에서 현대전자, 그 이후 하이닉스, 에스케이하이닉스로 바뀐 과정을 목도한 우리는 엘지반도체를 망한 기업으로 기억한다. IMF이후 경쟁력 없는 기업은 퇴출되는 과정으로 요약되는 엘지반도체의 소멸은 그러나 비즈니스 측면에서 전혀 다른 해석이 가능하다. 사명과 지분구조만 바뀌었을 뿐 반도체 사업은 여전히 지속되고 있다. 반면 노키아는 어떤가? 목재가공업을 하던 노키아는 20세기 후반의 노키아와 회사명만 같을 뿐 비즈니스 측면에서는 전혀 다른 기업이다. 이렇게 본다면 과거 노키아는 지금의 노키아와 완전히 다른 기업일 수밖에 없고, 반도체 기술이 현재까지 이어오는 것으로 봐서 엘지반도체는 주주구성과 사명만 바뀐 것일 뿐이라고 말할 수 있다. 주주구성, 주 사업, 조직문화, 조직구성원의 변화는 언제든 발생하고, 무엇에 주목하는가에 따라 조직의 장기존속을 해석하는 관점은 달라진다. 따라서 지속가능경영을 하면 기업이 망하지 않고 오래 간다는 말은 전혀 논리적이지도 않을뿐더러 정확한 설명도 될 수 없다.

다시 강조하지만, 지속가능경영을 실천하는 기업의 장기존속가능성이 높아진다고 단정할 수 없다. 여기에 더해, 생각해 볼 명제가 또 있다. 지속가능경영에 충실하면 기업의 재무성과가 높아질까? 최근 ESG를 잘하면 수익률이 높다고들 하지만, 오직 그러한 결과를 기대할 뿐이라고 고백하는 것이 진실된 답이다. 이 질문을 실증적으로 분석해왔던 수많은 연구자들과 신념을 지닌 실무자들에게는 민감한 질문이다. 특히 ESG 광풍이 부는 지금은 더욱 그렇다. 그간 수많은 학술연구도 실증분석을 통해 이를 밝히기 위한 노력을 반복했고 경영현장에서 맞닥뜨리는 가장 핵심적인 질문이지만, '그렇다'고 명확한 답으로 결론지을 수 없다. 이 인과관계가 깔끔하게 설명되면 ESG를 도입하라는 이해관계자의 요구나 금융기관의 평가, 정부의 정책, 법률제정이 없어도 모든 회사가 진정한 지속가능경영을 도입할테니 인과관계를 명백하게 밝히는 것이 무엇보다 중요해 보이지만, 애초에 불가능한 시도다. 후술하겠지만 ESG 관련 투자의 수익률이 높게 나왔기 때문에 ESG는 기업에게 도움이 된다는 주장, 2019년 이후 우리가 많이 들어왔던 이 주장은 경전에 나오는 것과 같은 불변의 진리가 아니다. 왜일까? 첫째는 재무성과 개선을 결과변수로만 규정하는 자체가 협소한 시각이기 때문이다. ESG를 잘 했더니 그 결과, 재무성과가 좋아졌다고 생각하는가? 반대로 생각하면 안 될까? 즉 사업에 성공하고 나니 환경이나 인권, 확대된 제품책임과 같은 지속가능경영활동에 관심이 생겼고 적극적으로 추진했다는 주장을 쉽게 반박할 수 없지 않은가. 둘째, 앞에서 제시했듯이 경영활동을 하나의 동기로 요약할 수 없다는 점을 상기할 필요가 있다. 요즘 각광받는 전기자동차 개발이 환경개선 목적인지, 경영성과 제고 목적인지 묻는다면, 정답은 둘 다이다. 인간의 사회적 행위를 하나의 특정 이유로 한정할 수 없다. 따라서 재무성과가 좋은 것이 반드시 ESG의 도입 때문이라고 단정할 수 없다. 마지막으로 지금까지의 전 세계 실증분석 결과가 이를 증명한다. ESG 추진과 같은 지속가능경영의 활동성과가 높았는데도 반대로 재무성과가 낮아지는 연구결과도 다수 보고되었고, 둘 사이에는 아무런 연관성이 없다는 연구결과도 넘친다.

CSR의 시작

그러면 우리는 왜 지속가능경영(이제 눈치 챘겠지만 지속가능경영과 ESG는 크게 다른 의미가 아니다. 마찬가지로 지금 설명할 CSR도 ESG와 의미차이를 정확하게 구분하여 설명하는 것은 불필요하다)을 해야 할까? 기업이 비즈니스에서 성공하는 것, 기업이 오래 살아남는 것도 보장할 수 없는데 말이다. 여기서 우리는 기업의 사회적 책임(CSR: Corporate Social Responsibility)에 대한 논의를 고찰해 볼 필요가 있다. 아치 캐롤에 의하면 현대사회에서 기업의 사회적 책임이 처음 논의된 건 1953년에 하워드 보웬의 저서 '비즈니스맨의 사회적 책임(Social Responsibility of Businessman)'이다. 한국으로 치면 당시 한국전쟁 시절, 보웬은 저서를 통해 조직의 관리자(의사결정자)가 사회에 대해 지녀야 하는 윤리적 책임범위에 대한 논의를 이미 제기하고 있었다. 지금보다 70년 전에 회사의 관리자들이 어떠한 사회적 책임을 지니고 근무를 해야 하는가에 대한 논의를 진지하게 시작했다는 사실은 CSR로 불리는 기업의 사회적 책임에 대한 논의가 갖는 무게를 느끼게 해 준다. 이후 1980년대를 지나면서 기업이 실제로 사회에 어떤 책임을 갖고 무엇을 할 것인가에 대한 관심이 집중되었다. 이것을 표현하자면 윤리적 책임(Ethical Responsibility)로 볼 수 있는데, 즉 그 시기에 이미 기업의 사회적 책임이 필요하다는 주장에 공감대가 형성된 것이다. 참고로 이 시기는 자유주의가 본격적으로 전 세계에 퍼지기 시작할 때다. 앞에서 확인했듯이 레이건 행정부와 대처 행정부가 미국과 영국에서 신자유주의를 주창하면서 사회경제시스템이 신자유주의 체제 내에서 본격적으로 작동해 나갈 때, CSR에 대한 논의가 시작했다는 사실이다. 이는 신자유주의적 질서재편에 대한 반응으로 해석할 수도 있다.

이러한 역사적 배경을 갖고 있는 CSR에 대한 논의가 한국에서는 어떻게 전파되었었는지 되짚어 보면 씁쓸함을 지울 수 없다. 1990년대 기업의 사회적 책임이라는 단어는 본격적으로 국내 언론을 통해서 대중에게 소개되었는데 '기업의 사회적 책임은 사회공헌활동이다.'는

식의 언급들이 대다수였다. 당연히 잘못된 전달이었다. 사회공헌활동이라는 표현도 영미문화권에서 자선활동(Philanthropy)이라는 표현으로 지칭되는 행위를 의미하는데, 그렇게 본다면 CSR이 자선활동이라는 뜻이 된다. 이러한 용어의 왜곡은 필연적으로 CSR을 대하는 기업의 활동에 영향을 주게 되었다. 우리가 여전히 목도하고 있는 대부분의 기업 사회공헌활동은 크리스마스 시즌에 CEO가 연탄도 나르고 김장김치를 나누는 사진들이다. 이것은 절대로 CSR이라고 할 수 없다. 다만 기업의 자원(인적, 물적자원)을 그러한 활동에 투입한다면 이는 철저히 전략적인 판단에 의해서 진행해야 하고, 그렇게 되었을 때 우리는 CSR의 일부로서 받아들일 수 있는 것이다.

CSR의 철학적 배경

신자유주의적 사고에 의하면 기업의 사회적 책임은 오로지 한 가지이다. 그것은 이윤극대화로서 불변의 가치라고 주장한다. 스미스에 따르면 모든 사회구성원은 이기심에 따라 자신의 역할에 충실하면 자본주의 사회는 제자리를 찾아간다. 그러나 지속가능발전에 대한 논의와 함께 기업의 사회적 책임을 생각해 보면, 과연 이윤극대화만이 기업이 바라볼 가치인가 의문점을 가질 수밖에 없다. 생각해 보자. 왜 기업이 환경개선이나 제품서비스의 안정성 등을 고려해야 할까?

자본주의 사회에서 기업의 사회적 책임이 필요하다는 인식에는 몇 가지 철학적 배경이 있다. 우선 이런 생각을 해 보자. 우리는 사회시스템 내에서 서로를 믿으며 생활을 한다. 만일 밤늦게 길을 걷다가 저 건너편에서 차가 한 대가 오고 있는데 길이 좁아서 그 차가 나를 칠 수도 있다는 생각이 들고, 그러한 상황이 언제 닥칠지 모르는 두려움이 너무 커서 길을 걸을 수 없다면 우리는 살 수 없을 것이다. 자동차는 주어진 규칙대로 찻길로 안전하게 지나가고 나는 옆으로 걸어간다는 합의가 있고 모두 그 합의를 실천하리라는 믿음이 있기 때문에 우리 사회는 유지된다. 방금 지나간 그 차와 내가 직접적인 계약을 맺지는 않았지만 사회시스템 내에서 암묵적 계약관계가 존재한다.

한국의 어느 지역에 기업이 새로이 설립돼서 제품 생산활동도 하고, 영업활동을 시작했다고 하자. 한국이라는 사회에서 사업을 시작하는 순간, 즉 사업에 대한 허가가 법적으로 통과하고 공장 주위의 지역주민들이 공장폐쇄하라는 구체적인 움직임이 없는 한, 그 기업은 한국이라는 국가, 사회와 국가의 주인인 시민들과 암묵적이고 포괄적인 계약관계가 성립됐다고 볼 수 있다. 서로에게 피해를 주지 않으리라는 신뢰관계가 있다. 이를 사회계약론의 관점으로 볼 수 있는데 이러한 사회 계약관계가 시작되었다면 그 기업은 그곳에서 생산, 영업활동을 함에 있어 계약 상대방에게 어떠한 피해를 줘서도 안 되고, 상대방인 이해관계자들도 자신의 편익이 저해되지는 않을 것이라는 신뢰가 바탕에 있게 된다. 홉스, 로크, 루소 등의 사회계약이론 핵심은 개인과 정부(사회) 간에 암묵적, 혹은 명시적 계약관계로 사회가 구성, 작동된다는 것인데, 예와 같이 사회계약이론을 기업과 기업의 이해관계자에게 적용할 수 있다. 기업은 암묵적이고 포괄적인 계약에 의해 신뢰와 조화의 환경에서 다른 사회구성원에게 좋은 행동을 할 것에 대한 동의를 부여받게 된다.

둘째, 분배적 정의론에 기반한다. 이는 공정성을 뜻하며 20세기 도덕철학자 존 롤스가 주장한 바와 같이 공정으로서의 정의 측면에서 설명할 수 있다. 기업이 사회구성원에게 무엇을 어떻게 배분하는가에 대한 문제로 정리할 수 있다. 롤스의 정의이론은 자유주의적 관점이라고 생각하면 되는데 사회적으로 분배가 이루어질 때 분배가 이루어지는 과정은 합의와 절차가 충분히 설명되고 받아들여져야 함을 뜻한다. 절차적 정당성이 결과의 정의를 담보한다. 이는 역지사지의 논리처럼 롤스가 주장한 무지의 장막의 조건으로 설명할 수 있다. 올바른 분배정의는 아무것도 모르게 장막을 덮어 놓은 상태에서 분배논의가 이뤄질 때 달성된다는 롤스의 주장으로 사회에서 각자의 역할이 기업가인지, 노동자인지, 남자인지, 여자인지 등 전혀 자신의 위치를 알 수 없는 무지의 장막 속에서 분배를 어떻게 할 것인지 논의하면 그 결과는 정당성을 가질 것이다. 기업은 재화뿐 아니라 사회적 영향력까지도 가장 적절하게 사회에 분배하는 것을 고려해야만 한다. 그것이 사회정의이다. ESG에서 강조하는 ESG의 G가 해당될 수 있다. 지배구조(governance)는 어떻게 운영되어야 할까? 모든 이해관계자가 참여하여 경영의사결정이 올바른 분배효과가 나타나도록 해야 한다.

셋째, 권리이론이 있다. 대표적으로 임마누엘 칸트의 정언명령을 떠올릴 수 있다. 이를 기업과 사회의 관계에 적용하여 예를 들면, 기업의 재산권이 노동자의 인권에 무조건 우선하여 고려될 수는 없는 것이다. 또한 기업의 경제적 이익이나 주주이익이 다른 이해관계자의 권리를 침해할 수는 없다. 사회구성원 각자는 서로에게 수단으로 이용되면 안된다. 서로의 목적으로서 관계하며 존재해야 한다. 마지막으로 의무론(deontology)이다. 결과나 목적보다는 절차가 윤리적이어야 함을 뜻하는데 이는 목적론(teleology)에 대비되는 윤리학의 중요한 인식의 흐름 중 하나다. 목적론이 결과주의로 요약할 수 있고 철학적으로는 공리주의(Utilitarianism), 경제적으로는 전통적인 순수 자본주의적 사고와 맞닿아 있는 반면, 의무론은 흔히 황금률을 연상하면서 이해할 수 있다.

첨언하면 자본주의는 목적론적 관점에 의해서 이데올로기가 형성되어 있다. 효용극대화라고 표현하는 효용(Utility)과 공리(Utility)는 같은 단어다. 효율성 추구라는 목적론적 관점에 의해 자본주의는 작동한다. 따라서 순수 자본주의적 질서에 수정이 필요하다면 의무론적 접근이 역할을 하게 된다. '효율적으로 목적을 달성하는 것은 알겠는데, 과정이 그래도 좀 올바르게 되어야 하는 것 아닌가?'라는 시각이 의무론적 관점이다. 목적론적 철학의 대표인 공리주의는 최대다수의 최대행복으로 표현된다. 개개인의 행복이 중요한 것이 아니라 그 사회집단 전체의 행복이 중요하다. 사회구성원 일부의 불행이 있음에도 최대다수의 최대행복이 달성되면 공리주의적 정의는 달성된다. 하지만 이러한 사고의 자본주의적 질서는 필연적으로 의무론적 관점이 필요하게 되었다. 황금률이란 그리스도교의 윤리관에서 유리했는데 성경의 마태복음에 나오는 "그러므로 무엇이든지 남에게 대접을 받고자 하는 대로 너희도 남을 대접하라"와 누가복음의 "남에게 대접을 받고자 하는 대로 너희도 남에게 대접하라"는 예수의 가르침을 말한다. 17세기부터 황금률이라는 표현이 사용되었다고 알려져 있다. 특히 황금률은 '하라'라고 적극성을 강조하고 있는데 이는 외전 토비트서에 나오는 "네가 싫어하는 일은 아무에게도 행하지 말라"의 '말라'라고 하는 소극적인 명령의 가르침에 비해 적극적인 의미를 갖는다.

CSR의 개념적 구분

이상의 철학적 배경 외에, CSR이 어떠한 개념적 범위를 가지고 있는지 정리해 볼 필요도 있다. 전략적 CSR과 비전략적 CSR로 구분하는 방법도 쉽게 떠올릴 수 있는 개념정리이지만 여기서는 생략하고 추가적인 몇 가지 개념을 병렬적으로 제시하면서 CSR의 의미를 고찰한다. 첫째는 배분적 CSR과 과정적 CSR이다. CSR에 대한 오해 중 하나가 CSR은 이미 창출된 이익을 배분하는 데 관한 이슈라고 한정하는 것이다. 이처럼 이미 창출된 이익의 재배분에 관한 이슈를 배분적 CSR이라 할 수 있다. 그러나 실제로 이익의 창출과정, 즉 기업 경영에 관한 의사결정의 모든 과정(달리 표현하면, 가치사슬의 전과정)에서 CSR 이슈는 발생되며 어디에서든 전략적 접근을 통하여 사회적 가치와 함께 경제적 가치를 창출해 낼 수 있다. 예를 들면, 구매의사결정 과정에서 공급업체들과의 상생경영을 통하여 기업은 사회적 가치와 경제적 가치를 동시에 달성할 수 있으며 그 결과 품질 및 생산성 향상을 통한 이익의 증가를 가져올 수 있다. 또한 종업원에 대한 근로조건 및 복지혜택의 향상을 통하여 종업원 만족도 향상과 생산성 증대를 통한 이익증가를 가져올 수도 있다. 소비자와의 관계에서도 기업이 혁신을 통한 제품개발로 소비자에게 혜택을 주는 동시에 매출증대로 인한 이익창출을 기대할 수 있다. 이외에도 지역사회, 소비자, 환경문제, 인권, 지배구조 등 CSR이 다루고 있는 이슈는 이익배분에 초점을 맞추는 것이 아니라 기업경영의 과정, 즉 이익창출과정에 관한 '과정적 CSR' 이슈이다. 이 모든 사례는 CSR이 본질적으로 전략적 접근을 통한 이익창출과 관련된 이슈를 다루고 있다는 점을 보여주고 있다.

이미 창출된 이익을 재배분하는 것은 모든 전략적 CSR이 고려되고 난 후의 결과물로서 이익을 배분하는 이슈로 봐야 하며 이는 비전략적 자선활동에 가깝다. 물론 자선활동도 전략적 고려가 반영되어야 한다고 볼 수 있지만 배분적 CSR의 경우 이익 배분만 강조하는 것은 외부 이해관계자와 주주 간에 이익을 배분하는 제로섬 게임으로 귀결된다. 예를 들면, 지역사회의 압력에 못 이겨 기부활동을 하는 경우 주주가치는 감소하는 반면 지역사회 주민의 부는 증가하는 결과를 가져올 것이다. 이 경우 전체적인 이해관계자의 부의 총합은 변함이 없지만 한 그룹의 이해관계자(주주)의 가치가 감소한 만큼 다른 그룹의 이해관계자(지역사회 주민)의 가치가 증가하는 결과를 가져오게 된다. 또는 국가의 강제적 법규에 의해 일방적으로 그리고 반응적으로(reactive) 오염물질 처리장치에 지출을 해야 하는 경우 환경의 질이 좋아져서 지역사회와 후세대(next generations)는 혜택을 받겠지만 그만큼 주주가치는 감소할 것이다.

둘째 반응적 CSR과 전향적 CSR로도 구분할 수 있다. 이해관계자의 압력에 소극적으로 대응하는 CSR활동은 반응적(reactive)인 반면 미래의 이해관계자 동향을 미리 예측하고 이를 준비하는 CSR 활동은 전향적(proactive)이다. 양자 모두 이해관계자의 변화에 대한 대응임에는 동일하나 전향적 CSR이 일반적으로 전략적인 대응에 가깝다. 특히 환경경영분야에서 전향적 대응의 중요성은 강조되어 왔는데 그것은 전향적 대응이 기업의 원가절감과 위험감소로 이어질 수 있기 때문이다.

셋째는 암묵적 CSR과 명시적 CSR이다. 마틴과 무운은 2008년 CSR에 대한 개념적 연구를 진행하면서 암묵적 CSR과 명시적 CSR의 개념을 신제도주의(Neo-institutionalism)의 관점에서 명쾌하게 설명했다. 그들은 국가별로, 예를 들면 미국기업과 유럽기업 간, 혹은 아시아 국가들에게서 CSR 활동이 다른 이유를 설명하기 위해 암묵적(implicit) CSR과 명시적(explicit) CSR 개념을 소개하고 그 차이를 설명하고 있다. 이후 학자들은 CSR의 발전과정을 검토한 논문에서 CSR 이론은 명시적으로 규범적이며 윤리지향적 주장에서 암묵적으로 규범적이며 성과지향적인 경영학적 연구로 발전해 왔다고 주장하고 있다. 암묵적 CSR은 보다 광범위한 공식·비공식 조직 내에서 사회의 관심사(interests)와 우려(concerns)에 대한 기업의 역할을 강조한다. 암묵적 CSR 실무는 보통 기업이 이해관계자 이슈를 다룰 강제적인 관습적 의무(requirement)로 나타나고, 개별적이 아닌 집합적인 용어로 기업담당자의 적절한 의무를 정의하는 가치, 규범 및 규칙으로 구성된다. 반면 명시적 CSR은 어떤 사회적 관심사(interests)에 대한 의무를 떠안고 또 명확히 표현하는 기업의 정책을 말한다. 명시적 CSR 실무는 보통 사회적 가치와 기업 가치를 결합하여 기업의 사회적 책임의 일부분으로 인식되는 이슈를 다루는 자발적 프로그램과 전략으로 구성된다. 마틴과 무운에 의하면 제도적 환경의 차이로 유럽 기업은 주로 암묵적 CSR의 접근을 하는 반면에 미국 기업은 명시적 CSR 접근을 한다. 그리고 최근에는 사회학적 동형화 현상이 나타나면서 자연스럽게 명시적 CSR 접근을 택하는 유럽 기업이 증가하고 있다.

CSR과 기업성과

자본주의 사회의 선한 목적인 이윤을 남기는 행위(목적)는 선한 과정 속에 이뤄져야 한다. 이 글을 읽는 여러분이 지역사회에 있는 약자이거나, 조직 내 노동자 입장이라고 생각해 보면, 어떤 경영활동이 올바를지 상상하는 것은 어렵지 않다. 기업의 사회적 책임은 경영성과의 여부와 관계없이 기업이 사업을 영위하면서 당연히 고려해야 하는 측면의 의사결정 영역이다. 기업의 사회적 책임에 대한 철학적 근거는 왜 기업이 지속가능경영에 몰입해야 하는지 근거를 제시한다. 현재 우리가 사는 자본주의 사회는 르네상스 이후의 자유주의(liberalism)에 기반을 두고 있으며 앞서 제시한 사회계약설, 의무론적 권리주의, 분배적 정의 또한 자유주의적 가치를 품고 있다. 자유주의는 자유지상주의(libertarianism)와 구분되어야 한다. 기업은 자유로운 경영활동(자유재량의 전략적 의사결정)을 통해 그 선한 영향력을 국가, 사회, 경제 전반에 전파해야 한다. 기업의 사회적 책임은 이같이 바람직한 기업경영의 자유를 침해하는 것이 아니다. 오히려 기업이 사회구성원으로서 다해야 할 역할을 제시하고 있을 뿐이다.

정리해 보자. 지속가능발전부터 기업의 사회적 책임에서 논의하고 있는 핵심적인 논의를 종합해 보면 다음과 같다. 지속가능경영은 궁극적으로 전 세계의 지속가능한 발전 즉 환경문제의 개선, 기후변화 문제의 해결, 부의 불평등 해소, 인권의 보장, 지역사회의 균형된 발전 등을 달성하기 위한 기업의 경영활동이다. 더불어 왜 기업이 지속가능한 발전에 충실한 역할을 해야 하는지 기업의 사회적 책임의 철학적 근거는 부연하고 있다. 사회계약론, 의무론, 정의론, 권리주의를 철학적 배경으로, 기업이 전략적 의사결정을 하고 사업을 수행하는 것이 CSR(기업의 사회적 책임)이며, 지속가능경영에 필요한 경영활동이다.

다시 강조하지만 이러한 기업의 행위가 재무적 성과에 도움이 되기 때문에 지속가능경영을 도입하는 것이 아니다. 당연히 해야 할 일을 하는 것이다. 대유행으로 여겨지는 ESG의 논의는 기업의 경영성과가 직결되는 부분에만 집중하고 있는 것이 현실이다. 이같은 담론의 틀이 과연 옳은 것일까? 지금까지의 논의를 볼 때 반쪽짜리 목소리만 커지고 있는 듯한 느낌이다. 강조하지만 기업은 자유주의적 가치와 자본주의 경제질서 속에서 운영되고, 더불어 마땅히 지속가능경영(기업의 지속가능성)과 사회적 책임에 집중해야 한다. '인류사회의 지속가능발전을 위해' 대외적으로 ESG를 표방하고 책임감 있는 기업으로 몇 년간 노력하다가 갑자기 사업성과가 시원찮다고 갑자기 이 모든 것을 그만둔다는 것은 말이 되지 않을 것이다. 기후변화에 대한 노력에 투자를 아끼지 않다가 회사의 경영성과에 도움이 되지 않으면 그만 둘 것인가? ESG를 외치는 우리는 이 중요한 질문에 답할 때가 되었다.

제6절 이해관계자 참여

이해관계자 고려

　사실 우리가 추진하는 ESG는 정답이 없다. 관점이 다양하니 당연히 정답이 없다. 그렇다고 ESG는 할 필요가 없다고 말할 수는 없다. 바람직한 답을 찾아야 하는 게 우리의 과제다. ESG라는 것을 어떻게 할 것인가에 대한 의사결정을 여러분의 조직이 아닌 남에게 맡겨서 될 일은 아닐 것이다. 직접 의사결정을 해야 한다. 그런 의미에서 이 책의 내용은 최대한 바람직한 답을 찾는 방법에 대한 이야기다. '진짜 이건 아닌데, 왜 이렇게 의사결정을 하지?'라는 의문이 드는 것은 막아야 하니까 말이다.

　이해관계자라는 단어는 이미 익숙하다. 영어로 스테이크홀더(stakeholder)라고 표현하는데 ESG를 이해하는 데 있어서 매우 중요한 단어다. 비교해서 생각해 보자. 이해관계자 즉, 스테이크홀더 이전에 중요한 대상이 있었다. 누구일까? 셰어홀더(shareholder)라는 단어가 떠오른다. 셰어홀더는 주주란 뜻이다. 기업이 유한책임제도인 주식회사의 형태라면 기업에게 가장 중요한 관계자는 주주다. 그 이유는 뻔하다. 주주가 돈을 대서 기업이 움직이는 것이니까. 주주는 지분 참여라는 투자행위를 통해서 기업의 주인이 된다. 재차 말하지만 본래 자본주의 유한책임제도 하에서 조직이 활동할 때 가장 중요한 이해관계자는 주주다. 신자유주의의 주창자인 프리드먼이 과거에 주장했던 것처럼 기업의 가장 큰 책임은 이윤 극대화였다. 기업 이익이 생기고 누적되면 이익잉여금의 증가로 자본이 늘어나고 기업에게 현금유입이 증가하면 기업가치가 증가한다. 기업가치의 증가는 주식가치의 증가이기 때문에 주식 내재가치가 커지면 당연히 자본시장에서 주가에 반영이 될 것이다. 내재가치가 시장가치 보다 높으면 사람들은 그 주식을 매입하고자 할 것이니 주식수요 증가에 따라 주가가 오르는 것이다. 결국 기업 이익의 증가는 주주에게 직접적으로 부의 증가로 다가온다. 그럼에도 불구하고 지금 우리는 주주만이 아니라 다양한 이해관계자에게 동등한 관심을 가져야 한다는 것이다. 왜 지금은 주주보다는 이해관계자의 중요성을 강조할까? 앞에서 CSR 의미를 다루면서 CSR의 이론적인 배경 네 가지를 살펴봤다. 거기에 일부 답이 있다. 반복하지만 다양한 이해관계자의 요구에 적극적으로 대응하는 것이 기업의 생존과 성장에 도움이 될 뿐 아니라 그것이 기업의 올바른 태도다.

에드워드 프리먼은 1984년 그의 저서 '전략경영: 이해관계자 접근(Strategic Management: A Stakeholder Approach)이라는 책에서 '조직의 목표달성과 관련하여 영향을 주고받는 그 어떠한 그룹이나 개인'은 모두 이해관계자로 보았다. 이익극대화 추구는 물론이고 기업의 여러 활동들과 직간접 연결된 모든 개인과 집단은 이해관계자다. 이 정의에 의하면 기업은 모든 경영 의사결정과 활동에 있어서 이해관계자를 신경쓰지 않으면 안된다. 하지만 기업이 모두에게 동등하게 모두의 요구와 입장을 고려할 수는 없다. 불가능하다. 다 신경 쓸 수는 없다. 이것은 마치 기계적 평등주의(에갈리테리아니즘)를 무조건 적용할 수 없는 시각과 같다. 따라서 우리는 전략적 접근에 대한 논의를 진지하게 해야 하는 것이다. ESG를 강조하는 지금에도 당연히 그렇다. 기업의 전략적인 판단은 여전히 유효하다.

그러나 오해는 금물이다. '전략적'이라는 표현을 잘 생각해야 한다.

우리 사회에서 전략이라는 단어를 편법을 통한 사익추구행위로 왜곡하고 있는지는 모르겠으나, 전략이라는 지금의 표현은 경영학에서 제시하는 '전략'의 뜻으로 이해해야 한다. 핵심역량과 경쟁우위를 고려하면서 장기적인 기업의 수익성을 높이는 의사결정이 전략으로서 중요하다고 인식한다면, 당연히 이해관계자의 요구에 대응하는 것도 그 틀에서 논의되고 의사결정해야 할 것이다. 정리하면 이해관계자를 고려하는 경영활동은 의무론적(Deontological approach)인 자세로서 필요하고, 어떻게 그들을 고려할 것인가는 방법론(Methodological approach)에 해당하는 것으로 전략적 판단의 틀에서 접근해야 한다.

이해관계자와 경영전략

첨언하면 이해관계자라는 불특정 다수 중에, 우리 회사에 가장 중요한 이해관계자는 누구인지 파악하는 것이 중요하다. 당연히 기업의 입장에서는 이해관계자들로부터 다양한 요구를 받을 것이다. 이 경우 전략적인 판단의 시작은 그들 요구의 중요도를 판단하는 것이다. 판단에는 기준이 필요하다. 그러나 어떤 기준에 의해서 누가 우리 회사의 이해관계자인지를 깔끔하게 알아낼 수 있을까? 슬프게도 현실적으로 이해관계의 우선순위나 중요도를 명쾌하게 파악하는 기준은 없다.

결론적으로 기업은 이해관계자와 그들의 요구에 대해서 중요성을 판단하려는 자발적인 노력이 필요하다. 주주(셰어홀더)만을 중요하게 고려하는 회사라 하더라도 다양한 이해관계자의 주장과 요구를 면밀히 분석한 후 주주의 입장에 우선순위를 둔다면, 이 회사는 이해관계자의 중요성을 판단하는 절차를 거친 것으로 이해할 수 있다. 처음부터 일관되게 주주의 요구에만 집중하는 기업과는 다르다. 왜냐하면 이해관계자 요구를 분석하는 기준과 절차를 바탕으로 의사결정 했을 것이기 때문이다.

누가 우리 회사에 가장 중요한 이해관계자 그룹이며, 회사에서 가장 중요하게 고려해야 하는 그들의 요구사항은 무엇인가를 판단하는 것은 전략경영의 시각으로 봐야하며, 기업의 핵심역량을 만들어 내는 것과도 관련된다. 전통적인 경영전략에서 경쟁우위(competitive advantage)는 매우 중요한 주제다. 어원을 봐도 전략이란 적과의 싸움 속에서 서로의 생사를 건 전투와도 같다. 그러기 위해서는 적에 비해 상대적인 강점이 있어야 하며 경영학에서는 이를 경쟁우위로 표현한다. 기업은 경쟁우위를 갖기 위해 노력한다. 기업의 경영의사결정은 경쟁우위를 갖기 위함이다. 이해관계자를 분석하는 것도 마찬가지로 시장에서 경쟁우위를 갖기 위해서다. 지금은 누구나 ESG를 얘기하고 있고, 관심을 가지고 있기 때문에, 'ESG를 강조하는 경영환경'으로의 변화 안에서 기업은 경쟁우위를 창출하고 유지하기 위한 전략적 의사결정에 몰입해야 한다.

A라는 회사가 ESG를 중요하게 고려하면서 조직 내 모든 업무절차와 비즈니스 전과정에서 ESG를 전면에 놓고 전략적인 선택을 하고 있다고 하자. 이러한 모습은 A의 경쟁 기업인 B회사에게도 전해졌다. 이를 파악하게 된 B회사가 '우리도 A처럼 하자.'며, 고민 없이 A의 전략과 관행을 쫓아 한다면 B회사는 성공할 수 있을까? 이 질문은 경영전략에서 기초적으로 접하는 질문이다. 물론 성공을 보장할 수 없다. 자원기반관점(Resource-based View)에 의하면 두 회사가 가진 자원은 다르고 처한 내부 상황이 다르다. 기업이 벤치마킹을 하는 이유도 그들과 똑같이 따라 하기 위해서가 아니라 그들이 잘하는 요소를 분석해서 자사의 상황에 맞게 적용하기 위함이다. 만일 ESG 관련 이

슈가 아니라 다른 전략적 이슈가 있다고 생각해봐도 당연히 모든 기업은 타 기업의 행태를 그대로 따라하지 않는다. 그러한 행위는 전략적 태도도 아니고 성공할 수 없기 때문이다. 요지는 기업은 ESG를 전략적 이슈로서 적극 고려해야 한다는 점이다.

이해관계자 관점이 우리들에게 주는 의미는 무엇일까? 왜 기업은 지속가능발전을 지향해야만 하는가에 대한 답을 준다. '당신 회사는 왜 주주중심의 경영활동이 아니라 이해관계자 중심의 경영활동에 집중합니까?'라는 질문에 대한 정답은 회사의 성공을 바탕으로 사회의 지속가능발전에 기여하기 위해서이다. 이는 전략적 경영활동의 시작이다. 지속가능성은 현재 기업이 추구해야 하는 사회공동의 가치다. ESG 시대에 우리 회사만의 비즈니스 성공을 위해서 사업을 한다는 것은 매우 시대에 뒤떨어진 시각이다. 기업의 사회적 책임이 필요하다는 서술은 이미 경영전략과 같은 대학교재에도 다뤄지고 있다.

어카운터빌리티(Accountability)

우리가 이해해야 하는 단어 중에 어카운터빌리티(accountability)라는 표현이 있다. 한국어로 번역하기에는 설명이 필요하다. 우선 '책임'이라는 단어로 번역이 되는데 다른 영어단어의 표현인 리스판시빌리티(responsibility)와 비교해서 이해해야 한다. 이 단어들은 모두 책임이라고 할 수 있지만 리스판시빌리티는 행위에 대한 책임을 뜻하는데 반해 어카운터빌리티는 행위에 대한 소통과 관련된 책임을 의미한다. 리스판시빌러티는 구체적 행위가 책임있는 행위이어야 하지만 어카운터빌리티는 그 행위에 대한 소통책임이다. '나 이렇게 지금 잘 했어. 나 이렇게 책임(responsibility)있는 활동을 했어.'라고 떳떳하게 말할 행위가 있었다면 그것을 어떻게 나의 이해관계들과 책임(accountability)있게 소통을 할 것인가에 해당하는 것이 어카운터빌러티다. 그래서 이 단어를 번역을 할 때 설명책임이라는 말로도 쓰고 소통책임이라는 단어를 사용하기도 한다. 물론 둘 다 가능하다. 이렇게 이해할 수 있다. 기업의 사회적 책임은 영어로 코퍼릿 소셜 리스판시빌리티(corporate social responsibility)라고 하며 간단히 CSR이라 한다. 행위에 대한 책임이다. 지금 우리가 말하고자 하는 것은 어카운터빌리티다. 그 CSR의 내용을 이해관계자와 설명할 책임을 얘기하고 있는 것이다.

따라서 코퍼릿 어카운터빌리티(corporate accountability)라고 하면 기업이 그들의 행동에 대해서 설명하고 정당화시킴을 말한다. 회사가 올바른 경영의사결정을 통해서 성공적인 비즈니스를 수행했고, 종업원의 근무 환경에 대한 지원, 협력회사와의 상생을 위한 노력 등등을 리스판시빌러티 차원에서 수행했다면 그 경영활동을 잘 설명해야 한다. 누구에게 설명해야 할까? 중요 이해관계자에게 설명해야 한다. 그렇다면 왜 이해관계자와 그러한 소통을 해야 할까? 그것은 이해관계자가 회사의 경영의사결정에 활동과 소통에 대한 요구를 하고 있기 때문이다.

이전에는 주주만 그러한 요구를 반복했다. 주주총회는 그러한 소통의 장으로서 역할을 해왔다. 주주총회에서 주주가 의견을 내고 결의를 하고 요구를 하듯이, 지금은 다양한 이해관계자들(당연히 주주를 포함한다)이 매스컴을 통해서도 주장과 요구를 하며, 회사의 문 앞에서 피켓팅을 하기도 한다. 불매운동과 같은 시민행동도 이해관계자의 요구행태 중의 하나로 볼 수 있다. 현재는 기업을 둘러싸고 있는 이해관계자들마다 상당히 다양한 채널과 방식을 통해서 적극적인 소통을 시도하기 때문에 기업은 그들의 행위를 사안별로 일일이 반응하는 방식 즉 리액션만 하는 것으로는 충분하지 않다. 보다 직접적으로 표현하면 소극적인 반응에 집중하는 방식은 비용만 발생시킬 뿐이다. 이해관계자는 많고 그들의 요구는 다양하며 쉽게 예측하기도 힘들다. 그런데 기업은 이들의 요구와 목소리에 귀를 닫고만 있을 수 없다. 이런 상황에서 기업은 어떻게 대응하는 것이 가장 바람직할까? 어차피 응하는데 돈이 든다면 효율적인 방식을 고민하는 것이 당연하지 않을까? 효율적이란 뜻은 비용대비 편익의 개념으로 이해하면 된다. 기업이 반응하는데 비용이 든다면 그로 인한 효익을 높이도록 노력하거나, 비용을 줄이면서 그 효과를 유지하는 방향을 고민해야 한다. 이는 전략적인 접근방식과 다르지 않다. 기업이 어카운터빌리티 차원에서 어떻게 전략적으로 소통할 것인가 체계를 만들고 그 틀 안에서 이해관계자와 적극적이고 선행적인 소통을 한다면 효율적일 뿐 아니라 효과적일 수 있다. ESG 시대에 기업이 이해관계자와 적극적인 소통을 한다는 의미로서 어카운터빌리티를 이해해야 한다.

　전통적으로 유한회사의 경영활동과 주주 간의 관계는 수탁자 모형(Fiduciary Model)인 대리인 이론에 근거하여 설명해왔다. 대리인 이론(Agency Theory)에 의하면, 주주가 자본을 투자하고 회사의 주인이 되면, 그들이 직접 경영에 참여하는 것이 아니라 전문 경영인을 영입한다. 주주들은 회사의 주인으로서 주주총회를 통해서 경영자의 경영성과와 활동에 대해서 의결권을 행사하여 의견을 제시한다. 주주총회를 통해 상법상의 등기이사를 선임하고 해임하는 방식이 대표적이다. 경영자는 주주로부터 경영대리인 역할을 하도록 위임 받았기 때문에 그들의 역할은 주주로부터 포괄적으로 위임받은 권한을 올바르게 행사하는 것이다. 즉 주주들이 투자한 자본을 바탕으로 사업을 성공적으로 이끄는 것이 주된 역할이다. 회사의 장기적인 수익성이 좋아지도록 전문성을 기반으로 노력해야 한다. 비즈니스를 통한 장기 수익창출이 중요하다. 이것이 전문경영인이 가진 수탁자 책임이다. 그리고 에이전시는 바로 이들 전문경영인을 가리킨다.

하지만 지금은 꼭 그렇지만은 않다. 경영자가 주주를 위해서만 경영의사결정을 하는 것으로 볼 수만은 없다. 지금까지 앞에서 함께 이야기 나눈 여러 가지 이론과 ESG의 배경에 의하면 경영자의 경영의사결정은 주주를 포함한 이해관계자들을 향해야 한다. 기업의 어카운터빌리티는 이러한 전통적인 수탁자 책임모형에 제한받지 않는 것이다. 트리플 보텀라인을 강조한 엘킹턴(J. Elkington)에 의하면 어카운터빌러티라는 개념은 왜 회사가 그들의 환경적, 사회적, 경제적인 성과를 이해관계자들에게 먼저 다가가서 알리고, 보고서를 발간하여 대화를 시도해야 하는지 우리에게 말해준다.

지속가능성, CSR과의 관계

다시 강조하지만 지속가능한 발전(지속가능발전)은 생태주의적 관점과 구분해서 이해해야 한다. 지속가능성은 인류사회의 지속가능성을 뜻한다. 이 지구라는 행성에 발 딛고 있는 인류의 지속가능한 발전이고 우리의 지향해야 할 목표이다. 요즘 전 인류의 관심사가 된 기후변화이슈도 지속가능발전의 철학적 배경에서 비롯되는 것이다. 이를 위해서 기업들은 기업의 지속가능성에 몰두해야 한다. 기업의 지속가능성 즉, 지속가능경영은 기업 자체가 망하지 않고 오래도록 사업을 영위하는 것을 지향하는 개념이 아니다. 지속가능경영에서 말하고자 하는 본질은 기업의 경영활동을 통해서 사회의 지속가능성에 도움을 주는 것이다.

　기업의 사회적 책임(CSR: Corporate Social Responsibility)과 기업의 사회적 성과(CSP: Corporate Scocial Performance)는 기업의 지속가능성을 달성하기 위한 기업의 경영활동과 결과를 뜻하며 CSR의 방식은 전략적이어야 한다. 그러나 무엇보다 중요한 것은 CSR은 철학적 근거가 있다. 왜 기업이 CSR을 수행해야 하는가? CSR을 하면 기업이 돈을 잘 벌 수 있기 때문인가? 그보다 중요한 것은 앞에서 검토한 권리주의적 관점, 사회계약설의 시각 등에서 당연히 가져야 할 자세이다. CSR 활동은 책임(Respnsibility)이지만 그들의 전략적인 책임활동을 이해관계자와 적극적인 방식으로 소통해야 한다. 커뮤니케이션에도 전략이 필요하다. 어카운터빌리티는 기업의 모든 성과를 먼저 알리고 이를 통해 기업의 전략을 개선하며 이해관계자의 요구에 선행적으로 대응하는 커뮤니케이션을 강조한다. 기업이 왜 소통을 하는가? 기업의 경영의사결정에 이해관계자들의 참여가 중요하기 때문이다.

제7절 기업윤리와 의사결정

기업윤리

　비즈니스 에틱스(Business ethics)는 흔히 기업윤리, 혹은 윤리경영이라고 번역된다. 정확히 비즈니스 에틱스라는 영어식 표현을 우리말로 옮긴다면 기업윤리가 적당하다. 기업윤리라는 표현이 영어단어의 번역어로서 제일 보편적인 방식으로 받아들여지기도 하거니와 윤리경영은 경영을 위해 존재하는 윤리라는 의미로 해석될 수 있기 때문이다. 윤리경영은 수식어로서 윤리라는 단어를 활용한 것 같은 인상이 느껴진다. 경영활동을 하는데 있어서 윤리적이라는 표현은 품질경영과 같이 품질을 고려하는 경영활동과 같이 해석된다. 그렇게 되면 윤리적인 경영활동이라는 것도 다른 유사한 표현방식처럼 병렬적이며 선택적으로 그 의미를 이해하게 된다. 하지만 기업이 경영활동을 하는데 있어서 윤리적이라는 것은 그보다 근본적인 의미를 갖는다.

　자본주의 하에서 기업이 이익을 추구하는 행위는 철학적으로 선한 목적이다. 자본주의라는 이데올로기의 생성과정을 앞에서 설명했듯이 기업의 이기적 경제행위는 존중받아야 한다. 그러나 중요한 것은 스미스가 도덕감정론에서 강조했듯이 그것이 윤리적이어야 한다는 점이다. 금융업이 실물경제의 부가가치와 관계없이 '돈 놓고 돈 먹기를 하는 것'이라 비판하는 것은 자본주의에서 해당하지 않는 비판이다. 하나의 비즈니스로 금융업은 인정된다. 크리스트교의 성경에 나오는 시각이나 중세유럽에서 이자수익에 대한 좋지 않은 시각은 현대 자본주의가 작동하는 사회경제체제에서는 전혀 다르다. 어쨌든 기업은 사업을 통해서 이익을 추구하고 그 행위는 철학적으로 선하다.

 기업의 이익추구에는 조건이 있다. 선하다는 표현은 이 조건이 충족됨을 말한다. 첫째는 타인의 행복추구에 도움이 되는 경우다. 경영활동의 영향을 받는 기업의 이해관계자가 행복할 권리가 침해되어서는 안 된다. 둘째는 기업이 존속하는 것이 정당해야 한다. 사람이라면 자신의 정당한 생존이 필요하다는 사회적 동의가 수반되어야 한다. 셋째, 기업이 이익을 추구하는데 필요한 수단이 관련 당사자들이 동의할 수 있을 만큼 좋은 것이어야 한다. 즉 사업의 방식과 수단이 이해관계자들이 동의할 수 있는 것이어야 한다. 이상의 세 가지 조건을 철학적으로 선한 수단으로 정리한다면 다음 그림과 같은 네 가지 경우가 나타난다.

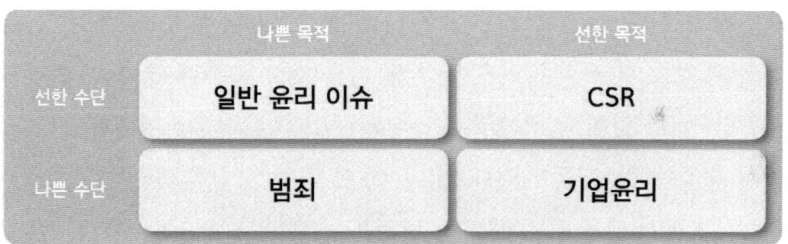

 그림에서 보는 것처럼 기업의 나쁜 목적을 먼저 생각해 보자. 기업이 이익을 추구하는 목적에 관심이 없는 상황이다. 경제적 부가가치나 장기적인 수익성을 높이기 위한 경영활동에 노력하지 않는 기업이라고 생각할 수도 있다. 최근 사회적 관심을 많이 받고 있는 사회적 기업(Social Venture)은 잉여금을 존재 목적으로 삼지 않는다고 주장할 수도 있으나, 사회적 목적달성을 위해 기업으로서 필요한 이익을 추구하는 행위를 완전히 버리고 있지는 않기 때문에 마찬가지로 나쁜 목적에 해당하지 않는다. 그리고 선한 목적은 앞에서 말했듯이 이익추구하는 기업에게 해당한다.

나쁜 수단을 보자. 이익추구의 조건은 수단과 관련된 것이다. 타인의 행복추구에 반하고 기업의 존속이 사회에 해가 되는 방식의 사업, 사회구성원들이 동의하지 않는 수단으로 이익을 추구하는 것이 나쁜 수단일 것이다. 흔히 편법과 법을 어기는 방식을 나쁜 수단이라고 표현할 수도 있다. 이에 반해 선한 수단은 옛 말에 있듯이 '정승처럼 번다'는 의미다. 편법이나 반칙 없이 돈을 버는 행위가 선한 수단에 해당한다.

4분면의 의미

이상을 바탕으로 그림과 같이 4분면으로 나눌 수 있다. 먼저 논의에서 제외할 것은 나쁜 목적을 위해 나쁜 수단을 쓰는 것이다. 이것은 두말할 필요 없이 범죄행위와 관련된 것이다. 따라서 경영학에서 논의의 중심에 둘 필요가 없다. 굳이 예를 들자면 기업화된 범죄 조직이 지하세계에서 그들의 영향력을 넓히기 위해 범죄자금을 불리는 행위가 아닐까. 두 번째 선한 목적과 선한 수단. 이 역시 기업윤리의 논의 대상에서는 벗어난다. 하지만 기왕 말을 꺼냈으니 정리는 필요하다. 법을 어기지도, 편법을 일삼지도 않는 정상적인 방법을 통해서 이익을 추구하는 것은 전통적으로 경영학에서 다루는 주제다. 정상적인 비즈니스를 통해 이익을 남기기 위해서는 전략적인 경영의사결정이 필요하다. 경영전략이 핵심이다. 거기에 더해 ESG를 얘기하고 있는 지금은 전략적인 경영활동에 환경과 사회적 성과를 함께 고려해야 한다. 앞에서 설명한 CSR, 즉 기업의 사회적 책임이 바로 전략적인 경영활동의 틀에서 경제, 환경, 사회적 성과를 모두 추구하는 것이다.

CSR과 관련된 문제 하나만 더 생각해 보자. 기업이 잉여금을 자선활동에 사용하는 것이 바람직할까, 사업에 재투자하는 것이 바람직할까? 이것은 기업 본연의 역할이 무엇인가에 대한 자유주의적 논쟁 주제로 볼 수 있다. 시카고 학파의 프리드먼은 당연히 사업에 재투자하는 것이 옳다고 할 것이지만 CSR의 입장에서는 반드시 그렇다고 말할 수는 없다. 자선활동에 회사 자금의 일부가 사용되는 것이 가능하다. 그러나 CSR은 보다 중요한 것을 강조한다. 자선활동에 돈과 시간을 지불하는 것이 핵심이 아니라 자선활동을 얼마나 전략적으로 하는가가 중요하다. 예를 들어보자. 치약이나 비누, 생수 등을 생산하는 기업이 있다고 하자. 9월에 홍수가 나서 수해지역이 생기고 많은 이재민이 발생했고 이 기업은 자선활동 차원에서 많은 자사 제품을 수해지역에 제공했다. 이 때 회사가 연간 계획된 120 단위의 제품을 전부 수해지역에 베푸는 것이 전략적인가, 아니면 120 개를 매달 10개씩 다양한 지역에 제공하는 것이 전략적일까? 회사의 자선활동이 계획됐다면 그 효과를 높이는 방향 즉, 이해관계자의 요구에 효과적으로 대응하는 방향, 자선활동의 효율을 높이는 방향을 고려하는 것이 낫지 않을까? 물론 이견이 있을 수 있다. 효율성 극대화 논리는 공리주의적 사고방식이며 수해지역이 아닌 곳에서 생필품이 필요한 사람들에게는 그 혜택이 사라지는 것이니까. 권리주의적인 관점에서 보면 공리적인 방식을 선택하는 것이 바람직하지 않다. 하지만 상충성을 완전히 없앨 수는 없다. 권리주의와 공리주의는 자본주의 하에서 필연이다. 기업의 자선활동이 사회적으로 의미 있는 행위라고 보았다는 것은 자선활동을 통해 권리주의적 판단을 한 것으로 이해할 수 있으며 이후 어떻게 자선활동을 기획할 것인가는 공리주의적으로 추진해 볼 수 있는 것이다.

  요지는 전략적인 자선활동에 대한 논의, 어떻게 자선활동을 할 것인가, 어떤 방식의 자선활동이 기업과 사회의 편익증대를 극대화 시킬 수 있을까를 논의하는 것이 필요하다는 것인데, 그간 한국사회에서 봤던 모습은 그에 미치지 못하였다. 전략적인 자선활동도 당연히 CSR의 논의에 해당한다. 한국에서는 그동안 기업윤리와 CSR을 구분하지 못했으며, 단순한 자선활동을 CSR이라고 칭하는 오류를 끊임없이 소통해 왔다. 선한 수단으로 선한 목적을 이루는 기업의 행위는 전략적일 필요가 있다. 그리고 그것을 우리는 CSR이라고 부른다. 강조하지만 기업이 CSR을 하는 이유는 기업에게 돈이 되어서라기보다 그것이 옳기 때문이며, CSR을 어떻게 할 것인가에 대한 답은 전략적으로 해야 한다는 것이다. 그러니 한국에서 사회공헌활동이라고 불리는 기업의 자선활동 그 자체를 CSR이라고 부를 수는 없다.

  마지막으로 남은 것은 두 가지 경우다. 먼저 선한 수단과 나쁜 목적을 보자. 영화같은 예지만 조직폭력배가 밤의 세계를 접수를 하겠다는 목적 하에 조직을 운영하는데 선한 수단을 사용한다고 하자. 간단히 말해서 우리들의 논의 대상이 될 수 없다. 윤리적 판단에 있어서 나쁜 목적을 이루려는 선한 수단이라는 주제는 일반적인 도덕철학의 주제로서는 가능할 것이다. 하지만 목적 자체가 경영학의 관심사나 범주를 벗어나기 때문에 크게 논의할 것은 없다. 그렇다면 남는 것은 그림의 우하단에 있는 하나다. 선한 목적인데 나쁜 수단을 쓰는 경우, 바로 예전부터 들어오던 문장이 생각난다. '개같이 벌어서 정승같이 쓴다'는 표현이다. 우리가 기업윤리라고 말하는 기업의 활동은 바로 여기에 해당한다. 그림을 보면 당연하지만 기업윤리와 CSR은 기업이 사용하는 수단 때문에 갈라진다. 첨언하면 비윤리적인지 윤리적인지 판단이 필요한 영역에 기업윤리가 있다. 우리 회사가 비즈니스를 하는 데 있어서 행하는 수많은 의사결정에 윤리적 판단의 필요성이 있다. 너무나도 명백하게 선한 수단이 아니라면 윤리적 판단이 필요하다.

　윤리적이라는 표현은 해석의 여지가 많다. 앞에서 언급했듯이 공리적으로 보면 옳지 않으나 권리주의적으로 보면 옳을 수도 있고 그 반대의 경우도 당연히 가능하다. 시대와 역사, 배경, 상황의 차이에 따라 그리고 수많은 철학자의 주장을 놓고 봐도 윤리는 흑백의 논리로 옳고 그름을 구분하는 것이 불가능하다. 윤리는 비유하자면 회색지대다. 그래서 우리는 윤리적 판단을 중요하게 다뤄야 한다. 경쟁사와의 경쟁에서 승리하기 위해서 어느 기업이 원가경쟁력을 확보하고자 한다. 그 기업은 제품 가격을 낮추기 위해 공급기업으로부터 제공받는 원재료의 가격을 낮추기 위한 협상을 할 수 있다. 전통적인 경영전략에서는 이를 가격경쟁력으로만 표현할 뿐이지만 기업윤리 차원에서는 협력업체에게 행하는 갑질이 될 수 있다. 기업윤리라는 것은 CSR이라는 전략적 경영활동 이면에 (혹은 이전에) 반드시 거쳐 가야 하는 의사결정의 일부다. CSR은 나쁘냐, 안 나쁘냐의 의미가 아니라 비즈니스를 전략적으로 진행하는 것이지만, 기업윤리는 기업에게 훨씬 근본적인 자가점검을 요구한다고 볼 수 있다.

CSR과 기업윤리 그리고 법

　우리가 관심을 갖는 ESG는 어디에 해당이 될까? 우선 CSR과 매우 유사하다. ESG를 회사에 도입하려면 무엇을 어떻게 해야 하는지에 대해 질문들을 하고 있으나, 제일 먼저 말할 수 있는 것은 회사의 경영전략을 ESG차원에서 검토하는 것이다. 기업윤리 차원에서 경영관행을 접근하는 것은 전략적 경쟁우위를 위한 노력과 성격이 다르다. CSR 차원에서의 논의라면 경쟁우위를 지향한다고 볼 수 있다. 윤리의 최소한은 법이라는 표현이 있다. 사회적으로 합의된 윤리는 일부 법으로 작동하게 된다. 법은 그 조직, 그 시대, 그 사회가 윤리를 구현하기 위해서 만든 최소한의 장치라고 볼 수 있다. 예전에 연구소에 근무하던 시절의 이야기다. 모 재벌 기업의 계열사와 경영컨설팅을 진행했었는데 그 곳의 담당자에게,

"당신 회사는 기업의 사회적 책임활동에 대해서 어떤 활동을 하고 있으며 그 성과는 무엇입니까"

라며 대화를 나눈 적이 있다. 그랬더니 그 담당자는 CSR에 대한 그간의 성과라고 설명을 하면서 자료를 보여줬는데 그것은 회사의 윤리규범(Code of Conduct) 이었다. 윤리규범이 CSR일까? 그것은 회사의 경영전략과 아무런 관계가 없다. 회사가 지키고 추진해야 할 윤리적 행태에 대한 정리문서일 뿐이다. 그것이 하찮다는 의미가 아니라 윤리규범을 제정하는 것이 CSR의 핵심일 수 없다는 것이다. 윤리규범에 경쟁우위 요소는 없다. 뿐만 아니라 더욱 중요한 문제가 있다. 회사가 제정한 윤리규범이 기업윤리 차원에서 중요한 것일까? 물론 없는 것보다는 낫지만 실상은 윤리규범 제정이란 것은 법과 관련된 것이다. 회사가 지켜야할 최소한의 윤리를 명문화한 것이다. '당신의 회사는 윤리적 관행이 자리 잡혀 있습니까?'는 질문에 윤리규범을 보여주면서 대응하는 것은, '당신은 윤리적입니까?'라는 질문에 본인이 지켜야할 태도를 적은 메모지를 보여주는 것과 같다.

법을 잘 지키는 친한 친구가 있다고 해서 그가 반드시 도덕적인 사

람이라고 말할 수는 없다. 그저 준법에 투철한 사람이다. 그러면 기업이 지켜야 될 것은 무엇일까? 일단 관련 법은 잘 지켜야 한다. 법을 어긴다면 그 기업은 비윤리적인 기업이기 전에 범법을 저지른 기업이다. 우리가 이해관계자로서 기업을 바라 볼 때, 현행법을 어기지 않은 기업이라고 해서 윤리적인 기업이라고 칭하는 것은 잘못된 시각이다. 법을 잘 지키는 어떤 그 규정을 잘 만들어놓고 회사 내 감사시스템을 잘 작동시키는 것이 기업윤리의 본질은 아니다. 그것은 기업윤리의 최소한을 수행하는 것이다. 사내 법규를 포함하여 기업의 윤리적 관행의 바탕이 되는 체계를 만들어 놓고 윤리적 조직문화를 만들어 나가는 것이 기업윤리의 핵심이다. 진정 기업윤리에 대한 노력을 다하는 기업은 인사관리, 조직문화, 관리관행, 업무프로세스, 전략적 의사결정의 전반에 걸쳐 조직전체의 윤리적 검토와 상황판단의 노력이 있으며 그것에 체화되어 있어야 한다. 그리고 그러한 모습을 갖추기 위한 교육, 훈련, 가치공유 등에 대한 활동과 시도가 있어야 한다. 첨언하면 기업윤리에 대한 조직문화가 자리 잡은 기업이라고 해서 반드시 CSR을 잘하는 기업이라고도 할 수 없다. 그 이유는 앞에서 설명했으니 반복하지는 않는다. 그러면 ESG는 무엇인가? 법은 물론이고, 지금까지 설명한 기업윤리와 CSR에 대한 모든 것들이 포함된다.

전략적 판단과 윤리적 판단

다음의 질문을 살펴보자.

자연재해 속에서 생수장사를 하는 사람은 그 생수가 필요한 사람에게 평소보다 비싸게 팔면 안 되는가?

그러면 매수수량을 통제하는 것은 괜찮을까?
그러한 지역에서 장사를 하는 도덕적 의무가 있었는가?
폭리를 취하지 않으면 윤리적인가? 비싸다는 이유로 비윤리적인가?
시장별 가격차이는 의무적으로 조정되어야만 하는가? 가격차별은 무조건 악인가? 어느 정도까지 가격차이가 인정되어야 하는가?

이상의 질문은 마이클 샌델의 '정의란 무엇인가?'에 나오는 질문을 기업의 입장에서 의사결정의 방식으로 다시 옮겨 본 것이다. 결국 이러한 질문은 기업이 사업을 영위하면서 가져야 하는 근본적인 질문들로서, 우리는 어떠한 기준으로 의사결정을 해야 하는가에 대한 검토 필요성을 보여준다.

생수 만들어 파는 회사인데 원래 한 병당 1,000원인 생수를 재해지역에 10,000원에 판매한다고 해보자. 왜냐하면 그 곳은 물이 부족하고 절실하게 필요한 사람이 많으니까 가격이 비싸도 팔릴 수 있기 때문이다. 그러면 우리에게는 회사의 이러한 전략적 가격결정을 욕해도 되는 것일까라는 질문이 필수적이다. 만일 10,000원이 비도덕적이라서 욕을 먹는다면, 5,000원에 파는 것은 괜찮을까? 그러면 2,000원, 혹은 1,500원이라면? 이것은 윤리적 이슈로 보인다. 만일 10,000원에 파는 기업이 있다면 바로 언론에서 이 기업의 행태를 비판할 것 같다. 어떻게 그럴 수가 있을까 라며 옳지 못하다고 단죄할 수 있다. 하지만 이것은 전략적인 가격결정 이슈이기도 하다.

앞에서 잠깐 얘기했지만, 어느 회사가 제품을 생산을 하는데 생산원가가 100원이다. 이 원가구조를 살펴봤더니 납품업체로부터 80원에 납품 받기 때문이다. 만일 회사가 150원에 팔던 이 제품의 시장점유율을 높이고자 140원으로 가격을 조정하면서 자사 이익은 이전과 같은 50원을 유지하려고 한다면 납품단가를 깎아야 한다. 결국 협력업체에게 '이제부터 80원에 받던 것을 70원에 납품 받겠다.'고 한다면, 바기닝 파워(Bargaining Power)가 없는 협력업체는 어쩔 수 없이 그러노라고 답할 수밖에 없을 것이다. 마이클 포터는 이것을 비용우위전략(Cost Advantage Strategy)라고 했다. 전통적인 경영전략은 이를 대표적인 경쟁우위 전략의 한 가지 방식으로 제시하고 있다. 하지만 앞에서 표현했듯이 갑질로 본다면 이는 전략적 의사결정일 뿐 아니라 윤리적 의사결정이기도 하다.

윤리적 이슈와 전략적 이슈는 연결이 되어 있다. 법을 지키는 것은 준법일 뿐, 그것이 전략적 의사결정과 연결되지는 않는다. 윤리적 판단의 범주에서는 전략적 판단과 떼어 놓고 생각할 수 없다. 각자 회사를 한 번 돌아보자. 만약에 우리 회사가 협력업체로부터 단가를 낮춰 받기로 전략적으로 의사결정을 했는데 이것이 윤리적으로 올바른 것인가에 대한 논의도 윤리적 기업문화의 차원에서 자연스럽게 따라 온다면, 그런 조직문화라면 기업윤리는 우리 회사의 문화에 스며들어 있다고 볼 수 있을 것이다.

글로벌 기업의 윤리적 이기주의

글로벌 기업 혹은 다국적 기업과 관련된 논의거리도 많다. 이들 기업이 맞닥뜨리는 환경은 대부분 문화적 배경이 다른 국가에서 사업을 하며 겪는 것들이다. 한국에서 생산을 하다가 생산원가절감하기 위해서 베트남에 공장을 세우고 한국에는 본사만 남겼다고 본다면, 간과해서는 안 될 것이 베트남 공장하고 한국에 있던 공장은 문화적으로 배경이 다른 공장이라는 사실이다. 만일 동남아의 모 국가에서 대규모 정부조달사업에 착수하려면 공무원에게 뇌물을 주는 것이 관행이라 한다면, 이는 한국과 상황이 매우 다르다. 이러한 상황을 맞이한다면 주저 없이 뇌물을 제공하고 사업을 할 것인가? 질문의 핵심은 바로 여기에 있다. 그 어떤 고려도 없이 사업의 성공을 위해 뇌물을 주고 사업을 진행한다면 그것이 옳은 것일까?

"왜 이런 이야기를 지금 내게 하는 거지? 문제없어. 법의 테두리 내에 있고 난 지금 돈을 벌려는 것인데 말야. 가장 가치 있는 기업윤리는 남들이 당신에게 하기 전에 당신이 남들에게 하라는 말 아니겠어? 의심의 여지없이 경쟁사들 모두 뇌물을 줄 거란 말이야. 내 만족 때문에 내 가족들 다 굶기란 말이야? 세상은 거칠고 힘들거든. 내 필요한 것은 내가 보살펴야 해. 그것이 윤리적인 거지."

라는 생각을 했다면 당신은 윤리적 이기주의자라 할 것이다. 정확히 여기서 밝힌다. 이는 옳지 못하다. 너무도 당연하게 현지 관행을 따라야 한다고 볼 수 없다는 뜻이다. 그러니까 우리가 지금 얘기하는 기업윤리는 조직문화의 기본가정(Basic Assumption)에 해당한다. 샤인(Shein)은 조직 내 문화의 층위를 구분하면서, 상징물(Artifacts)이나 가치(Value)에 비해 기본가정이란 것이 가장 근본이며, 외부에서 발견하기도 설명하기도 어렵지만 조직 내부에서는 모두들 공유하고 있는 사상으로 정리했다. ESG 시대에 글로벌 기업에게 필요한 모습은 위와 같은 윤리적 이기주의를 버리는 것에서 출발한다.

다국적 기업의 자회사가 있는 호스트 국가에서 새롭게 도덕적인 문제와 부딪치는 경우
세금과 제품가격 통제에 대한 문제

기술이전과 상품도입의 문제
문화 및 역사적 배경의 문제
시민의식 및 민주주의 관련 문제

위에 적힌 다섯 가지 뿐 아니라 다양한 영역에서 윤리적 판단의 순간은 등장한다. 기업은 윤리적 민감도를 높이는 것이 필요하다. 특히 글로벌 기업은 경험하지 못한 환경 속에서 윤리적 판단과 전략적 판단이 뒤섞이는 순간이 올 것이다. 그 때 의사결정의 결과보다 중요한 것은 어떠한 의사결정 절차를 거쳤는가이다. 하나 더, 윤리적 이기주의 외에도 생각해 볼 중요한 개념이 있다. 그것은 윤리적 상대주의다.

윤리적 상대주의

윤리적 상대주의를 인정해야 할까? 이 질문을 생각해 보자. 윤리적 상대주의라는 것이 존재하는지 묻는 것도 마찬가지다. 지금 우리가 사는 ESG 시대에 기업은 경영활동을 하면서 여러 배경에 있는 이해관계자와 소통하며, 넓고 다양한 지역과 공간 속에서 사업을 영위한다. '로마에 가면 로마법을 따르라'는 말은 기업윤리에서 받아들이기 힘들다. 따라서 윤리적 상대주의라는 것은 없다는 가정 하에서 의사결정의 절차는 진행되어야 한다. 만일 판단의 절차 이후에 최종적으로 윤리적 상대주의 관점에 부합하는 결정이 되었다면 그것은 용납가능할 수 있다. 왜냐하면 이는 윤리적 이기주의가 아니기 때문이다. 숙고과정이 기업윤리 차원에 존재하기 때문이다. 혹시 의아하게 생각하는 독자가 있을까 해서 첨언하면, 윤리적 상대주의의 인정 여부는 간단하게 예를 들어 보면 이해가 쉽다. 대표적인 사례가 1930년대 독일

나치즘의 역사적 사실인데, 당시 독일 국민 대부분의 지지를 받는 나치의 여러 가지 반인륜적인 행태를 그 지역의 윤리적 상대주의로 인정할 수는 없다. 상대주의적 관점에 집중하면 보편적 윤리에 대한 논의가 성립할 수 없다. 그래서 철학적으로 받아들이지 않는 것이다. 여기 가면 이 방식대로 저기 가면 저 방식대로 사업을 하는 것은 옳지 않다. 물론 ESG의 구체적인 실무영역으로 들어가면 지역과 사회적 배경에 따라 기업에게 강조하는 요구는 다를 수 있다. 그렇다고 윤리적 상대주의로 볼 수는 없다. 단지 기업이 그 사회, 사회속의 이해관계자와 전략적인 소통을 하면서 경영의 최우선순위를 정하고 선택하는 것일 뿐이다. 경영의사결정의 체계적인 숙려과정을 통해서 어떻게 비즈니스를 할 것인지 정리해 가는 과정이 중요하다.

마누엘 벨라스케스는 이미 2002년 그의 저서 [기업윤리: 개념과 사례(Business Ethics: Concept and Cases)]에서 글로벌 기업의 윤리적 의사결정의 방법을 다음 그림과 같이 제시했다. 이는 현재 ESG에서도 논의되고 있는 것들이다. 1번에서 시작해서 순서대로 의사결정의 절차를 거치면 되는데, 이 상황은 선진국의 모 기업이 제3세계 타국에 가서 비즈니스를 새롭게 시작했는데, 그 국가에서는 본국과 전혀 다른 윤리적, 문화적인 배경을 가지고 있는 경우를 상정한다. 다음의 인용 그림은 이 때 회사는 어떻게 경영의사결정을 할 것인가에 대한 답이라 볼 수 있다.

의사결정 절차의 중요성

이러한 의사결정 절차가 왜 중요할까? ESG에서 요구하는 목소리 세 가지 중에서 G에 해당하는 거버넌스(Governance)가 바로 이것이다. 또한 의사결정의 절차는 어카운터빌리티 차원에서 이해관계자에게 설명이 되어야 한다. 그 중에서도 가장 좋은 방법은 의사결정과정에 이해관계자가 참여하는 것이다. 기업의 의사결정에는 정답이 없지만 의사결정의 과정이 바람직해야 한다. 이해관계자 중 일부는 그럼에도 불충분하다고 개선을 요구하고 경영의사결정의 결과를 비판할 수는 있으나 기업의 거버넌스가 한꺼번에 모두 욕을 먹을 것은 아닐 것이다.

1. 그 지역에 기업의 정책 혹은 행동이 윤리적으로 용납될 수 있는지, 아니면 그 지역의(윤리적) 원칙을 심각하게 위반하기 때문에 기업의 전략, 정책이나 행동을 바꿔야 하는지 확인(virtue 측면에서도 기업의 행동이나 정책이 moral disposition 개발에 도움이 되는지 확인) → 일단 그 지역의 상황을 분석하는 것

2. Host 국가의 여러 상황을 고려하여 수립한 기업의 정책과 행동이 윤리원칙을 위반하는 지, 선진국의 엄격한 기준의 실행이 오히려 해가 되는 건 아닌지, 기업의 행동과 전략실행이 윤리원칙과 일치하며, 도덕적 성격(moral disposition)에 도움이 되는지 확인 → 그 지역의 상황에 맞추던가, 원래 방식대로 할 건가 비교해 봄

3. 서로 일치한다면, 이러한 결과가 host국가 문화, 뜻을 제대로 반영하고 있는지, 아니면 일치된 결과 기업의 행동과 정책이 윤리적 원칙을 심하게 위반하기 때문에 host 국가에서는 합법이라도 철수해야 하는지 확인 → 결국 그 지역의 상황에 일치가 된다면, 국민의 의사 혹은 윤리원칙과도 일치하는지 확인하는 것

4. 뇌물같이 host국가에서만 인정되는 관행을 따르지 않으면 기업운영이 불가능한지, 불가능하다면 어느 정도나 위반하는지, 위반의 정도가 어느 정도면 철수해야 하는지 확인 → 그 지역의 특수하고 구체적인 관행에 대한 평가와 사후 대책에 대한 분석

앞에서 예를 든 뇌물과 관련해서 좀 더 생각해 보자. 앞에 벨라스케스가 제시한 의사결정 절차의 네 번째 항목 박스에 보면 해외 현지에서 뇌물을 공여했다면 그것이 전략적 판단일 수 있는지는 다음에 따

라 다르다는 점이다. 첫째, 뇌물제공이 있었으나 아무런 고려 없이 그 냥 준 것과 둘째, 뇌물공여에 대한 의사판단 절차가 있었던 것은 다르다. ESG시대에서 거버넌스 차원에서 강조하는 내용은 이 경우 당연히 '뇌물 주지 말라'는 것이지만, 기업의 입장에서 전략적, 윤리적 판단의 결과 뇌물을 제공했다면 어쩔 수 없다는 점이다. 그럼에도 끝까지 뇌물제공은 ESG에 맞지 않다고 강조하는 사람은 위 주장에 오류가 있다고 지적할 것이다. 하지만 기업윤리 차원에서 과정이 중요하고 거버넌스의 구성과 거버넌스의 의결절차가 중요하다면 위 주장은 오류가 아니다.

아파르트헤이트는 과거 남아공에서 자행됐던 공식적인 인종차별정책이다. 이후 넬슨 만델라가 집권하면서 흑인의 인권개선이 현실화되는 과정이 있었다는 역사를 기억한다. 아파르트헤이트 당시 남아공 정부는 막대한 원유생산에 대한 권리를 갖고 글로벌 정유회사인 칼텍스에게 사업권을 제공하였으나 칼텍스는 고민에 빠졌었다. 왜냐하면 시추사업을 하는 것은 옳지 않은 인종차별을 자행하는 남아공 정부를 배불리는 일이기 때문이었다. 실제로 서구에서 당시 NGO의 반대운동이 거세게 일어나기도 했었다. 하지만 반대논리도 있었다. 비윤리적인 인종차별에도 불구하고 또한 부도덕한 남아공 정부의 부를 높이는 데 일조할 수 있지만, 그 사업을 포기하면 남아공에서 일하는 흑인 노동자들의 삶은 더 피폐해진다는 점이었다. 어떤 주장이 옳은 것일까? 한마디로 말할 수 없다. 이는 도덕철학적 논쟁의 주제가 된다. 그러나 칼텍스가 고민하는 모습은 앞에서 설명한 윤리적 이기주의와는 전혀 다른 차원의 이야기다. '돈이 되는데 가서 해야지 무슨 소리냐'는 말과 왜 그 사업에 참여해야 한다는 주장과, 왜 그런 의사결정을 했는지에 대한 철학적 접근이 기업윤리 차원에서 존재하는 경우는 완전히 다르다. ESG는 규범적인(권리주의적) 접근이기도 하고 전략적인(공리주의적) 접근이기도 하다.

아프리카와 중동에서 몇 년 전 민주화를 요구하는 시민들의 저항이 있었다. 당시 한국 모 기업의 매출이 크게 증가했던 적이 있다. 그 기업은 최루탄을 생산하여 수출을 하고 있었는데 이른바 국제적인 특수경기를 탄 것이었다. 최루탄의 성능도 우수하고 쓰임새도 폭증하면서 기업의 재무성과는 눈에 띄게 개선되었다. 하지만 기업윤리 이슈는 명확하다. 민주화 의지를 꺾는데 활용되는 최루탄의 수출이 올바른 것일까? 그렇다면 최루탄을 수출하지 말아야 할까? 네가티브 스크리닝의 차원에서 피해야 하는 무기, 담배, 술, 포르노, 마약과 같은 사업으로 보기도 어렵다. 최루탄이라는 제품은 공공의 질서를 위해 평화적인 방식으로 제한적으로 사용되는 제품이니 말이다.

이런 생각을 해 보자. 성능이 뛰어나서 무엇이든 쉽게 썰리고 잘리는 칼을 만들어 팔면서, 뛰어난 품질과 성능 때문에 모든 주부들이 다 구매할 터이니 곧 큰 부자가 될 것이라고 예상했다. 역시 오래지않아 매출이 급격히 증가했다. 그런데 곧 시장분석을 해 보니 매출이 늘어난 이유는 칼날이 너무 좋아서 전국에 있는 조직 폭력배들이 주로 구매했더라는 것이다. 우스개 이야기지만 이렇듯 기업의 제품이 최초 기업의 목적과 다르게 시장에서 소비되는 사례는 많기 때문에 생산자책임범위에 대한 논의는 중요하다. 만일 시민단체에서 '식칼을 너무 잘 만들어서 조직 폭력배들이 사용하게 되고, 그 때문에 불안해서 못 살겠다. 회사 망해라.'고 한다면 이를 받아들일 수 있을까?

생산자책임은 어디까지인가? 우리 회사는 생산자책임을 어떻게 규정하고 있는가? 사용자의 제품 쓰임새까지 통제하는 것이 기업의 사회적 책임은 아닐 것이다. 계속 강조하지만 윤리적 이슈와 전략적 이슈는 하나이며 기업윤리는 기업에게 어디까지 경영의사결정의 범위인가 경계를 만들어 주는데 본질이 있다.

이해관계자의 사회적 책임

이러한 사례는 무수히 많다. ESG는 기업에게 전략적이고 윤리적인 판단을 같은 무게로 삼도록 요구하고 있다. 그렇다고 ESG가 그 기업에게 당장 최루탄 수출을 그만하라고 강요할 수는 없다. ESG는 우리 제품의 생산자책임을 어떻게 규정하고 관리하고 있는가를 요구하는 것이고 이를 이해관계자들에게 전달하라는 것이다.

그러니 기업의 사회적 책임이 중요하듯이 이해관계자의 사회적 책임 또한 중요하다. 현재 한국 분위기에서는 기업에게 ESG를 강조하고 있으나 정작 이해관계자의 수준을 얘기하고 있지 않다. 이해관계자가 가진 사회적 책임과 인식의 수준이 향상됨으로, 그들의 요구를 바탕으로 윤리적이고 전략적인 판단을 하는 기업의 ESG 수준은 높아 질 수 있다. 이러한 점에서 이해관계자의 사회적 책임은 중요하다. 앞에서 예를 들은 아파르트헤이트의 경우를 보면 명백하다. 비윤리적인 정부는 이해관계자로서 사회적 책임에 대한 인식이 없었고, 그들과 사업을 진행하는 기업은 필연적으로 의사결정의 고민거리가 커졌던 것이다. 이후 만델라 정부에는 위의 사례와 같은 고민이 기업에 필요치 않았다. 그 차이는 한 가지다. 이해관계자의 사회적 책임의 유무이다.

ESG는 기업에게 뇌물공여를 하는 것은 옳지 못하다고 하지만, 이것이 명백한 경우는 그 기업의 속한 사회가 뇌물공여를 금지할 만큼의 사회적 책임의 수준이 높을 때이다. 기업의 사회적 책임, 혹은 기업의 ESG경영이나 기업윤리의 수준은 그 사회의 수준을 벗어나기 힘들다. 우리는 기업의 책임만을 얘기하면서 잘못된 관행을 벗으라고 재촉하지만 이해관계자의 사회적 책임 인식과 활동에 얼마나 관심을 갖고 있는지 돌아봐야 한다. 모두가 이해관계자로서 기업의 ESG 수준이 높아지는 것을 기대한다면 말이다.

기업의 경영의사결정은 자유재량이고 자유로운 자본주의적 전통의 틀에서 보장되어야 한다. ESG가 비록 기업의 행태와 관련된 여러 가지 기준과 법규, 관행의 통일성을 요구하고 있으나 사회가 비도덕적으로 명확하게 판결한 사안을 제외하고는 사실상 대부분의 요구사항은 기업의 선택영역에 있다. 이 말이 기업의 자유방임적 의사결정을 방조하는 것은 아니다. 앞에서 제시한 규범적인 이유로 기업은 반드시 사회적 책임에 힘쓰는 주체가 되어야 한다. 자유재량의 경영의사결정이 존중되고 그러한 기업의 바람직한 모습을 만들어 갈 수 있는 이해관계자의 사회적 책임 인식과 활동의 증가와 기업의 책임있는 경영이 조화를 이뤄야 올바른 ESG가 가능할 것이다. 이해관계자의 사회적 책임은 필수적이다.

정리

지속가능발전의 의미를 다시 고찰해 보기로 한다. 지속가능발전은 인간중심의 패러다임에 속한다. 대비해서 지속가능발전은 생태주의(혹은 근본생태주의: deep ecology)와 다르다. 지속가능발전이 자연환경과의 조화를 강조하고 있으나 인류사회가 멸망하는데 지구라는 행성의 지속가능성을 주장해봤자 소용이 없다. 당연히 인류가 아닌 다른 생물 개체(인공지능과 같은 비생명체도 포함)의 지배하에 '지속'되는 지구환경을 추구하지 않는다. 그런 점에서 구체적으로 '인류의'

지속가능한 발전을 뜻한다. 이제 우리는 지속가능경영이 구체적으로 '누구의' 지속가능한 발전을 위한 기업의 경영활동인가에 대한 답을 정리할 수 있다. 이미 언급한 바와 같이 그 정답은 '인류의' 지속가능한 발전을 위한 경영활동이다. 현재 오용되고 있듯이 지속가능성을 추진하는 주체 즉 '기업의' 지속가능한 발전을 위한 경영활동이라고 해석해서는 안 된다.

개별 기업의 지속적인 경영성과(발전 혹은 성장)를 위한 경영활동을 우리는 흔히 전략경영이라고 칭한다. 전술한 바와 같이 지속가능한 경쟁우위란 용어 속의 '지속가능'의 의미는 지속성(continuity)을 의미한다. 이를 지속가능경영과 혼용하여 사용하면 안 된다. 물론 지속가능경영의 일환으로 예를 들어, 환경친화 기업활동이나 지역사회(커뮤니티)와의 상생을 추진하고 이를 전략적 의사결정의 판단 하에 차별화하는 것은 당연하지만, 인류의 지속가능발전을 위한 노력의 일환으로 이해해야 한다는 의미다. 구체적인 이해를 돕기 위해 다시 정리하면 다음과 같다. 지속가능발전을 위한 인류의 끊임없는 노력의 일환으로, 지속가능성이라는 상태를 궁극적으로 달성하기 위한 기업조직의 경영활동이 지속가능경영이다.

기업가 정신(entrepreneurship)이라는 말이 있다. 리스크를 적극적으로 감내하면서 혁신적이고 창의적인 사고를 바탕으로 비즈니스를 통해 세상을 바꾸고자 노력하는 사람들을 가리켜 기업가(entrepreneur)라고 하고 그들이 비즈니스에 임하는 태도를 기업가정신이라고 한다. 왜 사업을 수행하는가, 왜 비즈니스를 통해 끊임없이 도전하는가에 대한 실존적 질문에 대한 기업가들의 답은 대동소이하다. 그것은 돈을 벌기 위해서가 아니라 인류에 공헌을 하고 싶어서라는 것이다. 인류사회에 대한 공헌이 바로 세상을 풍요롭게, 세상을 살기 좋게 하며,

혁신하는 노력과 연결된다. 경영학에서 강조하는 기업가 정신은 어찌 보면 인류의 지속가능한 발전을 위한 지속가능경영에 필수불가결한 자세이다. 따라서 지속가능경영을 표방하는 우리는 이에 대한 정확한 이해를 바탕으로 스스로 질문을 던져야 한다. 우리는 지속가능경영을 왜 하는가? 정말 회사가 돈을 많이 벌고, 매출액을 높이며, 비즈니스의 재무적 성공을 위해서 했던 것인가? 아니면 영원히 조직이 살아남아야 하기 때문인가? 그렇지 않다. 기업의 경영은 본질적으로 사회에 이로움을 주기위한 경제행위이다. 지속가능경영도 그 틀에서 이해되어야 한다. 어떻게 하면 지속가능경영을 잘 할 수 있을까? 우리가 이미 알고 있던 경영전략의 모든 이론과 사례들이 그 답을 주고 있다.

제8절 공유가치창출(CSV)과 CSR

공유가치창출(CSV)의 올바른 이해

CSV, 즉 공유가치창출[Creating Shared Value]이라는 표현을 들어본 독자도 많을 것이다. 이는 2011년 하버드대학 경영대학원의 마이클 포터 교수가 컨설턴트인 크라머와 함께 하버드 비즈니스 리뷰를 통해 주장한 개념이다. 수년 전 한국의 기업들도 이 개념에 호응하며 회사 내 CSV팀도 신설하는 등 사회 전반적으로 많은 관심을 보였었다. 'CSR의 시대는 가고 CSV의 시대가 왔다.'는 표현이 당시의 한국 기업들의 분위기를 대변하는 표현인데, 이는 저자들이 주장했던 표현이다. 첨언하면 CSR의 시대라고 얘기하는 것들의 대표적인 표현이 사회공헌활동이었으며 더 이상 가치창출에 기여하지 못하는 사회공헌활동에서 기업의 가치와 사회적 가치가 함께 만들어지는 CSV를 전략적으로 고려해야 한다는 주장이다.

그러나 앞 절에서도 지적했듯이 사회공헌활동은 애초에 전략적인 CSR이 아니다. 그럼에도 기존의 철학적 논의와 역사적 배경을 갖고 있는 CSR을 한낱 자선활동으로 치부하고 CSV가 만병통치약인 것처럼 주장했다는 데에 문제가 있었다. 당시 기업들은 (혹시 지금도 이 글을 읽고 있는 독자들의 머리 속에도) CSV가 CSR의 수준을 뛰어넘는 전략적인 기업활동의 지향성을 의미한다고 여겼으며 그것은 이 용어의 잘못된 활용으로 왜곡된 시각이었다.

포터는 매우 큰 영향력을 가진 학자다. 경영전략 교과서를 보면 포터의 주장과 이론, 경영분석 방법론이 챕터별로 계속 등장한다. 그러한 학자가 약 15년 전부터 CSR에 대한 관심을 표명하기 시작했다. 2000년대 중반 하버드 비즈니스 리뷰에 '전략과 사회(Strategy and Society)'라는 글 속에서 'CSR이라는 것은 단순히 기업의 자선활동에서 머무르면 안 되고 기업의 전략적인 경영의사결정에 기반해야 한다.'라는 얘기를 건넸다. 이후 일관되게 그는 반응적 CSR(Responsive CSR)을 버리고 전략적 CSR(Strategic CSR)을 지향해야 함을 주장했다. 여기서 반응적이란 수동적인 의미로서 기업이 외부의 요구에 사안별로 대응하는 모습을 뜻한다. 우리가 기억해야 할 것은 포터는 본디 CSR을 전략적인 경영의사결정 측면에서 보고 있었다는 사실이다. 그는 CSV에 대한 에세이를 발표하기 전까지 동일한 맥락의 주장을 반복했다. 결국 CSV는 전략적 CSR에 대한 의견을 종합한 것으로 봐야 한다. 전략적 CSR과 CSV가 다른 것이 아니라는 말이다.

그러니 한국에서 오해했던 것과는 본질이 전혀 다르다. 그들은 전략적 경영의사결정을 강조하면서 신조어를 하나 만든 것이다. 2011년 한국에서 포터가 직접 강연했을 당시 한국의 기자들이 '더 이상 사회공헌활동과 같은 CSR이 아니라 기업과 사회이익을 창출하는 구체적인 CSV'라고 전파했다. 이는 절반만 맞다. 사회공헌활동에 머무르면 안 되는 것은 맞지만 사회공헌활동이 CSR인 것도 아니다. 포터가 크래머와 CSV에 대한 글을 발표한 이후 크래머는 CSV를 기반으로 경영컨설팅 활동을 했다. 이런 맥락에서 학술적으로 CSR이라는 것을 대체하는 것이 CSV라고 주장할 수는 없다. Triple Bottom Line(TBL)을 주창한 엘킹턴은

> "…(CSR) 논의의 초점은 사람, 지구환경, 경제적 이익 중 어떤 것도 소홀히 하지 않는 집합적인 가치 창출(collective value creation)이 되어야 한다."

면서, CSV개념이 진정한 CSR 논의의 핵심이 아니라 한 부분으로 보고 있다. 엘킹턴의 판단에는 CSV는 인권, 노동, 환경, 소비자 등의 중요한 윤리적 판단이 접목된 이슈와는 거리가 먼 전략적 CSR의 한 유형에 불과한 것이다. 경영학의 구루인 프라할라드(Prahalad)는 2004년 사회 저층 인구의 욕구를 충족시키면서 기업의 경제적 이익을 추구하는 전략적 접근인 BOP(Bottom of the Pyramid)를 주창했는데 이 역시 CSV와 다를 바 없는 유사한 전략적 접근이라 할 수 있다. CSV의 핵심 내용은 전략적 CSR활동(그는 물론 CSV라고 표현했다)으로서 세 가지 방식이 가능하다는 것이다. CSV에 대한 평가의 핵심은 CSV가 주창하는 방식은 적절한 것이며 기업의 사회적 책임과 관련된 바람직한 방향을 제시하고 있지만, 그것이 기존의 CSR 논의에 대한 대안일 수는 없고 단지 전략적 CSR의 성공사례 또는 한 유형이라고 이해하는 것이다.

CSV의 방법과 사례

그렇다면 CSV의 주요 내용을 검토해 볼 필요가 있다. 우선 그들은 사회적 책임에 사로잡힌 이전의 기업들이 사회적 이슈를 핵심이 아닌 주변적인 것으로 보고 있다고 지적한다. 그리고 사회적 이슈는 이제 기업의 핵심적인 성장 동력이며, 기업들은 사회적 욕구와 도전에 대응하여 경제적 가치와 동시에 사회적 가치를 창출하는 공유가치 원칙에서 그 성장의 해법을 찾아야 한다고 주장한다. 따라서 기업들은 이익 그 자체보다는 공유가치를 창출하는 것으로 목적을 재정의 하여야 한다. 예를 들면, 공정무역 하에서는 생산자들의 소득을 높이기 위하여 커피 메이저들이 커피농가로부터의 구매단가를 높여 주는 데 초점을 두고 있어 그 소득 향상 효과가 크지 않을 뿐 아니라 커피 회사들의 경제적 가치를 동시에 향상시키지 못한다. 반면, 공유가치에 의한 접근은 커피 재배농가의 소득 및 생활수준 뿐 아니라 커피회사의 경제적 이익도 획기적으로 증가시킨다. 그들이 주장한 바에 의하면 공유가치 창출은 제품과 시장의 재인식, 가치사슬에서 생산성의 재정의, 그리고 지역클러스터 개발의 세 가지 방법을 통하여 이루어진다. CSV에서 제시하고 있는 세 가지 공유가치 창출의 개념과 사례를 정리하면 다음 표와 같다.

방법	개념	사례
제품과 시장의 재인식	사회적 욕구를 충족시키는 데서 제품과 시장의 기회를 찾는다.	• 인텔, IBM: 절전수요를 위한 디지털 인텔리전스 고안 • 웰스파고: 고객의 재무관리를 도와주는 제품 및 툴 개발 • GE: 에코매지네이션 • 보다폰: M-PESA 모바일 뱅킹 • 톰슨로이터: 기상, 곡물가격정보, 농업컨설팅제공 서비스
가치 사슬의 생산성 재정의	기업의 원가 및 경제적 성과에 영향을 미치는 가치사슬에서의 사회적 이슈를 찾아 대응한다.	• 월마트: 포장축소와 배송경로 재조정으로 환경영향과 비용절감 • 막스엔스펜서: 지구절반 이상의 배송이 필요한 상품을 취급하지 않음 (가치사슬 중 에너지사용과 물류 부문) • 코카콜라, 다우케미컬, Jain Irrigation: 물사용 감소 (가치사슬 중 자원사용 부문) • 네슬레: 아프리카와 남미 커피 농가를 지원하여 커피 품질향상 및 생산성 제고 (가치사슬 중 구매 부문) • 힌투스탄 유니레버: 샥티프로젝트를 통하여 가난한 여성을 사업가로 육성하여 유통망 혁신 (가치사슬 중 유통부문) • 존슨앤존슨: 종업원 금연운동 지원 (가치사슬 중 종업원생산성 부문) • 월마트, 네슬레, 올람: 지역농장 구매, 지역가공공장 가동, 지역주민 훈련 등 (가치사슬 중 입지(location) 부문)

방법	개념	사례
지역 클러 스터의 개발	기업, 연구·교육 기관, 협력업체, 사회기반시설 등으로 구성된 지역클러스터 개발에 힘쓴다.	• 네슬레: 커피 생산 지역에 농업, 기술, 금융, 물류 기업을 유치하여 농업자재와 생산요소의 접근성을 높이고 금융과 교육훈련 등 서비스 제공, 열대우림동맹과 파트너십 맺고 제품의 신뢰성 제고 • 야라(Yara): 모잠비크와 탄자니아에 도로와 항구 건설에 투자하여 농업성장 통로(corridor) 구축

첫 번째, 제품과 서비스를 재인식은 현재 생산하고 있는 제품과 서비스가 환경적으로 친화적으로 어떤 공헌이 있는지 검토하고, 그것을 만들어 내는 것이 필요하다는 주장이다. 생산하는 제품과 서비스를 통해서 시장의 기회요소를 찾는 것이다. 두 번째는 가치사슬의 생산성을 재정의하는 것이다. 가치사슬이라는 개념도 포터가 주장한 개념이다. 그 이전에 컨설팅회사인 맥킨지에서 가치사슬분석이라는 방법론을 실무에 적용했었는데 포터가 본인의 이론적 틀을 바탕으로 학술적으로 정교화한 것이다. 포터는 여기서 가치사슬을 다시 제시하면서 가치사슬 전반의 생산성을 높일 수 있는 재구조화를 추진하는데 환경적, 사회적인 요소를 해결할 수 있는 방안을 추진해야 한다고 주장했다. 세 번째는 지역클러스터의 개발이다. 기업이 속한 지역사회에서 연구기관, 학교, 협력업체, NGO, 사회기반시설 등으로 구성된 타 조직과 파트너십관계를 맺고 협력적 관계를 만들어 지역의 클러스터 개발에 힘쓴다.

요약하면 첫째, 제품과 서비스에 환경과 사회적 요구를 담고 이를 확대하면 둘째, 가치사슬 측면에서 이를 검토하며 마지막으로 기업 혼자 하는 것이 아니라 이해관계자와 함께 추진하는 것이다. 이는

ESG에서 주장하는 바람직한 기업의 활동에 해당한다.

CSV에 대한 평가

CSV에 대한 평가는 학계와 실무에서 받아들일 때 그 효용성과 가치에 대해 엇갈리고 있다. CSV에 대한 논의가 시작된 지 10년이 지난 2021년에는 이전과 달리 CSV에 대한 관심도 눈에 띄게 줄어들었다. 우선 CSV가 새로운 아이디어가 아니며 전략적 CSR의 한 사례 또는 유형에 불과하므로 CSV만이 우월한 해결책이라는 시각에는 문제가 있다. 무엇보다도 CSV는 사회 속에서 기업이 가진 포괄적인 역할에 대한 깊은 성찰이 결여되어 있다.

반대로 CSV를 활용한 학문적 연구가 전혀 없는 것은 아니다. 예를 들어 CSV 개념을 발전시키려는 시도로서 코너 등의 학자(Corner and Palvovich)는 CSV가 사회적 혜택과 경제적 이익 간의 상충관계(trade-off)를 간과했다는 지적에 대해 CSV의 입장을 옹호하면서 변혁(transformation)의 수단으로 공유가치를 실현하기 위해서는 내적지식창조(IKC: inner knowledge creation)를 통하여 개인의 내적지식을 확대하는 것이 중요하다는 점을 덧붙였다. 국내에서도 CSV를 언급하거나 개념을 통해 실증연구를 진행하기도 하였다. 따라서 이들 연구를 통해 기존의 사례를 재해석하거나 또는 새로운 CSR의 전략적 추진사례를 개발해 내고 있다는 점에서 나름대로 가치가 있다. 또한 전통적인 사회공헌의 접근에 비해 전략적 접근을 취하고 있는 CSV 활동이 소비자나 협력업체와의 관계에 있어서 보다 생산적인 관계를 구축한다는 실증분석 결과를 보여 줌으로써 CSV 개념이 실증적으로 활용가치가 있음을 보여주고 있다. 하지만 대부분의 연구는 전통적

CSR이 비전략적이라는 포터와 크라머의 잘못된 주장을 그대로 받아들여서 적용하고 있다는 점에서 아쉬움이 있다.

이같은 CSV가 갖는 의미상의 한계와 비판은 공유가치라는 것이 여러 분야에서 광범위하게 정의되고 사용되고 있지만 의미가 모호하여 실질적인 개념이라기보다는 전문적 유행어(buzzword)에 가깝다는 데에 이유가 있다. 공유가치 개념은 이미 많은 학자들과 실무가들이 사용해 왔으며, 통일된 개념 정의가 없이 각각 다른 의미로 사용되었다.

CSR과 CSV의 관계

CSR은 매우 포괄적이고 근본적인 개념이다. 앞에서 구분한 다양한 활동을 모두 포함하는 것으로 봐도 무방하다. 따라서 CSV는 CSR의 다양한 정의와 개념 중에 하나로 볼 수 있다. 기업의 CSR 활동은 경영자의 개인적 가치관이나 철학에 의해 이루어지기도 하고, 기업 내·외부 이해관계자의 압력에 대한 대응으로 수동적·소극적으로 수행되기도 한다. 그러나 경영자의 개인적 가치에 의해 추진되는 CSR 활동이라고 반드시 비전략적 자선활동만을 의미하지는 않는다. 환경경영전략의 유명한 성공사례로 꼽히는 파타고니아사의 CEO인 이본 츄이나드(Yvon Chouinard)는 철저한 환경론자로서 기업 경영의 최우선순위를 환경적 지속가능성에 두고 있다. 그는 철저한 환경가치 우선의 전략적 접근으로 환경적 가치와 경제적 성공을 동시에 달성하였다. 하지만 21세기 이후 기업들의 CSR 실무와 학계의 CSR 연구가 활발히 진행되고 또 이해관계자의 영향력이 강해질수록 CSR 활동은 전략적 동기와 전략적 수단으로 수행되는 경우가 일반적이며 강조했듯이 자선활동에 있어서도 전략적 접근의 중요성을 강조하게 되었다. 이런 역사적 배경에서 CSV의 출현은 당연한 현상이며 CSV는 CSR의 전략적 접근의 가장 대표적인 성공사례의 한 전형이다.

CSV는 다양한 의미와 수단을 가지는 CSR 영역에 속하지만 CSR의 개념구분에 비유해서 표현한다면 전략적, 과정적, 전향적, 명시적 CSR이라 할 수 있다. 부연하면 첫째, CSV는 점점 강해지는 사회적 욕구에서 시장을 발견하고 그 욕구의 충족을 통해 사회적 가치와 동시에 기업의 경제적 가치를 창출한다는 점, 그리고 이러한 공유가치 창출의 과정이 가치사슬의 전 과정에서 일어나고 있다는 점 에 있어서 비전략적, 자선적 CSR이 아니라 전략적 CSR이다. 둘째, 이해관계자들과의 제로섬게임을 통해 한 이해관계자의 부(wealth)를 다른 이해관계자에게 이전하는 것이 아니라 가치사슬의 전 과정에서 다양한 이해관계자들의 총합적인 가치, 즉 공유가치를 창출하고 극대화하는 경영수단과 이념을 표방하므로 배분적 CSR이 아니라 과정적 CSR이다.

셋째, CSV는 이해관계자의 압력에 소극적으로 대응하는 것이 아니라 적극적으로 사회적 욕구를 찾아내어 그것으로부터 시장기회를 만들어 내므로 반응적 CSR이 아니라 전향적 CSR이다. 마지막으로 저소득층의 사회적 욕구에 대한 사회적 책임을 명시적으로 받아들이고 그 충족을 통한 사회적 책임의 완수와 경제적 가치를 창출한다는 기업의 정책을 표방하므로 CSV는 명시적 CSR이라 할 수 있다. 결론적으로 CSR은 신자유주의 시장경제에 대한 반성과 이에 대한 이해관계자들의 조직적 권리신장 운동에서 주목받아왔다는 점을 고려하면 CSV가 CSR과는 다른 패러다임이라 주장하는 순간 자본주의의 구조적인 문제나 사회책임과는 무관한 단순한 경영전략 수단으로 전락하게 된다. 그럼에도 불구하고 CSV개념이 자본주의 경제체제에 대한 대안인 것처럼 잘못 이해하는 것은 개념적 모순이며 오히려 앞에서 언급한 많은 사회 문제, 즉 종업원, 협력업체, 지역사회, 소비자, 환경 문제, 인권, 지배구조 들과의 관계를 소홀히 하게 되어 CSR, 지속가능성, 이해관계자 이론 등의 핵심과 자본주의 경제체제의 근본적 문제점의 해결에서 멀어지는 것이다.

트리플 보텀 라인(TBL)

마지막으로 한 가지 개념을 더 살펴보자. 트리플 바텀 라인(Triple Bottom Line)은 표현 그대로 '세 개의 밑에 있는 선'을 뜻한다. 이 개념은 지속가능성의 개념에 입각하여 기업은 경제적 성과 뿐 아니라 환경 및 사회적 성과를 동시에 추구하고 정량적으로 보고해야 함을 강조하는 의미로 존 엘킹턴에 의해 1997년 처음 사용되었다. 그는 자본주의의 새로운 형태로서 기업이 경제적 이익과 환경의 질 및 사회 정의의 조화를 이루는 방향으로 지속가능성을 실천해야 하며 기업은 이익(profit) 뿐 아니라 사람(people)과 지구(planet)에 관련된 성과를 보고해야 한다고 주장한다. TBL의 영향으로 나이키와 테스코와 같은 기업들이 구매정책을 재검토하고 개도국 공급업체의 윤리기준을 감독하기 시작하였으며 공정무역이 확대되기도 하였다. TBL은 사회 정의 또는 환경의 질 개선을 위해 경제적 이익을 희생하거나 또는 그 반대를 일방적으로 주장하지 않는다. 비록 세 가지 가치의 균형과 조화에 관한 실천적인 기준이나 구체적인 가이드를 제공하는 데는 실패하였지만, 글로벌 이해관계자에 대한 책임 의식을 가지고 TBL 경영과 보고를 통하여 장기적 안목으로 지속가능한 경쟁력을 확보할 것을 주문하고 있다.

첨언하면 보텀 라인(Bottom Line)이라는 뜻은 영업이익을 도출하기 위해서 계산하는 방법으로 매출원가에서 판매관리비를 제한 나머지가 영업이익인데, 이는 매출총이익보다 밑(Bottom)에 줄(Line)을 긋고 계산을 하게 되는 과정을 거치게 된다. 따라서 전통적인 회계학은 싱글 보텀 라인이라고 볼 수 있는데, 이러한 경제적 의미의 영업이익 외에도 환경과 사회적 측면의 성과를 영업이익과 동등하게 표현하는 것이 옳다는 주장에 맞춰 세 가지의 이익(성과)를 강조하는 것이다. 따라서 경제적인 성과와 환경적인 성과, 사회적인 성과에는 공히 경제적인 성과의 대표인 영업이익처럼 중요하게 고려해야 하는 이유가 있다고 본다. 현재 우리가 ESG를 논할 때, 환경(E), 사회(S), 지배구조(G)를 강조하지만 여기에는 경제적 성과가 제외되어 있다. 그 이유는 경제가 중요하지 않아서가 아니라 경제적 성과는 너무 당연하기 때문 아닐까?

제2장

ESG의 개념과 동향

제2장

ESG의 개념과 동향

제1절 ESG 현상의 의미와 이해

가장 중요한 질문

환경과 사회에 책임을 지는 경영을 하면 기업의 수익성이 높아질까? 아직은 모른다. 앞에서 찬찬히 따져봤지만 환경, 사회적 책임을 잘한다고 기업이 오래 살아남고 돈을 많이 번다고 간단하게 얘기할 수가 없다. 질문 자체가 잘못됐다. 우리는 모두 알고 있다. 기업이 오래 살아남고 돈을 많이 버는 데 영향을 주는 요인들을 모아보면 수많은 요소들이 있을 것이다. 그런데 이 질문을 왜 끊임없이 하고 있을까? 지금까지, 지금도, 아니 ESG를 얘기하면서 과거보다 더욱 이 질문에 집중한다.

이 잘못된 질문이 우리 사회에 매우 중요한 화두가 되는 현상을 보게 되었다. 최근 ESG가 중요하다는 목소리가 여기저기서 들리면서 말이다. 과거 '돈이 되는 것이 아니면 하지 마.'라는 최고경영자의 지시는 지금도 여전한데 (어쩔 수 없더라도) ESG를 도입하겠다고 한다. 즉 ESG가 돈이 된다는 의미다. 아이러니 하게도 CSR, 지속가능경영, 기업윤리 등과 같은 맥락에서 논의되는 주제인 ESG를 과거와는 달리 보고 있다.

이 질문에 대한 답을 하는 사람들이 많아지기 시작했다. 대표적으로 금융기관에서 적극적으로 호응하고 있다. 환경, 사회적 성과가 좋으면 그 기업의 재무성과가 좋아지는 것일까? 금융기관에 있는 사람들은 확실한 답이 없으면 움직이지 않는다. 그래서 지금까지 움직이지 않고 있었다. 아무리 이런 글을 써서 철학적으로 기업의 사회적 책임이 중요하다고, 이해관계자와의 경영참여가 필요하다고 떠들어도 움직이지 않았었다. 오로지 수익률이 좋아야 움직일 것이니까. 그런데 자본시장에서 얘기하기 시작한 것이다. 요지는 ESG를 강조하는 지금의 상황은 과거 지속가능경영, 기업의 사회적 책임을 이야기하던 때와 어딘가 조금 달라진 분위기가 있다는 점이다. 최근의 분위기는 처음 겪는 현상이다. 그 중심은 금융기관이 나서서 관심을 갖고 구체적인 활동을 시작했다 데 있다. 이제 가장 중요한 질문에 집중할 시간이 왔다. 앞에서도 언급했지만 그 중요한 질문이 무엇인가? 그 질문은 다름 아니라,

"그럼에도 불구하고, 돈이 안 되고 기업이 오래도록 존속하는 데에 도움이 되지 않는다면 여러분은 ESG를 전혀 안 할 것인가?"

라는 물음이다. 'ESG를 잘하면 돈이 되는가'라는 첫 번째 물음에 더해 지금 던지는 가장 중요한 질문은 '돈이 안 된다면 여러분은 ESG

영원히 안 할 것인가?'이다. 이 두 가지 질문 중, 두 번째 물음에 대해 한국사회는 큰 관심을 두고 있지 않은 듯하다. 이 글을 읽는 독자는 생각을 해 보기를 바란다. 이미 그 질문에 대한 답은 앞에서 어느 정도 여러분에게 전달을 했다. 그러면 결국 어떻게 할 것인가에 대한 물음이 남는다. 그것은 전략적 의사결정의 영역이고 그에 대한 이야기를 뒤에 설명한다.

ESG(Environment, Social, Governance)의 거시적 배경

ESG에 대해 생각해 볼 순서가 됐다. 지금까지 ESG란 무엇인가 이해하기 위해 멀리서부터 이야기를 함께 나눴다. 갑자기 왜 지금 ESG가 강조가 되기 시작했을까? 1990년대 후반 이후에 이 ESG와 용어가 다르지만, 핵심적인 관심사가 조금씩 다르게 설정된 논의들이 계속 되고 있었음을 알 수 있었다. 한국사회에서도 20년 간 반복했던 주제들과 크게 다르지 않다. 그렇다면 ESG라는 이름으로 재등장한 기업의 사회적 책임에 대한 논의가 시작된 배경을 생각해 보기로 한다. 거시적인 경제사회적 변동상황을 우선 생각해 볼 필요가 있다. 그것은 기후변화이슈와 코로나 바이러스의 등장으로 표현되는 전지구적인 변화의 시점이다.

첫째, 기후변화 이슈는 날로 그 중요성이 커지고 있다. 지구온난화 이슈가 아닌 포괄적인 의미의 기후변화 이슈는 1990년대 이후 국제적으로 논의되던 주제다. 당시는 선진국들이 이산화탄소 배출량을 줄이는데 합의를 했으나 1997년 '교토의정서(Kyoto Protocol)'라 불리는 체제는 2015년 파리협정을 계기로 수명을 다했다. 과거 당시는 기후변화 이슈가 선진국만의 이슈였다. 물론 개발도상국의 경제발전과 맞물려 다양한 논의와 메카니즘에 대한 합의가 있었지만 본질적으로 온실가스 저감의 책임은 선진국에만 있었다. 심지어 한국이 이산화탄소 배출량이 세계 10위 안에 드는 국가임에도 감축의무에서 비껴 있었다. 이후 2015년 12월 12일 195개국 만장일치로 맺어진 '파리협정(Paris Agreement)'은 2020년 만료된 교토의정서를 대체하는 신(新) 기후체제다.

파리 협정은 195개의 모든 선진국과 개발도상국이 온실가스 감축에 동참하기로 한 최초의 세계적 기후 합의다. 파리협정은 선진국의 선도적 역할을 강조하는 가운데, 모든 국가가 전지구적인 기후변화 대응에 참여한다는 선언을 했다. 온실가스 배출 1, 2위인 중국과 미국은 물론 전 세계 국가의 실질적 참여를 이끌어냈다는데 큰 의미가 있다. 최종 협정문에는 장기 목표, 감축, 이행 점검, 재원 등의 내용이 담겼다. 동 협정은 장기 목표로 '산업화 이전 대비 지구 기온의 상승폭(2100년 기준)을 섭씨 2도보다 훨씬 낮게(well below 2℃) 유지하고, 더 나아가 온도 상승을 1.5℃ 이하로 제한하기 위한 노력을 추구한다'고 합의했다. 당사국들은 지구의 온실가스 총 배출량이 감축 추세로 돌아서는 시점을 최대한 앞당기기로 했고, 온실가스 배출량이 감축세에 접어들면 감축 속도를 높이기로 했다. 금세기 후반기, 즉 2050년 이후에는 인간의 온실가스 배출량과 지구가 이를 흡수하는 능력이 균형을 이루어야 한다고 촉구했다. 또한 파리협정은 195개국 간의 자발적인 협력도 인정하는 등 다양한 형태의 국제시장 탄소 메커니즘 설립에 합의했다. 다시 말해, UN 기후변화협약의 탄소시장 외에 국가끼리 탄소 배출 감축 거래도 인정한다는 것이다. 탄소거래는 일정수준의 한계치를 캡(Cap)으로 한정하고 있다. 국가별로 설정된 캡은 기준으로 그 이하로 달성하여 여유분이 생기면 트레이딩이 가능한 시스템이다.

즉 시장 메카니즘에 기후변화 이슈가 접목이 이미 되는 것이다.

이러한 기후변화 이슈에 대한 다자간 합의는 사람들의 마음속에 있는 공통된 인식을 근거로 한다. 도대체 기후변화 이슈가 왜 생겼을까에 대한 이슈. 그것은 인류가 지금까지 번영을 구가해 온 자본주의 시스템에 대한 기본적인 회의다. 좀 구체적으로 표현하면 신자유주의적 접근방식에 대한 회의라고 볼 수 있다. 즉 이해관계자 자본주의에 대한 필요성에 공감하는 것이다. 전통적인 주주 중심 자본주의의 한계를 공감하며 지금까지의 모습을 근본적으로 바꾸지 않으면 공멸한다는 인식이 공유된 것이다.

기후변화에 대한 회의주의자는 음모론을 제기하며 그들의 주장에 근거로 쓰일만한 과학적인 증거들을 제시한다. 하지만 중요한 것은 기후변화가 과학적 사실인지 음모론인지 진실을 밝히는 것이 아니다. 이미 기업들 중에는 기후변화 대응에 미흡해서 소송을 당하는 등 경영에 곤란을 겪는 경우가 발생하고 있다. 반대로 전향적인(Pro-acitve) CSR을 통해 이미 기후변화로 사업의 기회를 확대하고 있는 기업도 있다. 기후변화 이슈는 이미 기업 경쟁력에 중요한 영향을 미치는 요인이 되었다. 예를 들어서 유럽에서 타이어 및 자동차에 부과되는 환경규제는 기업들이 기술개발에 뛰어들게 하는 동력이 되고 있다. 기술개발에 성공한 기업들은 자체 기술개발 수준에 맞춰 선행적으로 규제수준을 콘트롤할 수 있다. 기후변화 이슈가 사실이냐, 아니냐가 중요한 게 아니라 이미 그 이슈를 바탕으로 회사의 비즈니스 시스템으로 만들어 놓는 것이 현실이다. 혼자 아무리 옳지 않다고 주장을 하는 것은 무의미하다.

> **참고: 기후변화**
>
> 파리협정 이후에 기후변화와 관련된 이슈는 신기후체제로서 모든 국가가 참여해야 하는 패러다임형으로 바뀌고 적극적이고 자발적인 참여가 권장되는 모습으로 가고 있다. 한국이 기후변화에 참여하는 수준에 따라 국내 기업들도 기후변화를 무시할 수 없게 되었다. 국가 단위의 배출량 감축 노력보다는 개별 기업 수준의 자발적 노력 및 제도상의 인센티브와 규제 노력이 강화되는 추세로 가고 있기 때문이다. 아래 표는 환경부에서 제시한 신기후체제의 주요 변화내용을 옮긴 것이다.
>
> | 구분 | 교토의정서 | 파리협정 |
> | --- | --- | --- |
> | 목표 | 온실가스 배출량 감축 (1차: 5.2%, 2차: 18%) | 2℃ 목표, 1.5℃ 목표 달성 노력 |
> | 범위 | 온실가스 감축 | 온실가스 감축만이 아니라 적응, 재원, 기술이전, 역량배양, 투명성 등을 포함 |
> | 감축 의무국가 | 주로 선진국 | 모든 당사국 |
> | 목표 설정방식 | 하향식 | 상향식 |
> | 징벌여부 | 징벌적(미달성량의 1.3배를 다음 공약기간에 추가) | 비징벌적 |
> | 목표 설정기준 | 특별한 언급 없음 | 진전원칙 |
> | 지속가능성 | 공약기간에 종료 시점이 있어 지속가능한지 의문 | 종료 시점을 규정하지 않아 지속가능한 대응 가능 |
> | 행위자 | 국가 중심 | 다양한 행위자의 참여 독려 |
>
> 자료: 환경부

여기에 더해 중요한 사건이 전 인류의 사고방식과 생활방식을 바꾸고 있다. 지금도 진행되고 있는 코로나 바이러스에 의한 팬데믹 사태는 앞에서 논의한 신자유주의 질서에 대한 회의를 강화했다. 이는 사람들의 인식 속에 자리잡은 기후변화 이슈와 같다. 왜 COVID-19 사태가 생겼는지 자문하면 그 결론은 전통적인 방식의 자본주의적 시스템에 기반한 생산 및 소비체계로 귀결된다. 요약하면 인류에 대한 자연의 경고가 기후변화 이슈와 팬데믹 사태로 확인된다. 이제는 더 이상 늦출 수 없는 질적 전환의 필요성은 ESG를 강조하는 지금의 논의와 다르지 않다. 1990년대 이후 반복했던 유사한 논의들은 최소한 한국사회에서 중간에 잠잠해졌던 적도 있었지만 지금은 위기의식과 함께 이대로는 안 된다는 공감이 기저에 있다.

ESG의 의미

ESG라는 용어는 언제부터 쓰이기 시작했을까? 2004년 유엔글로벌콤팩트가 스위스 정부와 함께 발의한 'Who Care Wins'라는 이니셔티브에서 본격적으로 ESG라는 용어가 사용되었다. 당시 지속가능성이나 CSR같은 용어를 통해 유사한 논의를 사회에 제공하였으나 ESG는 크게 주목받은 용어는 아니었다. 사람들에게 회자되고 주목받은 것은 2020년 이후로 본다. ESG에 대한 정의도 다양하다. 지속가능경영을 위한 거래소인 SSEI(Sustainable Stock Exchanges Initiative)는 '기업의 사업전략 수행 및 가치 창출 능력에 영향을 미치는 요소'로 정의하고 있으며, CFA Institute(국제공인재무분석가협회)는 '기업가치에 중장기적으로 영향을 미치는 비재무, 비계량 요소' 등으로 정의한다. 즉 기업의 비재무적 성과 요소로서 기업가치를 높이는데 주요 요소로 보고 있음을 알 수 있다.

거시적인 배경 외에 ESG의 중요성은 이해관계자와의 관계 측면에서 이해할 수 있다. 이는 CSR의 배경과 같은 맥락인데 여기서 눈길을 끄는 것은 ESG의 정의가 처음 등장한 Who Cares Wins에는 ESG 경영을 잘하면 주주 가치를 증대시키는 데도 도움이 된다고 적혀 있다는 사실이다. ESG는 이해관계자 관점의 배경을 가지고 있으나 동시에 주주가치 극대화를 원칙으로 삼고 있다. 이는 ESG를 주창하는 자본시장의 움직임과 연결 지어 생각해 볼 수 있다. 과거 CSR을 비롯한 용어는 사회적으로 관심을 받았어도 자본시장에서 주목하지 않았다. 사실상 ESG의 차별성은 자본시장의 관심이다.

표면적으로 혁신적인 변화는 자본주의 체계와 유한제도의 틀 안에서 혜택을 누렸던 투자자가 이해관계자를 위한 경영을 외치고 있는 점이다. 대표적인 투자자는 블랙록(BlackRock)이라는 미국 최대 자산운용사의 래리 핑크(Larry Fink) 회장인데, 그는 매년 보내는 CEO 서한을 통해 ESG를 중시하고 이해관계자를 고려하는 회사에 투자를 집중하겠다는 의사를 밝히면서 이해관계자 중심의 경영활동을 촉발시켰다. 그럼에도 ESG 열풍 속에서 우리는 이해관계자 자본주의로만 ESG를 이해하면 안 된다. ESG도 원래는 주주 위주의 경영에서 시작한 것이며, 이해관계자 자본주의가 접목된 것으로 이해하는 것이 정확하다.

또한 ESG가 대두된 데에는 브랜드 가치와 기업평판과 같은 무형자산의 가치가 중요해지는 경영환경의 특징이 있다. Who Care Wins에서도 ESG는 평판과 브랜드에 강한 영향을 끼칠 것이라 밝히고 있다. 현재 약 600여 개가 넘는 평가 기관들이 전 세계 기업들의 ESG 경영을 평가하여 투자자료로 활용하고 있다. ESG의 평가는 기업 경영활동 전반을 들여 보는 다양한 방식으로 진행이 되며 기업은 평판이나 브랜드 가치를 유지하기 위해 이에 성실히 응할 수밖에 없다.

자본시장에서 주목하는 ESG라는 측면에서 우리는 투자자 관점의 ESG라고 정리할 수 있다. 이는 CSR을 기업의 실천적 측면에서 이해하는 것과 대비된다. 지금까지 살펴봤지만 CSR과 ESG는 같은 내용을 아우른다. 다만 관점이 다를 뿐이다. 또 CSR에서는 트리플 보텀

라인의 시각을 따라 경제, 환경, 사회로 세 가지 축을 설명하는데 반해 ESG는 경제가 아닌 지배구조를 명시하고 있다. 경제적 성과는 재무적 성과보다 넓은 개념이긴 하지만 기업이라는 조직이 영리를 추구하는 것은 당연하기 때문에 이익을 추구하는 것은 그 기업이 존속하는 데 있어서 충분조건이 아니라 필요조건이라는 의미가 숨어 있다. 투자자의 관점에서 이익이 발생하는 것은 당연한 요구조건이다.

거버넌스(Governance)는 한국식 표현으로 지배구조라고 하는데 구체적인 의미는 구조와 절차가 포함된 개념이다. 경영의사결정의 절차와 구조는 이해관계자들과 올바른 의사소통, 혹은 이해관계자의 요구를 기업 경영의사결정에 반영하는 것, 환경사회적 성과를 고려하는 전략적 의사결정의 절차, 그 절차가 얼마나 체계화 되었는가 등을 의미한다. 또한 의사결정의 결과를 얼마나 잘 분석을 하고 이후 경영의사결정에 반영하고 소통하는지 여부도 거버넌스에 해당한다. 요컨대 ESG는 경제적 성과 대신에 그러한 지배구조를 전면에 내세운다. 이는 ISO26000을 통해서도 맥락을 이해할 수 있다. 국제표준화기구(ISO)는 여러 형태의 모든 조직의 사회적 책임에 대한 가이던스를 ISO26000에서 정리하고 있는데, 지배구조를 모든 분야의 환경사회적 책임의 바탕에 있는 가장 중추적인 요구조건으로 설명하고 있다.

이해관계자 참여라는 표현이 추상적으로 느껴질 수 있다. 실제로 이해관계자들이 경영의사결정에 참여할 수도 있고, 회사는 다양한 방식의 이해관계자 분석을 시행할 수도 있다. 회사가 어떠한 방식을 통해 적용하는 게 좋을까 고민하는 것은 매우 실무적인 영역일 수도 있다. 이에 대해서는 절을 달리하여 설명할 것이고, 여기서 논의한 주제인 투자자 중심의 ESG임을 상기해 보면 떠오르는 질문이 있을 것이다. 앞에서 제기했던 중요한 질문을 살짝 다르게 반복한다.

"투자이익이 없다면 기업의 ESG활동에 관심을 갖지 않을 것인가?"

이 질문은 앞에서 꺼냈던

"돈이 안 되고 기업이 오래도록 존속하는 데에 도움이 되지 않는다면 여러분은 ESG를 전혀 안 할 것인가?"

라는 질문과 질문의 대상만 다르고 묻는 바는 동일하다.

질문에 대한 답

ESG가 투자의 관점에서 보는 것이라면 ESG는 '돈이 된다'는 뜻이다. 따라서 '돈이 안 된다면 ESG를 무시할 것인가?'는 질문은 더욱 중요해진다. 이전에 지속가능성이나 CSR에서 던졌던 질문보다 근본적인 질문이 된다. 최근 국민연금이 ESG 채권 투자를 한다는 소식이나 신용평가기관에서 ESG 관련 평가를 진행할 것이라는 움직임, 은행의 ESG평가를 통한 대출제도 운영과 함께 다양한 평가기관들이 ESG 평가모형을 만들고 기업에게 평가의 명목으로 정보공개를 요구하는 모습을 볼 수 있다. 또 로펌이나 회계법인, 컨설팅 회사가 컨설팅과 교육 및 서비스를 운영한다든지 언론기관에서 ESG 평가정보를 기획기사로서 알리기도 한다.

이러한 모습이 기업의 사회적 책임 요구에 준하는 반복적인 현상으로 보일 수 도 있다. 그러나 ESG 현상이 나타나기 이전에는 ESG를 잘하면 기업의 수익성이 좋아지고 투자자의 수익률이 좋아진다는 주장을 자본시장에서 거의 하지 않았다. 학계나 일부 기업이 진정성을 갖고 추진하면서 재무성과와의 연계를 주장하였으나 자본시장은 요지부동이었다. 그렇게 때문에 수익률이 없다면 ESG를 하지 않을 것이냐는 물음은 앞에서 자본주의의 흐름부터 CSR까지 논의한 틀에서 봤을 때 중요하다. 가끔 '지금의 ESG 열풍이 언제까지 지속될 것이냐'는 질문을 던지는 경우도 있다. 이 질문의 의도는 어지간하면 ESG의 압력에서 해방되고 싶은 매우 소극적인 의도를 드러낸다. 지속가능발전과 CSR에 대한 배경설명 중에 확인한 것이 있다. 기업이 사회적 책임활동을 한다고 해서 반드시 기업의 수익성과 기업의 존속을 보장하지 않는다는 사실이다. 그럼에도 기업들은 ESG에 매진해야 한다. 그 이유는 앞 절에서 자세히 설명했다. 자본시장의 움직임과 수익률을 높이는 ESG라는 공식에 매몰되어 왜 기업의 사회적 책임이 필요한가라는 의무론적(Deontological) 질문을 놓치면 안 된다.

블랙록(BlackRock)의 래리 핑크(Larry Fink) 회장은 '2021 CEO 서한(2021 Letter to CEOs)'에서 탄소중립의 필요성을 역설하며 탈탄소 경제체계로의 자본 배분배가 가속화 되고 있음을 지적했다. 그는 기업의 사업모델 변화 필요성을 역설하면서 그간의 분석을 바탕으로 ESG 성과가 높은 기업의 재무성과가 높았으며 지속가능성 프리미엄을 누린다고 표현했다. 따라서 블랙록은 기업 투자 결정 시에 지속적이고 우선적으로 ESG를 고려할 것이며 2050 탄소제로를 목표로 투자를 할 것이라 천명했다. 마지막으로 그는

"기업의 기후 리스크 정보공개가 매우 필요하며 블랙록은 투자대상 기업이 제로배출 대응을 장기계획에 어떻게 반영하고 이사회에서 어떠한 논의가 있는지에 대한 기후변화 대응 정보를 공시할 것"

이라고 요구했다. 따라서 기후변화에 신경 쓰지 않는 기업들한테는 투자하지 않겠다는 의지를 표한 것으로도 읽힌다. 그러나 여기서 핑크 회장의 표현을 조금 다르게 생각해 보자. 강조하지만 블랙록은 10조 달러라는 가장 많은 자금을 투자하고 있는 곳이다. 그리고 핑크는 정치학과 부동산을 전공하고 채권 트레이딩으로 사회에 첫발을 내디딘 후 지금껏 자산운용의 전문역할을 하던 인물이다. 그의 이력은 ESG와 아무런 연관이 없다. 그런데 가장 큰 돈을 투자자금으로 운용하는 블랙록이라는 기관이 ESG가 '돈이 된다'는 확신을 했다는 것이다. 이를 문자 그대로 보지 않고 곱씹어 보면 대규모 투자자로서의 영향력을 표현한 것이라는 추측이 가능하다. 즉 ESG가 투자대상으로 높은 수익률이 나기 때문에 투자하는 것이라기보다 ESG 투자를 통해서 수익률을 높이겠다는 의지를 표명한 것일 수 있다. 그러면 어떻게 되는가? 블랙록이 투자하는 ESG는 수익률이 좋을 가능성이 매우 높다. 즉, 블랙록은 투자 수익률이 좋게 나오도록 하는 자본시장에서의 역량이 있다고 봐야 한다. 이는 선도기업이 시장의 룰을 만들고 후발기업이 그 룰을 따라가는 비즈니스의 형태와도 같다. 블랙록이 천명한 이상 몇 년 뒤 그간의 ESG 투자성과가 좋지 못했다는 발표를 들을 가능성은 별로 없다.

이러한 추측은 명확한 근거가 있지는 않으나 설득력은 있다고 생각한다. 20~30년 동안 ESG는 재무성과에 도움이 안 된다고 생각했던 자본시장에서 어느 날 갑자기 높은 수익률이 확실하다는 신념과 함께 분석을 통해 지금과 같은 적극적인 태도를 보인 것일까? 아니면 ESG 투자를 통해 수익률을 높일 수 있다는 자신감의 표현일까? 어느 것이 정답일지는 독자에게 맡긴다. 여기서 결론은 한 가지다. 만일 전자의 경우라면 기업은 ESG를 전향적으로 추진하고 전략적으로 접근해야 한다. 역시 후자의 경우라도 기업은 마찬가지다. 왜냐하면 자본시장은 ESG 친화기업에 투자를 확대할 것이고, 투자수익률은 높을 것이기 때문이다.

그럼에도 불구하고, 재무적 성과(투자수익률)에만 기반한 ESG는 왜 기업이 사회적 책임을 가져야 하는가라는 철학적 질문에 매우 궁색해진다. 특히, 만약에 ESG 투자수익률이 높아지도록 할 수 있기 때문에 ESG에 집중해야 한다는 논리가 사실이라면 ESG는 자본시장의 'ESG 참여의지'에 전적으로 흔들리는 유행거리로만 머물게 될 것이다. 이는 심각한 문제다. 학생으로서 마땅히 해야 할 시험공부가 과도한 용돈 지급이라는 외적 보상에만 기대있을 때 생기는 부작용을 우리는 이미 알고 있다. 더군다나 그 보상이 학습능력 향상보다는 단순히 시험성적에만 초점을 두고 있다면 더욱 큰 문제가 될 것이다. 지금의 ESG 열풍 속에 간과하고 있는 점이 바로 이것이다.

재차 강조한다. 지금도 여전히 기업의 사회적 책임과 재무성과의 인과관계는 학문적으로, 실증적으로 전혀 확인된 바 없다. 그렇다고 해서 아쉬워할 일도 아니다. ESG를 추진해야 하는 이유는 학생으로서 열심히 공부하는 것이 당연하듯이 기업에게도 명확하다. ESG는 앞으로 계속 갈 것인가? 계속될 것이다. 하지만 현재 한국에서처럼 한쪽의 논의(재무적 성과와 연계)만 반복된다면 어느 순간 사상누각처럼 무너질 수도 있다. 다시 한 번 기후변화나 팬데믹 사태와 같은 거시 경제사회변화의 필요성을 떠올려보자. 지속가능발전과 기업의 지속가능성에 대해서 다시 생각해 보자. ESG를 기업이 왜 해야 하는가? 그것은 옳은 것이고 필요하기 때문이다.

제2절 ESG 동향의 특징

ESG 정보공개

ESG가 화두가 된 지금은 이전과 달리 은행, 증권사를 비롯한 자본시장의 여러 기관들이 앞 다퉈 보고서를 발간하고 최신 트렌드란 이름으로 많은 정보를 쏟아내고 있다. 특히 기업에게는 ESG 정보공개라는 이름으로 다가오는 여러 요구가 부담스럽게 여겨질 수 있다. ESG 관련 정보공개는 그 자체로서 화두가 될 뿐 아니라 그것에 대한 표준화 움직임도 주목할 만한 흐름이다. 정보공개를 요구하는 기관도 많을 뿐 아니라 그들이 원하는 답안지의 형식에 맞게 보고를 해야 하니, 기업들의 부담이 커지는 것이다. 어카운터빌리티의 차원에서 정보공개는 당연하다. 재무정보공개는 또한 오래전부터 당연한 것이었다. 그러니 비재무적 정보들에 대한 표준화와 공개요구는 필수적이다.

ESG활동과 성과를 회사에서 정리하고 관리하기 위해 정보요구와 보고내용에 대한 구체적인 설명이 필요하다는 이야기를 한다. 기업이 던지는 질문은 바로 '어느 틀에 기준을 맞춰서 정보공개를 해야 하는가?'이다. 이 질문도 바람직한 질문이기는 하다. 왜냐하면 '어떤 틀에 맞춰서 보고해야 되는지, 그 틀에 맞춰 정리하다 보면 부족한 부분을 파악할 수 있고 그렇다면 자가점검 이후 개선사항을 도출하기에도 용이하다.'고 생각할 수 있기 때문이다.

다양한 시장에서의 요구와 기관들의 정보요구 양식 등에 대해서는 이 글에서 구체적으로 세세하게 소개하지 않는다. 다만 전할 수 있는 정보는 우선 ISO26000를 활용하는 것이다. ISO26000은 모든 ESG 활동과 성과에 대한 설명을 깊이 있게 다루고 있어서 조직이 자가점검을 통해 어떤 분야에 더 노력해야 하는지 확인할 수 있도록 가이던스 기능을 한다. 그 외에도 물론 중요하게 다루고 있는 타 체크리스트 한 가지를 선택해 자세히 분석하면 다른 모든 평가방식이나 체크리스트가 대동소이하기 때문에 충분히 이해하고 준비할 수 있을 것이다. 특히 GRI 가이드라인처럼 기업들이 그간 많이 활용했던 체크리스트를 확인하는 것도 도움이 된다. 전 세계 많은 기업이 그들의 환경적, 사회적 성과를 이해관계자들과 소통하기 위해 발간하는 지속가능성보고서의 작성지침으로 1997년 이후부터 GRI가이드라인을 활용해 왔다. 실제로 지속가능경영보고서를 발간하는 국내기업들도 대부분 이 가이드라인을 준용하고 있다. 많은 기업들이 활용하고 있기 때문에 비교가능성의 장점도 있다. GRI 가이드라인 같은 경우에는 산업별 표준도 제공하고 있어서 기업 실무에서 적용하는데 도움이 된다. 예를 들어, 식음료 산업과 유통산업 혹은 제조업체와 은행은 당면하고 있는 ESG 이슈가 다를 것이다. 산업이 다름으로 인해 핵심적인 이해관계자와 그들의 요구는 다르다.

둘째, 기업이 ESG에 대해 부담을 느끼는 것은 구체적으로 무엇을 어떻게 해야 하는지 모르겠다는 것이다. 그래서 산업별 또는 업종별로 기업 협의체 등의 역할이 필요하다. 산업별로 ESG 이슈에 대한 공통된 틀을 먼저 찾아내는 게 훨씬 효율적일 수 있다. 이는 전략적으로 바람직한 방법이기도 하다. 협회 차원에서는 ESG 관련하여 이해관계자에게 구체적이고 필요한 요구사항이나 지원사항 등을 효과적으로 전달할 수 있다. 평가기관이나 정부의 정책 입안과정에 ESG 경영활동의 긍정적인 측면을 소통할 때 도움이 된다.

기업은 정보공개 요구에 진정성 있는 대응과 전략이 필요하다. 따라서 부정적 정보(Negative Information)에 대한 정보공개를 전향적으로 받아들여야 한다. 국내 기업 대부분(해외 기업도 사실 마찬가지다)은 부정적 정보에 대한 노출을 극도로 싫어한다. 하지만 전략적 접근을 통한 부정적 정보의 자발적 공개는 회사의 신뢰성을 높이는 신호효과로서 매우 강력하다. 실제로 ESG 정보공개 표준화요구의 대부분 가이드라인의 체크리스트를 보면 부정적 정보공개에 대한 요구가 명시되어 있다.

> **참고: GRI 가이드라인**
>
> GRI가이드라인은 현재 G4라는 이름으로 네 번째 버전이 활용되고 있다. 1997년 GRI(Global Reporting Initiative)는 기업의 지속가능경영 정보 공개에 대한 가이드라인을 제시했는데 그것이 G1으로 불리는 가이드라인으로서 기업의 보고관련 지침의 역할을 해왔다. 이후 전 세계 많은 기업이 보고서를 발간하면서 동 가이드라인을 준용하여 정보를 공개했고 이를 통해 자연스럽게 각 기업의 활동에 대한 비교가능성이 보장되었다.
> 또한 이를 통해 전 세계 기업들의 지속가능경영보고서에 대한 가이드라인 충족 정도를 평가함으로 기업의 지속가능경영 수준을 판단할 수가 있다. G4에 보면, 일반표준공시와 세부표준공시라는 챕터가 있다. 일반표준공시는 프로필과 일반현황, 중요성 평가, 이해관계자 참여, 보고개요 등의 내용이며 세부표준공시는 경제, 환경, 사회의 트리플 보텀 라인을 6가지로 세분하여 지표 형태로 자세한 설명과 함께 요구사항을 다루고 있다.
> 다시 강조하지만, GRI 가이드라인은 기업이 ESG 활동을 얼마나 잘하는지를 평가하는 게 아니고, ESG 활동 내용과 결과를 어떻게 공개해야 되느냐에 대한 가이드라인이다. ESG 경영활동에 대한 세부 지침이라는 것은 꽤 어려운 영역에 속한다. 이는 경영전략의 영역이기도 하고 실무적으로는 컨설팅으로 풀어야 할 수도 있다. GRI 가이드라인에 있다고 무조건 회사가 그 모든 지표를 수행해야 하는 것도 아니다. 물론 기업이 이를 활용해서 정보를 공개하고자 하면 자연스럽게 활동수준에 대한 자가점검이 진행될 수는 있다. 회사의 활동성과가 있어야 정보를 공개할 수 있지만 GRI는 본질적으로는 정보공개에 대한 가이드라인인 셈이다.

GRI G4 가이드 라인

일반 표준공시안 (General Standard Disclosure)		전략 및 분석, 조직 개요, 보고 측면 및 경계(Aspects and Boundaries) 중요한 확인 절차, 이해관계자 참여, 보고서 개요, 지배구조, 윤리 및 성실성 외 총 58개 지표
세부 표준공시안 (Specific Standard Disclosure)	경제	경제성과, 시장지위, 간접경제영향, 구매관행 외 총 9개 지표
	환경	원료, 에너지, 용수, 생물다양성, 내기 배출물, 폐수, 폐기물, 제품 및 서비스, 규제, 운송, 환경비용, 협력사 환경평가, 환경 영향 완화 방식 외 총 34개 지표
	노동	고용, 노사 관계, 보건 안전, 교육훈련, 다양성 및 기회 균등, 남녀 동일임금, 공급업체 노동 평가, 노동영향 완화 방식 외 총 16개 지표
	사회	지역사회, 반부패, 공공정책, 공정경쟁, 규제, 협력사 사회평가, 사회영향 완화방식 외 총 12개 지표
	인권	인권투자, 차별금지, 결사 및 단체교섭의 자유, 아동노동, 강제노동, 보안관행, 현지인관리, 협력사 인권평가, 인권 영향 완화방식 외 총 11개 지표
	제품책임	고객 보건, 안전, 제품 및 서비스 라벨링, 마케팅 커뮤니케이션, 고객 개인정보보호, 규제 외 총 9개 지표

자료: Global Reporting Initiative

	Topic	Key Indicators
일반	조직프로필	조직명, 제품·서비스, 위치, 규모, 근로자 정보, 공급망, 외부 이니셔티브, 가입 협회
	전략	의사결정권자 성명서, 주요 영향·위험·기회
	윤리 및 투명성	조직의 행동규범, 자문 및 신고 매커니즘
	거버넌스	최고 거버넌스 구조, 기능, 역할, 평가, 보수
	이해관계자 참여	이해관계자 목록·식별·이슈 대응, 단체협약 적용 비율
	보고관행	보고 주체, 보고 내용 결정 방법, 중대 토픽, 보고 상세 정보, GRI Standard 부합 방법, GRI Index, 외부 검증
경제	경제성과	직접적 경제 가치, 기후변화의 재무적 영향
	시장지위	주요 사업장 성별 기본 초임 임금 비율
	간접 경제 영향	사회기반시설 투자의 간접 경제효과
	조달 관행	현지 공급업체에 지급하는 지출 비율
	부패방지/공정경쟁관행	부패방지/공정경쟁관행 관련 법적 조치
	조세	조세 접근법 및 국가별 조세 보고

Topic		Key Indicators
환경	원재료	사용한 원재료의 중량이나 부피
	에너지	조직 내외부 에너지 소비 및 에너지 집약도
	용수 및 폐수	용수 사용 및 배출량
	생물다양성	생물다양성 보존 활동
	배출	Scope 1,2,3의 온실가스 배출량
	폐기물	총 폐기물 중량
	환경법규 준수	환경 법규 위반으로 인한 벌금
	공급망 환경평가	공급망 내 부정적 환경영향 및 조치
사회	고용	신규 채용 및 임직원 이직률, 육아휴직
	노사 관계	경영상 변동 최소 통지 기간
	직업상 안전보건	산업안전보건관리 시스템 및 임직원 보건
	훈련 및 교육	근로자 훈련, 임직원 기술 향상 프로그램
	다양성 & 동등 기회	임직원의 다양성, 남녀 보수 비율
	차별금지	차별 사건 수
	결사 및 집회의 자유	결사의 자유 침해 리스크 파악
	아동노동	아동노동발생 위험 파악
	강제노동	강제노동의 발생 위험 파악
	안전 관행	인권 정책 훈련을 받은 보안요원
	원주민 권리	원주민 권리 침해 사건의 수 및 조치
	인권 평가	인권영향평가 사업장 식별 및 임직원 교육
	지역사회	지역사회 참여, 영향평가, 개발 프로그램
	공급망 사회 평가	공급망의 사회 부정적 영향 및 조치
	공공 정책	정치 기부금
	소비자 안전 및 보건	제품·서비스의 안전 및 보건 영향 평가
	마케팅 및 라벨링	제품·서비스의 마케팅 규정 위반 사건
	고객 사생활 보호	고객개인정보보호 위반 및 불만사항 수
	사회경제 법규 준수	사회 및 경제적 법규 위반 건수

녹색분류체계(Taxonomy)와 ESG 채권발행

지속가능금융의 이름으로 최근에는 많은 요구가 있다. 은행권에서 개업대출 관련 ESG에 대한 정보요구 뿐 아니라 기업이 채권을 발행하는데 있어서 ESG를 포함하는 신용평가에 대한 움직임도 포함된다. ESG 채권발행은 ESG 관련된 중요 이슈로 부각되고 있다. 기업은 자금조달 목적으로 채권을 발행한다. 이를 재원으로 투자를 진행한다. 예를 들어 공장을 증설하는 경우, ESG 채권발행이 유효하기 위해서는 공장 지을 때 관련되는 모든 활동이 환경적이어야 된다. 거기에 더해 그 공장에서 생산하는 제품도 환경성에 문제가 없는 제품이어야 하며 이를 증명할 수 있어야 한다. 그런데 사실 간단한 문제가 아니다. 공장운영이 친환경적이라는 것을 자금조달 시점에 확인이 되어야 하고, 실제 공장의 운영도 친환경적이라는 사실이 증명이 돼야 한다. 생산제품까지 친환경적이라는 것을 요구 받는다면 세 단계에서 모두 친환경성이 인정될 필요가 있다. 게다가 다른 차원의 의문도 발생한다. 예를 들어 어느 기업이 ESG 채권, 친환경 채권을 발행을 한다고 해서 앞에서 제시한 모든 과정이 문제없이 통과되었다고 하자. 그래서 ESG 채권 발행 시 인센티브도 받았다고 하자. 하지만 그 기업은 과거에 환경적으로나 사회적 책임에 반하는 악덕기업이었고, 채권발행이라는 구체적인 사안과 관련해서만 ESG를 충실하게 경영에 반영하는 모습을 보였다면 이 기업은 ESG에 충실한 기업으로서 인센티브를 받을 자격이 있을까? 즉 ESG 채권발행에는 두 가지 쟁점이 있다. 하나는 투자관련 프로젝트가 ESG에 부합하는가 여부이며 다른 하나는 그 기업이 ESG 경영에 부합하는 모습을 보이는지 여부이다. 투자관련한 ESG평가는 이미 시작되었지만 현재 채권발행 이슈어(Issuer)

에 대한 평가라든지 프로젝트의 사후평가 등의 부분에 대해서는 구체적으로 규정된 것은 없다. 하지만 기업은 ESG가 계속 중요한 평가대상으로 활용되는 한, 기업에 대한 ESG 평가도 신경 써야 되고, 구체적인 프로젝트 자체에 대한 ESG 평가도 신경 써야 할 것이다. 그리고 이후에 ESG 채권을 상환할 때까지 프로젝트가 친환경적으로 혹은 ESG에 부합하도록 관리되는 것까지도 신경을 써야 된다.

녹색분류체계에 대한 논의도 위에 언급한 사례를 배경으로 활발하게 진행되고 있다. 유럽연합(EU)은 2018년 발표한 지속가능한 성장 지원에 관한 행동계획(Action Plan on Financing Sustainable Growth)을 통해 지속가능한 활동 혹은 택소노미(Taxonomy)를 위한 분류체계의 수립을 촉구했다. 이후 2020년에 EU의 지속가능 금융에 관한 기술전문가 그룹(Technical Expert Group on Sustainable Finance: TEG)은 택소노미 개발을 위한 권고사항을 담은 보고서를 발표하였다. EU의 녹색 택소노미는 체계적이고 포괄적인 내용을 포함함으로써 EU가 녹색경제활동의 분류체계 관련 선도하는 역할을 하도록 지지하고 있다.

EU 택소노미는 2020년 6월에 공식적으로 공개되었는데, 정리된 6대 환경목표(온실가스 감축, 기후변화 적응, 수자원 및 해양자원의 지속가능한 이용과 목표, 순환경제로의 전환, 오염방지 및 통제, 생물다양성 및 생태계의 보호와 복원)와 함께 주목할 내용은 첫째, 하나 이상의 목표 달성에 상당히 기여하면서 둘째, 다른 목표들에 중대한 피해를 주지 않고 셋째, 최소한의 사회적 안전장치를 준수하는 동시에 기술선별기준(technical screening criteria)에 부합하는 경우를 환경적으로 지속가능한 경제활동으로 인정한다는 점이다. 녹색분류체계에 대한 모든 내용은 2020년 3월 발표한 택소노미 보고서에 담겨 있는데 택소노미의 전반적인 구성, 택소노미의 활용지침, 온실가스 절감 및 기후변화 적응에 기여하는 경제활동의 기술선별기준 등에 대한 권고사항을 포함한다. 이 녹색분류체계가 중요한 이유는 EU 택소노미는 역내 회원국들이 금융상품, 회사채의 환경친화적인 정도를 규명하고 규제하는데 활용되기도 하고 금융상품 개발 시에 투자가 택소노미에 부합하는지 검토할 때도 쓰일 수 있기 때문이다. 또한 비재무정보 공시에 지속가능한 활동 전반에 대한 정보를 보고하는 때도 활용될 예정이다.

그린워싱(Green Washing)을 방지하기 위한 목적으로 제정이 추진되는 한국형 녹색분류체계 초안은 EU 택소노미를 근거로 만들어졌다. 우선 환경부는 한국형 택소노미에 규정한 활동에 투자하는 채권만을 녹색채권으로 인정하고, 한국형 택소노미에 활동을 주로 영위하는 기업에 투자하는 펀드만을 녹색펀드로 인정할 예정이다. 인터넷 등이나 여러 언론 및 보도자료에도 한국형 택소노미에 대한 동향과 주요 내용을 충분히 설명하고 있으나 여기서 몇 가지 특징적인 면을 정리하면 다음과 같다.

우선 EU 택소노미의 6대 목표는 동일하게 적용되었다. 또한 이들 6대 환경목표 중 최소 1개 이상을 달성하고 심각한 환경 피해를 주지 않으며 사회 통념상 허용되지 않는 아동노동, 강제노동, 문화재 파괴 등 물의를 야기하지 않도록 하는 최소한의 기준을 갖춘 활동을 녹색 경제활동으로 인정하도록 했다. EU가 유럽 산업분류기준에 따라 세부 녹색활동 판단기준을 만들었던 것과 같이, 한국표준산업분류를 기준으로 87개의 경제활동(임업 5, 농어업 6, 제조업 9, 에너지 27, 환경 17, 수송 및 물류 12, 정보통신 3, 건축물 4,자연생태보호 및 보전 2, 전문활동 및 과학기술개발 등 2)으로 구성되었다.

또한 재생에너지처럼 직접적으로 온실가스 감축을 하는 경제활동뿐 아니라 온실가스 감축에 필요한 기술이나 제품을 생산하는 경제활동, 그리고 기후변화 적응을 위해 진행되는 기상예측과 대응시스템을 기반으로 한 환경기초시설 관리활동, 기상예측 및 대응시스템 개발활동 등도 녹색분류체계에 포함되어 있다. 국내 탄소중립 목표를 달성하기 위한 목적으로 시멘트, 제철·제강, 기초 유기화학물, 플라스틱 등 온실가스 다배출 업종과 관련된 경제활동에 대해서도 업계 최고 수준의 탄소감축 원단위 기준을 충족하는 경우(제품 생산량 대비 온실가스 집약도가 상위권으로 분류되는 경우)에 한국형 택소노미에 포함될 것으로 환경부는 입장을 밝히고 있다.

 한국형 택소노미는 EU 택소노미의 방식을 준용하여 녹색경제활동인지 여부를 판별하기 위한 세부 기준을 담고 있다. 이를테면 동종업계 평균에 비해 얼마나 우월한 기술을 갖췄는지와 같은 기술요건을 본다. 거기에 더해 예를 들면 기후변화 적응대책이나 이행여부, 관련 기술의 세부적인 사항 등도 살피고 환경영향평가를 거쳤는지, 관련 법령을 모두 준수했는지 여부를 모두 확인한 후 이상이 없는 경우만 녹색활동으로 인정한다.

 이러한 방식의 택소노미 활용을 통해 기업이나 금융기관들은 개별 자산, 프로젝트, 기업 활동에 대해 녹색 분류체계의 적합성 여부를 판단해 그 결과를 대외에 공개하게 되며 이를 기초로 녹색경제활동에 대한 적합성 평가기준을 충족하는 비율을 공개할 수 있다. 추가로 기업은 전체 자산(생산설비 및 사업부문 등)에서 녹색 기준을 충족하는 자산의 비율(매출액 규모 기준 비율, 자산규모 비율 등)도 계산할 수 있으며 공개가 가능하다. 따라서 금융기관은 녹색채권, 녹색여신 등 녹색금융 관련 서비스를 제공할 때 기준을 삼을 수 있다.

ESG 공급망관리와 확대된 생산자 책임(EPR)

A라는 기업이 있다면, A의 ESG 성과만 뛰어나면 좋은 것인가? 그렇지 않다. ESG 경영을 수행한다면 A뿐 아니라 A의 상류와 하류에 있는 협력회사 모두가 ESG 경영의 성과가 있어야 한다. 즉 공급망(Supply Chain)에 있는 모든 회사들이 함께 ESG에 대한 노력을 해야만 한다. 여러 글로벌 이니셔티브와 ESG 평가체크리스트는 공급망에서의 ESG성과를 명시적으로 요구하고 있다. ESG 관련 문제가 발생했을 때, 기업의 사회적 책임확대라는 경영환경의 변화 때문에 경영관리 범위가 넓어지는 것으로 이해할 수 있다.

우리 주위에 볼 수 있는 전자회사의 가전제품 수거활동을 생각해 볼 때도 친환경적인 기업의 책임활동의 범위가 과거보다 넓어졌다는 사실을 깨달을 수 있다. 이러한 폐기물 수거는 '확대된 생산자 책임(EPR: Extended Producer Responsibility)'이라고 하는데 이러한 방식의 제도가 확대될수록 기업은 수거해 간 그들의(혹은 타사의) 제품처리를 위해 재활용이 수월하게 될 수 있도록 제품개발 단계부터 친환경적인 고려를 하게 된다.

환경부는 2019년 12월부터 포장재 재활용이 얼마나 쉽게 되느냐에 따라 '최우수', '우수', '보통', '어려움' 4단계로 등급을 나눠 표기하도록 하고 있다. '어려움' 등급을 받은 포장재는 2021년부터 의무적으로 '재활용 어려움' 표기를 해야 한다. '생산자책임재활용(EPR: Extended Producer Responsibility) 분담금'도 20% 더 지불해야 한다. 그 결과 환경부 보도에 따르면 '재활용 용이성 등급제도' 도입 이후 대부분의 기업이 포장재를 적극적으로 개선하고 있다. '재활용 어려움' 등급에 해당하는 페트병 출고량은 2020년 전년 대비 40% 이상 줄었다. 반대로 재활용 최우수 등급을 부여 받으면 분담금을 최대 50%까지 적게 내는 정책을 도입하고 있다. 이러한 방식으로 기업의 경영관리 범위가 넓어지고 있다. 특히 ESG 공급망 관리 차원에서 보면 과거에는 '우리 회사 일이 아니'라고 생각했던 게 모두 회사의 경영의사결정 범위에 포함된다. 그런 측면에서 관리해야 할 서플라이 체인도 넓어지고 기업의 경영의사결정의 범위가 확대되는 현상은 ESG가 우리 앞에 맞닥뜨린 현재에 매우 중요한 이슈다.

스튜어드십 코드(Stewardship Code)

스튜어드십 코드(Stewardship Code)란 연기금이 기업의 의사결정에 개입할 수 있도록 하는 제도를 의미한다. 주인의 재산을 주인의 입장에서 관리하는 포괄적 청지기(스튜어드)로서, 국민연금과 같은 기관투자자가 가입자 재산(투자자산)을 제대로 관리하기 위해 투자기업 의사결정에 적극적으로 개입하라는 취지에서 논의되었다.

앞에서 확인했듯이 원래 유한책임제도는 경영인이 수탁자로서의 의무를 가정하고 있는데, 수만트라 고샬(Sumantra Ghoshal)은 잘못된 경영관행을 만드는 대리인 이론(Agency Theory)을 비판했다. 그가 지적한 나쁜 경영이론 중 대표적인 대리인 이론은 인간을 이익추구에만 집중하는 경제인으로 바라본다. 아무리 규제와 제도적 장치를 발달시켜도 이기심과 경쟁을 자극하는 체제에서는 더 교묘한 방법으로 이기심만 충족하려 하고 이러한 이론과 그에 상응하는 현실은 계속 부정적인 결과만 사회에 가져올 뿐이다. 대리인 이론에 반대개념은 청지기 이론(Steward Theory)으로 볼 수 있다. 천주교나 개신교에서는 인간이 하느님의 청지기적 사명을 받아 지구상의 모든 동식물을 관리해야 하는 의무가 있다고 하는데, 이때 청지기인 인간은 신의 대리인으로서 포괄적인 책임을 지는 것을 의미한다. 따라서 청지기 이론에 의하면 경영자는 주주의 이익에도 부합하는 경영을 하는 것이 가능하다. 같은 맥락으로 투자자의 스튜어드십 코드는 단순히 투자자가 투자이익에만 매몰되는 상황을 가정하지 않는다. 투자자도 자신이 투자한 회사의 올바른 경영, 즉 ESG 경영에 관심을 갖고 목소리를 내야 한다고 본다.

  2010년 영국에서 법으로 도입되기 시작했는데 핵심내용은 기관투자자가 투자대상 회사의 경영에 적극 개입하는 것과 문제 소지가 있는 사안에 대해서는 경영진과의 소통을 통해 개선할 안건에 대해서는 투자대상 회사의 경영진과 사전에 적극적으로 소통해 개선점을 찾아야 할 의무가 해당한다. 국내에서는 국민연금이 2018년 투자한 기업의 경영에 개입할 수 있게 되었다. 우선은 경영참여에 해당하지 않는 주주권부터 우선 도입하고, 경영참여에 해당하는 주주권은 제반여건이 구비된 후에 이행방안을 마련하여 시행하되, 그 이전에라도 기금운용위원회가 의결한 경우에는 시행할 수 있도록 했다. 또한, 기금자산 가치를 심각하게 훼손할 우려가 있는 기업에 대해서는 문제를 적극 해소·개선할 수 있도록 우선 경영참여에 해당하지 않는 범위 내에서 모든 효과적인 수단을 강구하고 적극 이행한다. 경영참여는 원래 정부 원안에 없었으나, 노동계의 요구를 경영계가 수용하여 받아들여졌다.

제3절 ESG 동향과 과제

국내외 정보공개 가이드라인

　최근에 글로벌 선도 금융기관이 ESG와 관련된 요인을 고려하고 계속 강화시키려는 여러 가지 움직임들이 있다. ESG 채권발행은 2021년 초 이미 전 세계적으로 1조 달러 이상 발행돼 있다. 따라서 여기서는 최근의 ESG 관련된 다양한 움직임을 사안별로 짚어 보려 한다. 구체적인 각각의 내용을 자세히 설명하는 것은 지면상의 문제도 있고, 해당 보고서나 별도의 심층자료를 통해서 정보를 습득하는 것이 바람직한 것으로 판단한다. 최근 ESG관련 열풍 속에서 최신 트렌드라 할 수 있는 각 기관의 움직임이나 규제변화 등은 오픈된 정보망을 통해서 간편히 습득할 수 있기 때문에 이 글에서는 해석 측면에서 중요한 변화와 그 의미를 정리하는 것이 필요하다.

　지적했듯이 ESG 정보공개제도의 도입은 기업들이 제일 신경쓰고 있는 사안이다. 한국거래소(KRX)는 'ESG 정보공개 가이던스'를 2021년 초에 발간했다. 이 자료는 ESG의 개념과 정보공개의 필요성, 재무적 성과와의 관계, 이사회 및 경영자의 역할을 설명하고 정보공개원칙과 중요성 평가에 대한 핵심 내용을 제공하고 있다. 마지막에는 이를 바탕으로 보고서 작성 및 공개절차에 대한 안내, 주요 공개지표의 표준이 기술되어 있다. 한국거래소에서 공개한 자료라서 ESG성과와 재무적 성과와의 관계를 특별히 언급하고 있는 것이 눈에 띈다. 마찬가지로 이사회와 경영자의 역할도 구체적으로 제공하고 있는데 이는 거버넌스를 강조하는 ESG 구성요소와 연계된 것으로 보인다. 이 중에서 정보공개원칙의 핵심 내용을 요약하면 다음과 같다. ESG정보는 목적에 맞게 충실하고 정확하게 보고해야 한다. 따라서 중립적 관점에서 부정적 정보를 포함하여 정보편향성을 제거해야 한다. 이는 회사가 진정성을 갖고 경영활동 전반에 대해 적극적인 보고를 해야 함을 의미한다.

국제적으로 주요 흐름 중 하나는 G20 요청에 따라 기후변화에 기인한 재무적 영향 관련 공시체계 마련을 위해 TCFD(Task Force on Climate-related Financial Disclosures)가 설립된 점이다. TCFD는 관련 정보에 대한 권고를 한다. 대표적으로 지배구조와 관련돼서는 기후변화 관련 위험과 기회에 대한 이사회나 경영진의 역할과 기후변화와 관련된 위험과 기회가 회사 전반에 주는 영향이 무엇인지 파악하고 위험관리 프로세스와 감축목표와 관리지표를 공개해야 한다. 따라서 기업은 기후변화 이슈를 사업적인 측면에서 분석을 마치고 그 대응책을 준비하고 있어야 함을 의미한다. 공시하기 위해서는 당연히 모든 분석과 전략이 구비되어야 한다. 주먹구구식으로 접근하는 것은 더 이상 용납할 수 없는 흐름으로 가고 있다. 다시 강조하지만 이 TCFD는 기후변화에 기인한 재무적인, 비즈니스적인 영향과 관련된 공시에 대한 가이드라인이다. 앞에서 언급한 GRI나 ISO26000은 전반적인 분야를 모두 다루지만 결국 해당 가이드라인에서 요구하는 정보는 유사하다. 따라서 기업은 어느 가이드라인과 권고안을 따를 것인지 따져보는 것이 중요한 게 아니라, 공시할 수 있는 실질적인 경영활동의 성과를 확보하는데 노력하는 것이 시급하다.

ESG 평가방식과 정부의 역할

어찌되었든, 현재 한국에서 ESG는 기업의 장기수익률에 도움이 된다는 인식이 확대되어 가고 있다. 이와 연계해서 ESG 평가를 어떻게 하고 무엇으로 평가할 것인가에 관심이 모이고 있다. 대표적인 현행 ESG 평가는 평가기관들의 체크리스트 혹은 가이드라인을 기업이 자체적으로 답변을 달면, 그 내용을 근거로 평가기관이 진행한다. 평가 목적은 아니지만 많은 기업이 발간하고 있는 지속가능성보고서도 유사한 방식이다. 기업이 GRI가이드라인에 맞춰서 보고서 내용을 만들면 이후 검증을 통해 그 내용에 대한 신뢰성과 중요성 판단을 한다. 어쨌든 많은 평가방식이 문제와 답으로 구성되는 형식인데 예를 들어 거버넌스 관련 항목이라면 '어떤 의사결정시스템을 갖추고 있는지 설명'하라는 요구사항에 기업은 근거자료를 제시하며 답변을 하게 된다. 이 같은 방식은 기업이 답변서를 작성할 때, '정답'을 찾아서 시험답안을 제출하는 느낌을 갖게 한다.

참고: ESG 공시 최근동향

공시는 중요하다. 설명책임이라고 할 수 있는 어카운터빌러티 차원에서 공시는 필수적인 흐름이다. 2000년대 전후부터 ESG 요소가 투자수익 또는 위험성을 포함하여 기업가치 및 경제적 성과에 직접적인 영향을 줄 수 있다는 논의가 확대되었다. 이에 EU-회계 현대화 지침(EU Account Modernization Directive 2003/51/EC)에서 연차보고서상 회사의 사업과 성과를 이해하는데 필요한 범위 내 환경, 고용 등의 비재무적 요소를 공시하도록 했다. 특히 영국은 2000년대 초반 연기금에 ESG 정보공시 처음으로 도입했으며 UN PRI(Principles for Responsible Investment)에서도 2006년에 기업의 지속가능한 성장 관련 6대 원칙 발표하면서 본격적으로 공시를 강화하는 움직임이 탄력을 받았다.

EU는 2018년에 '지속가능성장 재원조달 실행계획'의 일환으로 지속가능금융과 관련된 규제내용을 발표했다. 이 계획은 ESG 공시 규정과 분류체계 규정 그리고 저탄소 벤치마크 규정 등을 다루고 있다. 공시에 선제적인 움직임을 보인 영국은 표준화된 기후변화 관련 공시체계 도입을 위해 TCFD(기후변화 관련 재무정보공개 태스크포스)가 제안한 지배구조, 경영전략, 위험관리, 탄소배출량 측정 및 목표 설정에 관한 권고사항을 평가하고, 재무보고서 등에 공개하는 개정안을 발표했다. 이 개정안은 모든 상장기업을 대상으로 2025년까지 적용되어 ESG 정보공시를 법적으로 의무화할 예정이다. 한편 일본은 ESG 공시를 의무화하기 위하여 영국처럼 TCFD 기준을 참고하여 국제적인 기준을 마련할 예정에 있으며, 역시 ESG 정보공개를 의무화할 방침이다. 2021년 현재 ESG 공시를 의무화한 국가들은 20개국으로, 유럽은 2021년 3월부터 연기금을 시작으로 은행과 보험사, 자산운용사 등으로 공시 의무를 확대하도록 계획하고 있다.

참고: 국내 ESG 공시 계획

2019년부터 자산총액 2조 원 이상의 코스피 상장사를 중심으로 기업지배구조 핵심정보를 투자자에게 의무적으로 공시하도록 하고 있다. 특히 2021년 1월 금융위원회는 ESG 책임투자 활성화를 위한 제도적 기반 마련 차원에서 ESG 정보의 자율공시를 활성화하고 단계적 의무화 추진 방안을 발표했다. 핵심내용은 다음과 같다.
- 1단계(현재~2025년): 자율공시 활성화
- 2단계(2025~2030년): 일정 규모 이상(예: 자산 2조 원 이상) 기업에게 ESG 공시를 의무화
- 3단계(2030년 이후): 전 코스피 상장기업 대상으로 지속가능경영 보고서 공시 의무화

문제점은 여기에 있다. 우선 신뢰성에 문제가 있다. 기업의 자발적인 답변과 근거자료의 제시는 자의적이며, 그린워싱으로 흐를 수 있는 유인이 있다. 더군다나 평가기관이 이를 평가하고 각종 시상제도

나 베스트 프랙티스로서 발표하는 등 기업의 ESG 참여를 독려하는 방식으로 활용하고 있기 때문에 기업의 입장에서는 더욱 '정답찾기'에 집중하는 유인이 된다. 둘째는 정답찾기가 주는 폐해가 생긴다. 근본적인 ESG 경영에 대한 관심보다는 단순히 평가기관에 '잘 응대'하는 것이 중요해 진다. 마치 평소 꾸준히 성실한 자세로 공부에 매진하고 학문적 탐구에 집중하는 올바른 자세를 보이는 학생이 자연스럽게 시험에서 우수한 성적을 얻고 학문적 성취를 이루는 것이 옳음에도 불구하고, 평소 학업에 관심이 없다가 때가 되면 여러 가지 수완을 동원해 시험성적만을 잘 받으려는 학생의 잘못된 행동과도 같다.

더군다나 최근에는 시험성적을 잘 받기 위한 컨설팅이 유행하고 있는데, '성공적인' 답변제시로 인해 높은 평가를 받은 기업의 사례와 함께 평가기관이 대외비로 관리하는 평가기준을 입수하여 정답작성을 알려주는 방식이 사용된다. 시험 전에 족집게 과외를 넘어서 부정한 방식의 정답유출과도 같은 방식으로 인해 기업이 ESG에 대해 잘못 이해하고 오히려 사회전반에 ESG의 진정한 공감대형성을 막는 결과를 발생시키게 된다. 물론 타 기업의 성공사례는 벤치마킹 대상으로 산업계 전반의 수준향상에 도움이 되는 절차이지만, 이는 기업이 어떻게 ESG를 추진할 것인가와 같은 근본적인 접근방식에 대한 참고로서 의미가 있는 것이지 성공적인 답변의 재활용이라는 열매만 따는 방식은 아닐 것이다.

한국에서도 많은 기업이 활용하는 GRI 가이드라인의 활용에 대해서 신뢰할 수 있는가에 대해서도 의문이 있다. 지속가능성보고서에 있는 내용이 사실인지 아닌지 검증을 하지만 그 결과를 믿을 수 있냐는 질문에 자신있게 그렇다는 대답이 나올 수 있을까? 그 이유는 회계감사시스템처럼 관리감독이 철저하지 않은 자발적 검증체계이기 때문이다. 회계감사시스템을 통한 검증도 부실감사가 논란이 되는데 자발적 검증이 가진 한계는 당연할 수 있다.

최근 이 같은 검증체계에 대한 개선필요성이 있으나 강제검증 외에도 다른 방식의 평가에 대한 요구가 등장하기도 한다. 최근에 빅데이터를 통한 ESG 평가 방식도 활용된다. 인터넷상에 있는 수많은 기업의 경영활동 관련 빅데이터를 IT기술을 활용해서 분석을 하고 이를 기업들의 ESG 평가에 적용한다. 이러한 방식이 주는 장점은 확연하다. 기업의 정보조작 가능성을 크게 줄일 수 있다. 물론 평소 매체관리를 통해 기업이 인터넷 정보데이터를 관리할 수도 있으나 답안지 작성방식보다 평가데이터의 신뢰성은 높아지게 된다. 앞으로 두 가지 방식은 모두 상호보완적으로 유지될 것이다. 평가체크리스트를 면밀히 분석을 해서 우리 회사의 현 상황(As-is)을 정확히 진단하고 갭을 분석을 하면서 그것을 발전의 기회로 삼아, ESG 경영을 제대로 추진할 수 있다. 또한 빅데이터 분석을 통해서 ESG 평가가 이루어지면 상시적으로 ESG 이슈를 다룰 수밖에 없다. 기업 ESG 관련된 정보가 언제 어떻게 새어 나갈지 통제할 수 없기 때문이다. 정보화시대에 기업은 필요에 의해서, 요구에 의해서 체크리스트에 정답을 작성하는 방식으로 응대하면서 경영의 수준을 높여가는 단속적인 활동도 필요하고, 상시적으로 ESG 이슈를 관리하는 시스템도 필요하다.

마지막으로 ESG 평가 체크리스트가 기관별로 수없이 존재한다고 해서 국가가 나서서 ESG 평가 체크리스트 표준을 만들고 기업들이 이를 활용하도록 안내하는 것이 옳은가에 대해서 생각해 보자. 결론적으로 이러한 방식은 의도와 달리 기업에게 큰 도움이 되지 않을 것이다. ESG를 아무리 기업경영에 대한 압박처럼 느낀다 하더라도(이는 잘못된 인식이다) 우리가 살고 있는 자본주의 시스템은 리버럴리

즘에 입각해 있다. 경영활동의 최종 의사결정은 경영자가 하고 그 책임을 지는 것이다. 그러니 회사가 어떤 평가체크리스에 충실히 대응할 것인지는 회사가 맞닥뜨린 상황에서 자체적으로 결정할 일이다.

회사가 ESG 평가체크리스트에 대응을 할 수밖에 없는 상황이 되었다고 가정하자. 이 순간 그 회사는 국가에서 제공한 표준화된 평가체크리스트를 들고서 준비할 것인가, 아니면 회사가 처한 그 구체적인 평가기준에 맞춰 준비할 것인가? 답은 정해져 있다. 기업이라면 당연히 구체적인 요구를 하고 있는 기관에서 다루고 있는 평가체크리스트를 가지고 준비할 것이다. 또한 상시적으로도 일관된 경영활동을 위해 같은 체크리스트를 기준으로 삼을 것이다. 국가가 개입해서 강제적으로 요구할 수는 없다. 사실 대부분의 평가항목이 대동소이하며 유사한 요구사항을 다루고 있기에 국가 표준을 활용하던, 특정 기관의 항목을 활용하던 다를 바 없다고 주장할 수 있으며, 이 부분에 동의한다. 그렇지만 같은 이유로 굳이 국가의 일반적인 적용을 염두해둔 표준 체크리스트를 사용할 이유도 없으며, 그 이전에 국가가 산업계를 위하는 명목으로 표준안을 만들 필요도 없다. 그보다는 국가 차원에서 지원이 필요한 분야를 찾는 것이 중요할 것이다. 정책적 금리적용 등의 방식이 구체적인 정부의 역할로서 바람직할 수 있다. 기업도 산업의 공동의 목소리를 바탕으로 법제화나 정책적 지원이 필요한 분야를 구체적으로 제안하는 활동이 필요하고 이것이 진화된 이해관계자 참여 내지는 이해관계자 소통활동이다. 기업이 가진 기술을 바탕으로 환경관련 법규 수준을 높여 산업의 경쟁력을 확보하는 방식은 EU의 환경관련 디렉티브가 만들어지는 방식이다.

거버넌스와 사회분야

거버넌스와 관련된 이슈는 조직 내 지속가능경영위원회의 도입이 핵심이다. 회사의 ESG 경영과 관련된 의사결정시스템을 상시운영하는 방식의 경영위원회가 있어야 한다. 거버넌스와 관련된 평가는 주주의 권리보호 정도와 기업의 공시의무의 충실성, 이사회의 구성과 보수, 이사회의 활동에 대한 평가 등이 주를 이룬다. 기업은 따라서 스스로 ESG 전담조직 또는 지속가능경영위원회의 구성여부, 활동목표, 구성 등을 평가하고 관리해야 한다. 구체적으로 그 위원회는 전략적 목표와 방향을 확정하고 성과를 관리해야 하며 ESG의 철학에 맞는 사업을 성장기회로 삼고 새로운 모멘텀을 준비해야 한다. 또한 거버넌스와 관련하여 간과할 수 없는 요소는 전문인력의 확보와 역할이다. 구체적으로 대부분의 평가항목은 'ESG와 관련된 전문가가 어떤 역할을 하고 있는가?'를 포함한다. 경영의사결정에 참여하는 사외이사 여부도 포함한다. 추가로 배당성향이라든지 이사회 성별구성과 같은 구체적인 사안도 거버넌스와 관련된 평가항목이고 관련 법도 이를 지지하는 방향으로 개정해 가고 있으므로 기업의 관련 사안에 대해서 미리 준비할 필요가 있다.

또 하나의 이슈를 얘기하면 공정거래 관련된 내용이다. 이미 공정거래법은 상당히 구체적으로 강하게 작동하고 있기 때문에 기업입장에서는 이를 법적 규제요건으로 인식하기 쉽다. 2020년 말에도 사익편취에 대한 규제대상을 확대하거나 지주회사의 자회사에 대한 규제를 강화하는 방향으로 법개정이 이뤄졌듯이 공정거래에 대해 기업은 더욱 경각심을 가지고 관리해야 할 필요가 있다.

ESG와 관련된 사회분야의 평가에는 기업 내무 인적 자원 관리(고용 조건, 고용 평등, 근로자 안전 등), 협력업체와의 상생과 공정거래, 고객 정보 보호, 사회 공헌 활동 등의 다양한 이슈가 포함된다. 또한 사회분야에 대한 평가가 ESG 내에서도 점차로 중요해지고 있다. 예를 들어 국내에서는 사회 이슈화가 되는 산업안전보건 관련 법령과 중대재해법 등에 대해 경영관리의 중요사안으로 관심을 가져야 한다. 이러한 이슈는 기업의 자발적 노력을 강하게 요구하고 있으며 ESG 투자가 강화됨에 따라 해당 요소들에 대한 투자자들의 개선 요구, 민간 차원의 사회적 모니터링 활동도 강화될 것을 예상할 수 있다.

인권경영인증제도 등의 시행과 맞물려 기업들은 인권보장에 대한 관심이 필요하며 이른바 인권경영의 전향적 자세가 필요하다. 부당해고와 직장 내 괴롭힘에 대한 법령 강화와 52시간 근무제 등의 다양한 인권경영 노력이 제도화되고 있기 때문에 기업 내부의 자발적인 인권교육, 인권 취약지대 모니터링, 예방 조치 등에 대한 노력과 성과가 요구되고 있다.

조직 구성원에 대한 인권이슈는 시민의식의 성장과 정보통신의 발달로 인한 정보공유 가능성 증가, 기업의 평판 및 브랜드가치와의 연결성을 고려하면 관리실패로 인한 부정적 사건과 사례가 공적인 이슈로 확산될 때의 리스크가 매우 커졌다. 브랜드 이미지 추락이나 불매운동 등의 확산은 이미 당면한 현실이다. 이에 더하여 조직 구성원의 성별, 인종, 출신 등과 관련된 다양성 이슈도 관리적 차원에서 중요해지고 있으며 내부 이해관계자인 종업원들의 회사에 대한 평판 모니터링이 강화될 필요성도 증가했다.

ESG 펀드

블루칩이란 주식시장에서 높은 수익률을 보장하는 대표적인 우량주를 일컫는다. 이 주식은 불황에 대한 저항 능력이 강하고 장기간에 걸쳐 고수익·고배당을 유지하기 때문에 지명도나 신뢰도가 모두 높은 주식이다. 따라서 투자자는 블루칩을 찾아서 투자하게 된다. 전통적으로 블루칩이 중요한 투자처인 셈이다. 하지만 ESG 시대에 전통적인 블루칩의 속성에 없던 환경적, 사회적 성과를 중요하게 고려하기 시작했다. 따라서 우리는 블루칩이 아니라 그린칩이라고 불리는 ESG 경영성과가 뛰어난 주식에 관심을 갖게 되었다. 사회책임투자(Social Responsible Innvestment: SRI)라고 불리는 투자방식과 SRI펀드라고 칭하는 투자상품을 생각할 수 있다.

그린칩과 블루칩은 이처럼 구분이 됨에도 불구하고, 현실에서 그린칩으로 구성된 펀드, 즉 ESG펀드를 보면, 그 세부종목이 블루칩이 아닌가 하는 느낌이 드는 경우가 많다. 사회적, 환경적으로 논란의 여지가 있는 기업의 주식이 그린칩으로 펀드에 포함되어 있다면 진정한 SRI펀드라고 볼 수 없을 것이다. 블루칩을 모아놓은 펀드를 마케팅 차원에서 SRI라는 명칭을 씌운 것이라면 문제가 있다. 이러한 현상도 역시 ESG 평가의 신뢰성과 관련된 사안이다.

원래 수익성이 좋은 기업들을 모아놓은 펀드인데 이름만 ESG펀드라고 하는 건지에 대해서 논쟁은 여전하다. 이것이 해결되는 가장 근본적인 방법은 이해관계자의 사회적 책임 증대이다. 이해관계자가 이해관계자로서 기업에게 올바른 요구와 사회적 태도를 보인다면 그린칩과 블루칩의 구분이 사라질 것이다. 이상적인 이야기로 들릴 수 있지만 그린칩이라는 것이 이미 경제적 성과와 환경사회적 성과가 함께 나타나는 주식을 의미하는 것이기 때문에, 그러한 기업이 많아지기 위해서는 이해관계자의 사회적 책임이 중요하다. 이 같은 논란과 숙제에도 불구하고 지금은 ESG를 표방하는 펀드가 계속 증가하고 있다.

> 투자자는 투자전략을 바꿔가고 있다.

> 따라서 기업은 경영전략에 ESG 요소를 포함해야 한다.

> ESG정보공시 요구에 대한 적극적 대응이 필요하다.

   지금까지 전달한 ESG 동향과 과제에 대해 정리하면 다음 그림과 같다. ESG가 경영의 화두가 된 현재, 투자자는 과거와 달리 투자전략을 바꾸고 있으며 기업은 이에 발맞춰 경영전략에 ESG 요소를 포함해야 하고, 그 결과를 바탕으로 ESG 정보공시 요구에 적극적으로 대응해야 한다.

제3장

기업의 전략과 중대성 평가

제3장

기업의 전략과 중대성 평가

제1절 전략경영과 ESG

전략경영 소개

"전략적으로 경영한다."는 말은 항상 들어왔던 표현이다. ESG 경영도 마찬가지로 전략적인 경영활동이어야 한다. 이견이 있을 수 없다. 다양한 개념들의 검토와 기업의 사회적 책임과 관련된 역사적 흐름, 기업의 본질적 존재이유를 고려해 봐도 ESG라는 경영환경의 변화요인은 전략적인 기업의 선택과 행위를 요구한다. 그렇다면 전략적 경영의사결정이라는 것이 무엇인지 검토해 볼 필요가 있다. 이 글을 접하는 독자 중 일부는 대학에서 경영학을 전공했거나 회사에서 경영의 일부를 경험한 전문가일 수 있다. 하지만 경영학을 전혀 모르거나 학습이 필요한 독자도 있을 수 있고, ESG와 전략경영의 연결을 검토하는 입장에서 전략경영의 주요 내용을 요약하여 정리하는 것이 필요하다고 생각한다.

경영대학에서 전략경영은 일반적으로 3~4학년의 전공필수과목으로 배정되어 있다. 일반적으로 이해되는 전략경영의 학습목표는 학생이 나중에 기업에서 의사결정의 순간에 서게 됐을 때 수업을 통해 배운 전략적 판단도구와 고려사항을 종합하여 올바른 판단을 하는 데 있다. 저자가 학생들에게 강의하는 전략경영 과목의 학습목표도 유사하다.

"기업 경영 시 요구되는 경쟁우위와 핵심역량의 전략적 의미를 이해하고, 경영환경과 기업의 행태, 경영자가 갖추어야할 문제해결 능력과 분석력 및 논리적 사고를 전략적 관점에서 학습 연구한다. 경영 현장에서 사용되는 다양한 전략의 기법을 습득하여 체계적인 경영전략 수립 능력을 배양한다."

본서에서는 한 학기 동안 이뤄지는 대학의 전공수업과 같은 내용을 모두 설명하지 않는다. 또한 전통적인 전략경영의 측면만을 요약하지도 않는다. ESG라는 경영환경의 변화를 기업이 어떻게 받아들이고 이를 전략에 반영해야 하는지 판단하는데 있어 필요한 내용만을 정리하여 전달할 것이다.

전략경영의 두 가지 관점

경영전략, 혹은 전략경영(경영전략과 전략경영은 혼용하여 사용한다. 여기서도 두 단어를 특별한 구분없이 혼용할 것이다)의 정의는 무수히 많다. 특히 전략이라는 단어는 전략경영에서 얘기하는 모든 내용을 아우르는 힌트가 된다.

전략은 말 그대로 전쟁터에서의 책략이다. 전쟁에서 이기기 위한 방책이다. 영어로 스트레이티지(Strategy)라고 하는 이 단어는 고대 그리스어인 'Strategos'에 있다. 이는 두 개의 단어가 합성된 것이다. 'stratos'는 군대를 뜻하고 'agein'은 '이끌다, 몰아가다 혹은 움직이게 하다'라는 뜻이다. Strategos는 기원전 약 550년경의 고대 그리스에서는 군대의 장군이라는 의미로도 사용되었다. 따라서 군대라는 의미와 지도자의 의미가 복합된 단어다. 한자어나 영어 모두 전쟁을 배경으로 하는 이 단어는 전쟁에서 이기기 위한 방책과 이기도록 하는 사람을 뜻하므로 동서 구분 없이 동일한 맥락적 의미를 갖고 있다.

전쟁터에서의 승리는 다른 말로 하면 적을 멸망시키는 것이다. 전쟁은 비기는 것이 없고 승리나 패배밖에 없다. 내가 산다는 것은 적이 죽는다는 것이다. 따라서 경영전략은 경쟁사와 생사를 건 싸움의 의미를 포함한다. 우리가 전략적 의사결정이라고 사용하는 표현은 결국 시장이라는 전쟁터에서 경쟁사를 '죽이고' 경쟁에서 승리하는 것을 목표로 하는 의사결정이다.

이것은 매우 중요한 의미를 갖는다. 경영전략의 가장 중요한 속성이 '경쟁에서 승리'하는 것이기 때문에 상대적인 개념이 된다. 내가 승자가 되는 방법은 경쟁사보다 나으면 된다. 절대적으로 최고의 수준에 올라서는 것이 아니다. 경쟁사보다 앞서서 시장의 요구를 의사결정에 반영하고, 경쟁사보다 시장의 지배력이 조금이라도 높으면 승리할 수 있는 것이다. 경쟁우위(Competitive Advantage)의 개념은 여기에서 비롯된다. 즉 ESG와 관련된 이슈를 경쟁사보다 먼저, 경쟁사가 미처 쫓아올 수 없도록 사업의 기회로 삼아 경쟁에서 승리하는 것이 필요하다.

"경영전략은 (ESG라는 경영환경을 기회로 삼아) 경쟁우위를 바탕으로 경쟁사와의 경쟁에서 승리하기 위한 의사결정이다."

그런데 알프레드 챈들러(Alfred Chandler Jr.)는 전략의 의미를 기술하면서 '기업의 장기적인 목표의 결정과 그 목표를 달성하기 위한 행동을 결정하고 경영자원을 배분하는 것'이라는 표현을 썼다. 경영자원을 배분하는 것이라는 표현은 전략경영을 이해하는데 매우 중요한 개념이다. 경쟁에서 승리하기 위해서는 자기 자신을 알아야 한다. 지피지기 백전불패라는 고사성어도 같은 이야기를 전한다. 따라서 자신의 역량을 아는 것은 싸움에서 이기기 위한 필수조건이다. 기업도 시장에서 경쟁자와 경쟁하기 위해서는 자사의 경쟁력에 대한 객관적 평가가 필요하며 더 나아가 자신의 역량을 어떻게 활용할 것인가가 중요하다. 기업이 가진 역량은 한정되어 있으며 그 역량이 가장 효과적으로 발휘되도록 보유한 역량을 최선으로 할당하는 것이 중요하다. 역량의 보유뿐 아니라 역량의 활용도 역량의 일부가 된다. 그리고 자신이 가진 역량은 남들이 흉내 내지 못하는 것이어야 하며 우리는 이것을 핵심역량이라고 부른다.

> "경영전략은 (ESG라는 경영환경을 기회로 삼아) 기업이 보유한 핵심역량을 바탕으로 경쟁우위를 창출하여 경쟁에서 승리하기 위한 의사결정이다."

희소한 경영자원을 핵심역량으로 만들어 경쟁우위를 창출하는 것이 경영전략의 가장 중요한 속성이다. 1950년대 이후, 본격적으로 1980년대 이후 논의된 전략경영론의 두 가지 흐름은 내부적 관점인 핵심역량(자원배분)과 외부관점인 경쟁우위로 압축된다. 후자가 먼저 관심을 받았고, 이후 자원기반이론의 각광 속에서 전자가 관심을 받았으며 지금은 두 가지 논의를 모두 중요하게 고려하고 있다. 그렇다면 "ESG를 전략적으로 해야 한다."는 표현도 기업의 핵심역량과 경쟁우위의 요소로서 ESG라는 요인을 어떻게 활용할 것인가라는 문제로 귀결된다. 앞서 확인대로 CSV에서 포터가 주장한 세 가지 추지방식도 역시 핵심역량 확보와 경쟁우위 창출이라는 측면에서 해석이 가능하다.

기업의 목표와 전략방향 검토

앞에서 설명한 전략경영의 학문적 관심사를 이해하는 두 가지 관점은 내부적 관점과 외부적 관점으로 표현할 수도 있다. 기업현장에서 전략방향 설정과 구체적인 실행계획을 수립하는 과정에서도 우선적으로 외부환경분석과 내부역량분석을 진행한다. 경영의 모든 분야에 대한 기능별 전략을 수립할 때도 마찬가지다. 따라서 기업이 현재 처한 경영환경을 분석하기 위해서는 SWOT분석이라는 방법을 사용하는데, 그 맥락이 전략경영의 두 가지 관점에 상응한다. 그림에서 보는 바와 같이 SWOT분석은 기업의 강점과 약점, 경영환경의 기회와 위협요인을 분석한다.

SWOT분석의 유용성이나 사용방법에 대한 설명을 여기서 굳이 반복할 필요는 없다. 실무에서도 빈번하게 활용하지만 SWOT분석은 딱히 설명력이 높은 유용한 분석도구는 아니다. 또한 실무에서는 오해가 있지만 SWOT분석을 통해서 전략방향을 도출할수도, 전략적인 시사점을 바로 얻을 수도 없다. 현대에는 단지 전략경영의 두 가지 관점에 대한 인식을 할 수 있는 도식화된 표현방식이며 기업이 처한 상황을 한 장의 그림으로 표현함으로써 향후 전략방향의 설정에 활용할 수 있는 자료로서의 가치를 지닌다.

하지만 SWOT분석은 강점과 약점이 기업의 경영자원과 핵심역량, 조직구조, 리더십과 기업문화와 같은 전략경영의 내부자원의 효율적 활용과 연계되는 기초적인 시각을 제공하고, 기회와 위협은 산업구조분석의 기본적인 틀을 제공한다. ESG 경영을 도입하는 기업은 현재 수행하고 있는 사업의 방향성 설정이나 경영전략의 수립이 필요한 시점에 경쟁우위와 핵심역량에 대한 검토를 해야 하고 SWOT분석에서 제공하는 개념에서 출발하는 것이 바람직하다. 예를 들어, 전자산업과 화학산업은 산업구조가 다르기 때문에 전자산업에서의 위협요인과 기회요인은 화학산업에서의 위협, 기회요인과 다르다. 따라서 회사의 전략을 수립할 때 기본적으로 회사가 속한 산업구조의 특성에서 출발해야 한다. 회사가 어떤 산업에 있느냐에 따라 ESG의 요구는 분명히 다르다. 따라서 회사는 ESG를 도입할 때 업종의 특성에 맞는 환경분석이 선행되어야 한다. 강조하지만 회사가 어떤 산업특성에 속해 있는가를 확인하는 것이 ESG 전략분석의 시작이다. 그 이후 현재 회사의 강점과 약점을 매핑해야 한다.

기업의 전략은 크게 3단계로 그 층위를 구분할 수 있다. 첫째는 기업전략으로 기업의 활동범위, 즉 어떤 사업에 진입하고 탈퇴할 것인가에 대한 전략을 중심으로 본다. 그 하위에는 사업전략이라 할 수 있는데 우리가 강조하는 '경쟁우위'의 개념이 적용된다. 따라서 기업이 영위하는 각 사업군에서 어떻게 경쟁우위를 창출하고 유지할 것인가에 대한 답을 찾는다. 마지막은 기능별 전략으로 볼 수 있는데, 회사의 여러 기능인 생산, 마케팅, 인사관리에 대한 전략이 해당된다. 이러한 각 층위 전략은 하나의 목표에 일관성을 갖고 연결이 되어야 하고 경영전략의 최종목표는 경쟁자 보다 높은 수익률 얻는데 있다.

바꿔서 표현하면 경쟁자보다 높은 수익률을 올리는 방법은 첫째, 기업전략 측면에서 어떤 사업에 진입하고 어떤 사업을 버릴 것이냐에 대한 의사결정이 있어야 한다. 기업전략의 핵심일 뿐 아니라 ESG 전략의 중심이기도 하다. 둘째는 그렇게 결정된 회사의 (주력)사업의 경쟁우위 요소를 재검토 하는 것이다. ESG 전략은 기업이 경쟁우위 요소에 대한 근본적 검토를 요구한다. CSV의 제품과 서비스의 재설계와 가치사슬의 재정립은 같은 맥락에서 이해할 수 있다. 종합하면 어떻게 경쟁우위를 만들어낼 것인가와 어떤 사업을 버리고 어떤 사업을 취할 것인가가 회사의 수익률을 높이는 가장 핵심적인 질문이고 ESG 전략이다. 화학회사가 전기자동차 배터리 전문 업체로 성장하는 방식은 위에서 제시한 ESG 전략의 한 예로 볼 수 있다.

전략목표: 경쟁자보다 높은 수익률

기업전략: 어떤 사업에 진출하고 탈퇴할 것인가

사업전략: 각 사업의 경쟁우위를 어떻게 만들 것인가

기능별전략: 기능별 전략목표 달성을 위한 활동을 어떻게 할 것인가

ESG를 경영관리 목적으로 다루는 이슈도 많다. 인사관리 체계에 대한 내용이라든지 내부 감사 등과 같은 윤리 관련 이슈가 해당된다. 기능별 전략은 이러한 내용에 해당한다. 같은 기능별 전략이라도 생산전략이나 마케팅전략은 사업전략과 직접 연결되는 측면도 강하고 ESG 전략의 틀 내에서 연동하여 고려할 수 있으나 관리적 이슈는 사업과 직접 연관짓기 쉽지 않다. 하지만 경영전략의 위계구조를 보면 모든 전략은 하나의 목표를 지향하고 ESG 전략도 같은 맥락에서 이해해야 한다. 이 책의 앞부분에서 지적했듯이 '지금 사업에 집중해야 할 때이니, ESG는 좀 나중에 고려하겠다.'는 표현은 그래서 매우 잘못된 시각이다. 사업에 바빠서 ESG는 나중에 봐야할 것이 아니라 그 자체가 사업이고 전략인 것이다.

1993년 토요타 자동차에서 전기와 가솔린의 하이브리드 자동차의 선구자인 프리우스를 개발할 당시, 토요타 에이지 명예회장은 '곧 21세기도 오니, 중장기적으로 자동차 본연의 모습을 새롭게 고민할 필요가 있지 않을까'라는 말에서 시작되었다고 전해진다. 토요타는 곧 프로젝트 팀 'G21'을 결성했는데 'G'는 지구를 의미하는 글로브(Globe)의 머리 글자고 '21'은 21세기를 뜻했다. 프리우스라는 이름의 하이브리드 자동차가 처음 상용화 되고 인기를 얻는 것을 보면서 만일 이런 질문을 던진다고 하면 어떻게 답할 수 있을까?

"토요타가 환경을 고려해서 프리우스를 개발했을까, 아니면 돈을 벌기 위해 프리우스를 개발했을까?"

정답은 둘 다 맞다. 토요타는 친환경 요소가 새로운 시장기회를 만들어 줄 것이라는 생각을 했던 것이다. 포터가 CSV에서 제안한 '제품과 시장의 재인식'에 해당하는 사례이다. 회사가 비즈니스를 새롭게 고민하고 있다면 더더욱 ESG 이슈를 고려할 필요가 있다.

5-요인 분석과 성공요인 도출

포터가 제시한 5-요인 분석(Five Forces Analysis)은 산업구조분석의 대표적인 방법론이다. 자주 언급되는 마이클 포터에 대해서 한번쯤은 살펴볼 때가 되었다. 그는 최초 프린스턴 대학에서 항공공학을 공부하고 하버드대학에서 MBA 과정을 마쳤다. 이후 박사학위는 경제학을 전공했는데 그의 박사학위에서 제시한 것이 지금 이야기할 5-요인 분석이다. 경제학부에서 우수논문상을 받은 그는 처음에 하버드 비즈니스 스쿨에서는 좋은 평판을 얻지 못했다. 그의 학위논문에 대한 평가가 낮았기 때문이었다. 이후 부교수 승진탈락의 위기에서 유예기간을 얻었고 그 시기에 출판한 [경쟁의 전략]이라는 책이 베스트 셀러가 되면서 유명세를 타기 시작했다.

그는 5-요인 분석 외에도 이후 이 책에서 제시할 '가치사슬분석'이라는 경영분석도구를 제시했다. 포터는 기본적으로 포지셔닝(Positioning)을 중시했다. 전략경영의 목적은 수익률을 높이는 것이기 때문에 당연히 기업은 이익을 낼 수 있는 시장을 찾아야 하며 더 나아가 경쟁사를 이길 수 있도록 제품과 서비스의 위치(포지셔닝)를 확보해야 한다. 이러한 접근은 아무리 기업이 역량(Capabilities)이 있다고 해도 포지셔닝이 보다 우선된다는 그의 견해를 뜻한다. 결국 5-요인 분석은 경제학적 배경의 그가 산업구조 분석에 기반하여 이익을 낼 수 있는 시장인지 여부를 판단하는데 쓰이는 도구로서 개발한 것이다. 포터는 트레이드 오프의 의미를 경영자가 이해해야 한다고 밝혔다. 즉 어떤 무기로 시장에서 싸울 것인지 어떤 포지셔닝을 목표로 할 것인지 분명히 하라는 뜻이다.

이렇듯 산업구조분석은 사업부 수준의 전략과 기업전략을 수립하는

데 매우 중요한 역할을 한다. 산업의 구조적 특성을 이해하면 그 산업의 미래의 전망에 대해서도 분석할 수 있다. 또한 그 산업에서 성공하는데 필요한 산업 특유의 성공요인을 파악할 수도 있다. 그는 산업구조분석을 위해 다섯 가지 요소를 선별하여 경쟁분석의 주요요소로 보았다. 그림은 5-요인 분석의 전체 구조를 나타낸다.

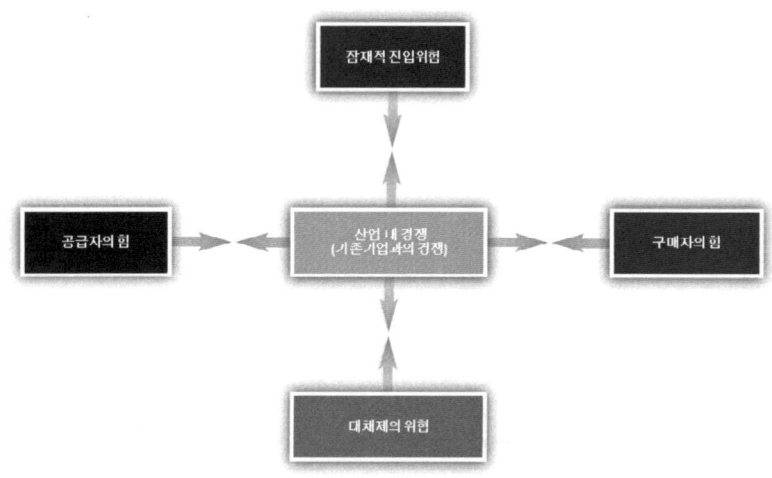

먼저 산업 내 경쟁은 기존 기업과의 경쟁을 의미하는 것으로 산업의 집중도, 경쟁기업과의 동질성과 이질성의 정도, 제품의 차별화정도, 초과생산능력, 변동비 대 고정비의 비율, 시장성장률, 산업의 경기변동, 퇴거장벽의 유무 등이 해당된다. 둘째로 잠재적 진입자와의 경쟁에 해당하는 요인은 규모의 경제효과와 자본소요량의 크기, 절대비용우위요소의 존재여부, 제품의 차별화정도, 유통채널의 활용능력, 정부규제와 제도적 진입장벽, 기존 사업자의 보복 등이다. 셋째, 대체재와의 위협요소로는 대체재의 유무가 중요하며 대체재에 대한 구매자의 성향이 쉽게 대체재로 옮겨가는가와 대체재가 얼마나 유용한가 여부에 따라 결정된다고 본다. 넷째, 구매자의 힘은 구매자의 교섭력과 구매자가 지닌 가격민감성이 해당된다. 구체적으로는 공급자에 대한 구매자의 상대적인 크기와 구매자의 전환비용, 구매자의 정보능력, 구매자의 후방통합능력이 교섭력에 해당하고, 총비용 중 원자재 비용의 비중이나 구매자의 이익률 수준, 제품품질의 중요성 여부가 가격민감성에 포함된다. 마지막으로 공급자의 힘은 구매자의 힘에 미치는 결정요인을 반대로 생각하면 된다.

포터는 이러한 요소들을 일목요연하게 분석하면 산업의 구조를 이해하고 산업 전체의 수익률의 높고 낮음을 파악할 수 있으며 각 산업의 미래 수익성을 예측할 수 있다고 보았다. 이와 관련하여 장세진 교수는 그의 저서 '경영전략'에서 자동차 산업을 통해 분석의 장점을 설명했다. 자동차 산업을 예를 들면, 내수시장 기반의 자동차 회사가 자리 잡았던 시절을 지나 수요의 동질화로 인해 글로벌 시장이 하나로 만들어지고 경쟁이 심화되면서 제품의 동질성이 강화되었다. 결국 수익률의 약화로 이어져 규모의 경제효과가 중요한 경쟁력이 되고 전문 부품업체의 교섭력도 강하게 되었다. 이후 친환경 자동차(전기자동차, 하이브리드자동차 등)의 등장과 함께 자동차 산업의 대체재가 많아지게 되었고 이같은 추세는 계속되리라 본다. 즉 내연기관 자동차와 친환경 자동차의 경쟁은 새로운 산업의 특성이 될 것이고 자동차 산업의 수익률은 미래에도 회사들에게 불리한 구도로 진행될 가능성이 높다.

이렇듯 5-요인 분석의 방식으로 산업의 전반적인 경쟁구도를 파악하여 산업의 미래를 예측하는 것이 가능할 뿐 아니라, 산업구조의 특성을 회사에게 유리한 방향으로 바꾸는 것도 기업의 노력여하에 따라 가능하다. 경쟁이 심화되는 산업에서 국제적인 인수합병이나 기술개발의 방향을 정립하여 공급과잉을 제거한다든지 새로운 경쟁 패러다임을 만들 수도 있다. ESG 전략은 지금까지 설명한 산업구조분석을 통해 구체적인 방향성을 확인할 수 있다. 자동차 산업의 사례와 같이 이미 ESG 차원의 친환경전략(전기자동차 등)이 5-요인 분석으로 확인이 될 수 있었으며, 이러한 분석방식은 어떤 산업이라도 산업구조의 특성을 회사에게 유리하도록 이끌 수 있는 도구가 된다. 이 글을 읽는 독자가 회사에서 관련 직무에 있다면 상기 설명한 사례처럼 사업을 분석을 해 보는 것을 추천한다. 좀 더 자세한 내용을 확인하려면 전략경영에 대한 교재를 참고하면 된다. 여기서 강조하는 것은 ESG 전략을 추진하기 위해서도 5-요인 분석은 유용하다는 점이다.

가치사슬분석과 핵심역량 파악

5-요인 분석은 전략경영의 두 가지 관점 중 외부적 관점, 즉 경쟁우위와 관련된 내용이었다. 그렇다면 내부적 관점에 해당하는 핵심역량에 대한 검토도 필요하다. 경영학에서 표현하는 자원기반이론(Resource-based Theory)은 내부 자원의 효율적 활용을 강조한다. 포터는 산업구조분석의 유용성을 5-요인 분석의 틀을 제시하면서 그에게 제기되는 여러 비판에 대응할 필요가 있었다. 그는 맥킨지 컨설팅사가 개발한 비즈니스 시스템을 정교하게 재구조화하여 가치사슬분석(Value Chain Analysis) 도구로 발전시켰다. 전략경영의 두 가지 관점 중에 외부적 관점 혹은 경쟁에서 승리라는 포지셔닝의 중요성을 강조하는 분석도구 뿐 아니라 결과적으로 그는 내부역량의 중요성을 강조하는 분석도구도 개발한 것이다.

이른바 포지셔닝학파와 케이퍼빌리티학파로도 표현되는 두 학파의 전략경영에 대한 논쟁을 잠깐 소개하면 다음과 같다. 포터는 1990년대 일본기업들의 성공과 실패를 분석하면서 케이퍼빌리티학파의 전략론은 전략이 아니라 단순한 업무효율화에 불과하다고 보았다. 일본기업은 시간과 효율화, 다품종화에 집중하고 있었는데 상품 개발 사이클이 짧아지고 품종이 급증했으며 가격이 하락하며 많은 기업이 고효율 저수익의 늪에 빠지게 되었다. 따라서 지속적인 경쟁 우위를 위해서는 포지셔닝보다 역량(케이퍼빌리티)이 중요하다고 주장하는 목소리는 힘을 잃게 되었다. 포지셔닝학파는 크게 세 가지 근거를 들어 그들의 주장을 강조했는데 첫째는 합의를 중시하는 (일본)기업은 전략구축에 필요한 어려운 선택을 회피하며, 둘째, (일본)기업은 고객만족을 지나치게 중시한 나머지 모든 고객에게 그들이 요구하는 상품과 서비스를 제공하려다가 자사의 포지셔닝을 상실했으며 마지막으로 모방에 집중하는 경향을 보였다는 점을 지적했다. 차별적 포지셔닝과 그에 최적화된 기업활동이 경쟁우위의 원천이라고 주장하는 목소리가 커졌지만 효율화도 그렇게 간단한 것이 아니라는 케이퍼빌리티의학파의 주장도 완전히 사그라진 것은 아니었다. 분석을 해 보면 포지셔닝이 좋아도 기업의 이익이 정체되는 사례는 얼마든지 있다는 것이다. 또한 포지셔닝도 쉽게 모방가능할 수 있으며 경영의 질은 결국 내부역량의 개념에 해당하고 같은 업종과 업계에서 같은 전략과 포지셔닝을 선택했다 하더라도 그 성과에 차이가 발생하는 것을 볼 때, 기업의 성공은 포지셔닝의 문제가 아니라 기업경영 능력의 문제로 봐야 한다.

포터는 그의 반대학파인 케이퍼빌리티학파의 주장에 상응하는 도구로 밸류체인 분석을 제안했지만 여전히 그는 포지셔닝, 즉 산업구조에 따른 경쟁우위 요소 창출이 우선이며 핵심역량은 포지셔닝을 실현하기 위한 수단에 불과하다고 생각했다. 하지만 전략경영을 바라보는 두 가지 관점의 논쟁은 끝나지 않았고 우리는 경쟁우위의 요소로서 핵심역량의 중요성도 확인해 볼 필요가 있다.

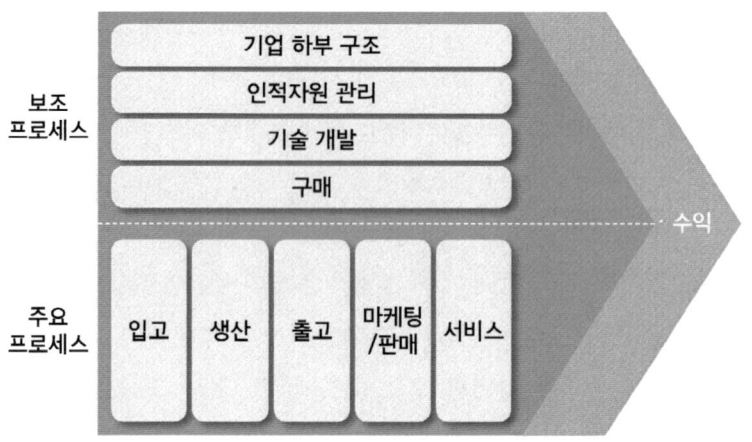

프라할라드는 핵심역량이란 고객에게 가치를 높이거나 그 가치가 전달되는 과정을 효율적으로 만드는 능력이며 기업이 신규사업에 진출할 수 있는 능력이라고 하였다. 이는 단순히 무언가를 잘 하는 능력을 뜻하는 것이 아니라 경쟁우위를 가져올 수 있는 능력을 말한다. ESG 전략추진이라는 입장에서 핵심역량의 특징을 곱씹어 볼 필요가 있다. 우선 핵심역량은 신시장 개척의 중요한 원천이 된다. 또한 경쟁사가 흉내를 내기 어렵다는 특징을 갖는다. 이를 통해 기업은 사업 다각화나 수직적 통합과 같은 기업전략에 기여하고 해외시장 진출이나 전략적 제휴를 효과적으로 운용할 수 있게 해 준다.

가치사슬분석은 이러한 핵심역량을 파악하는데 사용된다. 기업은 가치사슬을 통해 활동분야의 단계를 나누고 가장 뛰어난 경쟁자와 벤치마킹을 통해 자신이 경쟁우위가 있는 부문과 열위가 있는 부문을 알 수 있으며 최종 핵심역량이 어디에 있는지 파악할 수 있다. 그러나 핵심역량을 이해할 때 명심해야 할 것은 단순한 기능별 능력을 뜻하지 않는다는 점이다. 여러 기능별 능력을 종합하여 활용할 수 있는 조직상의 역량이 중요함을 기억해야 한다. 이는 기능별 부서의 능력을 바탕으로 새로운 조합을 이루어 활용할 수 있는 능력이다. 구매, 생산, 물류, 판매, 마케팅, 기술연구, 인적자원개발 등 기능별 역할 간의 연결고리가 있어야 한다. 예를 들면 인적자원관리 개발역량과 우리 회사의 생산역량이 어떻게 연결되어 있는지 확인하고 이 부분에 역량이 있는지 분석하는 것이 중요하다. ESG 전략을 수립하기 위해 핵심역량을 파악하는 것은 당연하다. 가치사슬은 CSV에서 포터가 제시한 두 번째 비즈니스 모형과 함께 이해할 수 있다. 가치사슬의 생산성을 재정의하는 것은 기업의 원가 및 경제적 성과에 영향을 미치는 가치사슬에서 사회적 이슈를 찾아 대응하는 것이다.

또한 포터는 모방하기 어려운 경쟁우위를 액티비티 시스템(Activity System)이라는 개념으로 설명한다. 미국의 사우스웨스트 항공사는 미국의 메이저 항공사의 틈새에서 성공한 기업이다. 이 회사는 주로 대도시 위주의 노선을 운행했던 메이저 항공사와 달리 중소도시를 중심으로 지역을 쪼개 직항편에 집중하며, 타 항공사와 연계서비스나 수화물 연결 서비스도 제공하지 않았으며 오로지 자신들만의 노선만 만들었다. 대신 이용객들의 편의를 위해 잦은 출발시간, 자동발권서비스, 지정석이 없는 탑승, 여행사 연계를 통한 수수료 탈피 등, 비용우위 요소를 강조하며 경쟁우위를 만들어 냈다. 기내식도 없고 모든 서비스를 축소한 대신 평균적으로 타 항공사 대비 직원들의 보수를 높게 책정하여 주인의식을 고취했으며, 종업원 지주제, 노동조합의 운영과 함께 항공기도 단일기종으로 운영하여 정비관리의 효율성을 극대화하였다. 항공기의 회전율도 최대로 높이며 도착과 출발이 15분 내에 즉각적으로 이뤄지는 운영방식도 생산성을 높이는 대표적인 방법이었다. 이러한 운영방식은 타 항공사가 쉽게 따라할 수 없는 형태가 되었다. 그 이유는 가치사슬 상의 모든 기능별 활동이 지금까지 설명한 사우스웨스트 항공의 전략과 일치하는 운영상의 특징이 있었으며 상호 연결되어 어느 하나의 기능별 활동이 달라지면 경쟁우위가 유지될 수 없었다.

ESG 경영체계로 전환하려면 기업 가치사슬 전반에 전략이 녹아있어야 한다. 예를 들어 개발 단계에서 고려해야 할 환경 요인은 DfE(Design for Environment)라고 불리는 친환경 제품개발 즉, 재사용이 수월한 제품을 개발하는 것일 수 있다. 소외된 계층이 사용할 수 있는지(사회적 관점), 지식재산권 보호 이슈(지배구조 관점)는 없는지도 살펴보는 것도 ESG 경영의 일환으로 이해할 수 있다. 마찬가지로 구매 단계에서는 구매 효율을 위한 인프라 구축과 윤리적인 공급처를 찾는 일도 중요한 포인트다. 제조 단계에서는 생산 과정에서 재생에너지 활용을 추구하는 방식이나 운영 효율성을 높이는 것이 환경전략에 해당한다. 더불어 여러 가지 사회적 이슈를 검토하고 인적자원관리 상에서 초과근로는 없는지, 교육과 훈련은 적절한지, 인센티브는 공정한지 등도 살펴야 할 것이다. 액티비티 시스템의 개념처럼 모든 기능별 활동은 하나의 전략적 지향점과 연계되어야 한다.

차별화 전략

포터는 두 가지 경쟁우위 전략을 제시했다. 동일한 제품을 낮은 비용으로 싸게 파는 방법으로 비용우위전략과 차별화된 제품으로 소비자가 그 가치를 누리는데 지불하는 가격 프리미엄을 받는 차별화우위 전략으로 나누었다. 더하여 기업의 제품의 폭이 얼마나 넓은가에 따라서 기업의 전략을 비용우위와 차별화 그리고 집중화 전략으로 구분하면서 전체 세 가지 전략을 전략경영의 방식으로 제시했다. 현대 경영학에서는 비용우위 전략과 차별화 전략을 크게 구분 짓지는 않는다. 기술의 발달로 인해 차별화우위가 있으면서 비용우위가 가능한 경우가 많아지기 시작했다. 이렇게 보면 ESG 전략에 대한 고민은 차별화우위에 집중하는 것이 바람직하다.

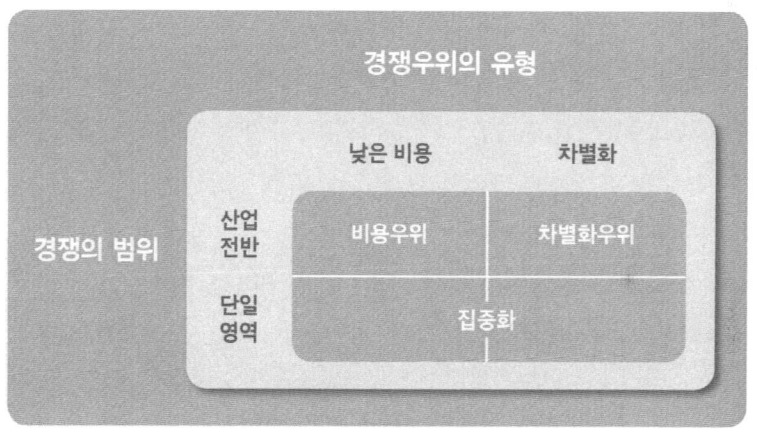

포터는 CSV에서 세 가지 전략의 실행방식을 공개했는데, 제품과 시장의 재인식은 우선적으로 차별화우위와 연결하여 이해할 수 있다. 또한 지역클러스터의 개발도 차별화 요소로서 충분히 접목이 가능하다. ESG 시대에 경쟁우위를 나타내기 위해서 기능의 차별화, 성능의 차별화, 디자인의 차별화. 유통의 차별화 등을 고민하고 ESG에서 강조하는 환경사회적 성과를 고려하는 것이 중요하다.

2-요인 이론의 관점

지금까지 이 책을 통해 독자들에게 전달한 주제는 전략적 사고와 ESG를 고려하는 것은 구분될 수 없다는 것이다. '어려운 의사결정을 보류하는 것이 가장 비윤리적이다'라는 말이 있다. 의사결정을 해야 된다면, 즉 기업을 경영하는 입장에서 혹은 조직의 일원으로서 책임을 지고 있다면 의사결정의 순간에는 의사결정을 해야 한다. 그때의 의사결정은 어떻게 해야 할까? ESG를 고려하는 의사결정이 필요하다. 지금까지 책에서 다뤄온 주제들처럼 ESG를 고려하는 의사결정의 범위는 매우 넓다. 따라서 정답은 없다. 이 책의 시작에서 정답이 없는 질문이 사회과학의 핵심이라고 했었다.

정답이 없다는 말과 바람직한 답이 없다는 말은 전혀 다르다. 그러니 다른 회사가 추진하는 경영의 모습이 우리 회사에 정답일 수 없다. 회사에 바람직한 답은 스스로 찾아야 한다. ESG 경영을 위해서 먼저 생각해 볼 수 있는 것은 리스크 관리다. 현대 경영에서 자주 언급되는 리스크는 전략적 의사결정과 뗄 수 없는 관계다. 그 이후 회사는 수익성을 고려해야 한다. 과거 허쯔버그가 제시했던 2-요인 이론(2-factor theory)을 인용하면 회사는 두 가지 관점으로 ESG 경영을 접근해야 한다. 기업의 입장에서 위험관리(Risk Management)를 못하면 손해가 된다. 비용이 발생하고 나아가 브랜드 가치가 하락하며 평판에 부정적인 영향을 미친다. 이 같은 관점에서 보면 위험관리는 ESG의 핵심실패요인이라 부를 수 있다. 반대로 기업의 수익률, 즉 미래 현금흐름의 가치를 증가시키는 노력은 ESG의 핵심성공요인이다. 앞에서 서술한 전략적 접근방식, CSV에서 제시하는 비즈니스모델 검토, 전략적 CSR의 결과는 수익성을 높일 수 있으며 그 한계는 없다. 위험관리가 CSR의 완성은 아니며, 수익성에만 국한된 ESG접근은 자칫 예기치 못한 사고로 인해 기업가치의 하락을 불러 올 수 있다. 수익성을 높이는 노력은 전략적일 뿐 아니라, 과정적, 전향적, 명시적인 CSR이며, 위험관리는 배분적, 반응적, 암묵적인 CSR활동이라고 정리할 수도 있다. 전략적으로 ESG를 추진한다는 것은 이 모든 관점을 아우르는 활동을 빠짐없이 고려하는 것으로도 설명할 수 있다.

재무론에서 제시하는 전통적인 기업가치 평가방법은 미래현금흐름의 순현재가치를 위험할인율로 나눈다. 분수식으로 표현하면 분모와 분자를 모두 관리해야 한다. ESG를 도입하는 기업은 과거에 재무적 위험과 사업적 위험에만 집중했던 시각을 확장시켜 사회적, 환경적 위험을 확인해야 한다. 이는 분모 값을 줄여서 기업가치를 높이는데 도움이 된다. 마찬가지로 전략적인 기업의 접근방식은 미래현금흐름의 가치를 상승시킨다. 기업가치의 상승은 주식의 내재가치 상승을 의미한다. 즉 ESG에서 제시하는 투자수익률과의 상관관계를 정확히 이해했다면 ESG경영전략과 환경사회적 위험관리 모두에 노력해야 한다.

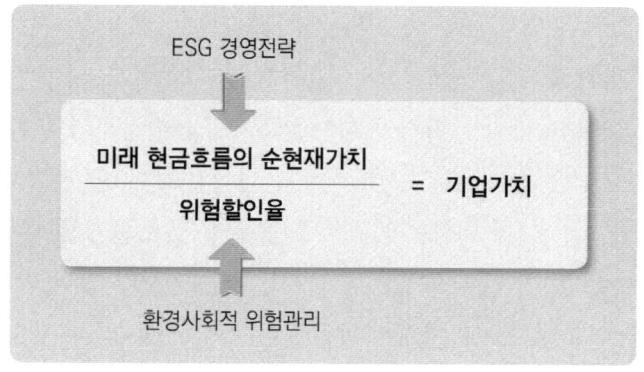

올바른 학생과 기업의 태도

지금까지 잘못된 질문은 계속되었었다. 'ESG 잘하면 돈이 되는가?'라는 질문의 답은 누구도 모른다고 했다. 그리고 이 질문의 의도는 ESG가 사업적으로 도움이 되지 않을 것이라는 잘못된 신념에 기반하는 경우도 많다. 그에 비해 올바른 관점은 'ESG를 통해서 기업가치를 높이는 노력을 어떻게 하면 되는가?'라는 질문이다. 물론 기업은 (아무리 돈이 되지 않는다 하더라도) ESG를 도입해야 한다. 여기서 제시하는 기업가치 향상을 위한 노력은 그 이후의 올바른 자세를 뜻한다. 학생이라면 공부하는 역할을 부여받았고 올바른 방법으로 실력향상에 힘써야 한다. 그것이 학생의 책임이다. 그리고 학습성과를 높이기 위해서는 전략적인 학습방법이 필요하다. 기업도 마찬가지다. ESG를 수행하는 것은 기업운영의 기본으로 이해해야 한다. 그리고 기업의 성과는 전략적인 방법이 필요하다. 물론 학생이 부정행위나 편법적인 방식으로 성적을 올리기 위한 그릇된 학습태도를 보인다면 선생님이나 부모님이 가만 두지 않을 것이다. 그것은 선생님이나 부모님의 책임이다. 이해관계자의 사회적 책임이란 이런 것이다. 만일 회사가 ESG를 등한시 한다면 이해관계자는 책임있는 모습으로 기업의 개선된 모습을 이끌어 내야 한다. 한국 사회에서 이해관계자의 사회적 책임에 대해 지금보다 큰 관심을 가져야 하는 이유다. 물론 선생님과 학부모가 나서기 전에 학생은 자발적으로 공부를 열심히 해야 할 것이다. 한국의 기업들이 ESG를 대하는 자세는 이렇듯 학생이 공부를 대하는 자세와 같아야 한다. 결론적으로 우선 기업은 ESG를 안 하면 위험이 증가하는 부분을 찾고 그 이후 사업적으로 연계할 수 있는 방안을 찾아야 한다.

전략적 사고와 어떤 비즈니스를 할 것이냐는 어떻게 사업을 시작할 것인가에 해당하는 표현이며 이제는 ESG 이슈를 고려해야 된다. 경영전략에 정답은 없다. 하지만 ESG를 귀찮고 비용으로 여기고 필요 없다고 하는 자세와 전략적 판단을 통해 우선순위가 높지 않다고 하는 것은 전혀 다른 얘기다. 전략적 우선순위가 높지 않다는 것은 (회사의 판단에 절차적으로 정당성이 있다면) 이해관계자의 사회적 책임의 몫일 수 있기 때문이다. 우리 회사는 ESG를 어떻게 도입해야 될까? 우리 회사에 필요한 ESG 추진전략은 뭘까? 이 질문은 매우 중요하다. 외부기관에서 제시하는 ESG 평가항목을 보고 그에 대응하는 활동, 즉 체크리스크의 정답 찾기로 충분하다고 착각하면 안 된다. 외부에서 요구하는 체크리스트의 정답 찾기는 며칠 뒤 시험을 앞두고 족집게 과외에 모든 것을 걸고 있는 학생의 자세다. 시험을 잘 치르기 위해서는 평소에 열심히 공부해야 한다. 지배구조를 갖추고 ESG 도입에 대한 계획이 수립되어야 한다. 최종적으로 성적이 잘 나오기 위해서는 물론 둘 다 필요하다. 평소 열심히 하면서 시험 준비도 충실해야 한다. 하지만 현재 한국에서 ESG 논의는 족집게 강의에만 집중되어 있다. 이러한 현상은 바람직하지 않다.

이제 우리에게 남은 것은 회사의 이해관계자가 누구이며, 이해관계자들의 요구를 전략에 반영한다는 것이 구체적으로 무엇을 말하는 것인가이다. 특히 실무적인 관점에서 검토가 필요하다. 왜냐하면 중대성 평가라고 불리는 이것은 ESG 경영을 전략적으로 도입하는 시작이기 때문이다.

제2절 중대성 평가

누가 이해관계자인가

계속 강조했지만 ESG를 위한 전략적 의사결정은 이해관계자와의 관계에서 시작한다. 기업은 자발적으로 ESG와 관련된 이슈를 파악을 해야 하고 내부자원을 효율적으로 활용해서 성과를 도모해야 한다. 이해관계자와 소통이 중요한 이유다. 회사가 자체적인 판단을 내리는 것이 중요하듯이, 이해관계자가 우리 회사에게 무엇을 요구하고 있는지 아는 것이 중요하다.

그러면 첫 번째 질문이 떠오른다. '우리 회사의 이해관계자가 누구냐?'는 질문이다. 앞에서 프리먼이 표현한 이해관계자의 정의를 이야기했다. 여기에 다시 인용해 보면 '조직의 목표달성과 관련하여 영향을 주고받는 그 어떠한 그룹이나 개인'이다. 회사에서는 이 정의로 이해관계자를 특정하기 불가능하다. 더욱이 그렇게 정의된 이해관계자가 그래서 누구인지 특정하기 위한 공인된 기준도 없다. ESG경영의 시작이 어렵다고 느끼는 이유이기도 하다. 우리 회사의 이해관계자가 누구인지는 회사가 '알아서' 판단해야 한다. 미리 말하지만 이해관계자를 구체적으로 특정할 수 있다고 해도 그 이후, 이해관계자의 요구를 어떻게 파악할 것인가에 대한 답도 '알아서' 하는 것이다.

그렇다고 가만히 있을 수는 없다. 기업이 알아서 해야 하지만 우리는 회사가 가진 고민에 동참할 필요가 있다. 회사가 아닌 우리 모두는 잠재적인 이해관계자이기 때문이다. 강조했듯이 사회적, 환경적 책임을 지닌 이해관계자로서 기업들에게 우리의 목소리를 반영하도록 독려하고 소통해야 한다. 누가 이해관계자인가에 대한 질문에 대한 답을 얻기 위해 생각을 정리하는 것이 바람직하다. 지금부터 이 장에서 논의되는 모든 절차는 '중대성 평가(Materialtiy Test)'내지는 중요성 평가라고 불리는 절차이다. 중대성 평가는 구체적으로 기업이 알아서 진행한다. 하지만 일반적인 절차나 원칙, 고려사항을 정리할 수는 있다.

이해관계자를 규명한다면 우선은 이해관계자를 구체적인 행동을 하거나 행동할 가능성이 있는 이해관계자로 국한해 볼 수 있다. 여기에서 제외되는 이해관계자는 어린아이나 성인이지만 사회적으로 독립된 의사표시나 행위에 제한이 있는 사람은 제외될 수 있다. 또한 환경이라는 불특정한 무생물이나 일반 시민과 같이 광범위한 의미를 지녀 이해관계자의 특성이나 요구를 균일화하기 힘든 대상이나 명칭을 제외할 수 있다. 그렇다고 해서 이들이 모두 당연히 이해관계자가 아니라는 뜻은 아니다. 경우에 따라서는 잠재적 이해관계자로서 기업은 관심을 버리지 않아야 한다. 어린 아이인 경우 그들이 소비자로서의 지위가 온전히 사라지는 것은 아니기 때문에 그들의 의사를 대리해서 표현하고 기업에게 요구하는 사람(이를테면, 부모님)이 있다면 기업의 입장에서는 무시할 수 없을 것이다. 환경 그 자체도 기업에게 구체적인 요구를 하는 유기체가 아니지만 환경의 입장을 대변하는 NGO 등의 활동이 있기 때문에 기업은 이해관계자로 인식할 수 있다.

이해관계자는 자신의 이익을 명확히 갖고 있다. 그들은 자신(들)의 이익을 위해서 기업과 소통한다. 환경 그 자체도 환경이 파괴되는 것을 원하지 않는다는 가정 속에 그것이 충족되는 이익이 있다. 이러한 이익은 당연히 이해관계자별로 다르다. 이해관계자도 그들의 위치에 따라 그리고 존재목적(조직이라면 조직의 설립목적일 수 있음)에 따라 추구하는 바가 다르기 때문이다. 따라서 회사는 이해관계자를 구분하는 것이 필요하다. 누가 이해관계자인가를 규명하는 것은 누가 우리에게 중요한 이해관계자인가를 찾는 것과 다르지 않다. 그 시작은 일반적인 이해관계자의 구분기준을 만드는 것이다. 이해관계자의 구분에 가장 일반적으로 적용할 수 있는 기준은 이해관계자의 이익에 맞춰 생각해 보는 것이다(재차 강조하지만 이러한 기준은 '권고'로 이해해야 한다. 회사의 기준은 그 회사가 직접 고민해야 한다). 첫 번째 관점은 내외부 이해관계자의 구분이다. 최근 경영학의 흐름은 시장과 마케팅의 중요성이 확대되는 방향으로 가고 있다. 시장지향적인 조직문화의 성공이 날로 중요해지기 때문이다. 그 의미는 전통적인 구분 잣대인 인사조직분야와 마케팅분야의 구분에 머무르지 않고, 두 분야의 융합적 연구와 실무적 관심의 증가로 확인된다. 쉽게 표현해보면 종업원 만족이 고객만족을 이끌며, 종업원의 충성도가 고객충성도를 부른다. 기업의 이해관계자에서 가장 먼저 고려할 대상은 조직 구성원이다. 그들은 다른 이해관계자 집단보다 기업의 정보에 접근하기가 수월하며 태생적으로 중복적인 이해관계를 지니고 있다. 직원이 소비자일 수밖에 없다. 또한 이들은 회사의 ESG 경영활동에 참여를 한다. 회사가 대외적으로 보이는 모습이 아니라, 진정성 있는 ESG 활동인지 아닌지 누구보다 정확히 먼저 알 수 있기에 회사의 입장에서는 중요하다. 회사가 인권경영을 대외적으로 공표한들 이들이 조직 내부에서 실무적으로 공감하지 못한다면 그 여파는 가장 직접적인 피해로 나타날 가능성이 크다. 대표적인 내부 이해관계자는 경영진, 임원, 종업원 등으로 나눠 볼 수 있으며 회사의 여건에 따라 세분할 필요가 있다. 이렇듯 내외부 이해관계자의 구분은 우선적으로 필요하다.

둘째는 TBL의 관점에서 이해관계자의 구분을 생각해 볼 수 있다. 경제, 환경, 사회적 성과를 균형있게 추구하는 것이 ESG의 기본적인 방향성이라 볼 때, 경제적 이해관계자, 환경적 이해관계자, 사회적 이해관계자의 구분은 유용하다. 이 경우 기업의 성과에 대한 요구는 이해관계자의 이익과 부합한다. 우선 경제적 이해관계자는 영리기업임을 생각해 보면 전통적으로 무시할 수 없는 집단이다. 그들은 경제적 동기가 있기 때문에 다른 두 이해관계자 집단과 기업의 관계에 있어서 균형의 역할을 한다. 그들의 요구는 기업의 유보이익과 환경, 사회적 가치향상에 드는 비용의 중간에 위치한다. 따라서 경제적 이해관계자가 환경과 사회적 책임에 대한 인식이 강할수록 기업의 ESG의 성과는 증가할 수 있다. 그러므로 주주와 채권자처럼 전통적인 경제적 이해관계가 있는 이해관계자의 책임의식이 특히 중요하다. 투자수익률을 직접적으로 신뢰하며 추진하는 ESG이기 때문에 더욱 그러하다. 이 구분 안에는 그 외에도 고객이나 소비자, 경쟁기업, 공급망 상하류에 사업적 관계를 맺는 협력회사와 도급회사, 공급 및 유통기업 등이 포함된다. 과거 경제적 이해관계가 아니었던 집단도 경영의 범위가 넓어지는 ESG 경영환경 하에서는 경제적 이해관계자로 편입될 수 있다. 자회사와 모회사 관계 뿐 아니라 지분관계가 있거나 경영전략의 변화에 따라 전략적 제휴가 있다면 경제적 이해관계자로 포함될 수 있다.

환경적, 사회적 이해관계자는 별도의 구분이 필요 없을 수도 있다. 앞에서 짚어 봤듯이 환경 그 자체는 이해관계자로서 의사표시가 불가능하다. 사회라는 추상적 단어도 마찬가지다. 모두 경제적 이해관계에 포함되지 않는 집단을 아우른다. 흔히 예상할 수 있는 NGO도 사회적 관심사 혹은 환경적 관심사를 가지고 있으면 사회적 이해관계자, 환경적 이해관계자로 표현할 수는 있다. TBL이 기업의 책임을 설명하는 데는 유용하지만 기업의 활동을 환경적 활동인지, 사회적 활동인지 명확히 구분하는 것은 어렵다. 따라서 경제적 이해관계자에 대비되는 개념으로 환경사회적 이해관계자로 구분하는 것이 적절하다. 여기에는 언론, 정부, 지방정부, 전문가 집단, 지역사회, 규제기관, NGO 등이 포함된다. 환경사회적 이해관계자들은 기업의 존속과 관련하여 그 정당성을 부여하는 역할을 한다. ESG 시대에 사회적 가치를 인정받지 못하고서는 기업의 사업영위는 불가능하기 때문이다.

이상의 이해관계자 구분을 정리하면 일반적으로 내부 이해관계자, 경제적 이해관계자, 환경사회적 이해관계자로 구분할 수 있다. 기업의 경영관심의 범주를 기준으로 보더라도 경영의 범주가 내부, 경제, 환경사회로 갈수록 넓어짐을 알 수 있다. 하지만 기업의 이해관계자가 어느 범주에 해당되는지 모호한 경우도 있다. 예를 들어 노조라고 한다면 내부적 이해관계자인지, 경제적 이해관계자인지 헷갈리는 수도 있다. 이를테면 민노총이라면 이들은 사회적 이해관계자일수도 있다. 따라서 개념적으로 정리는 하되, 기업은 구체적으로 자신들의 이해관계자가 맞는지 확인하고 카테고리를 정하는 것이 좋다. 또한 언론이라는 추상적 표현보다는 구체적으로 어떤 매체인지를 규명하는 노력이 필요하다.

누가 더 중요한 이해관계자인가

회사의 입장에서 이해관계자의 우선순위를 정하는 것은 어려운 일이다. 여기서 이해관계자 우선순위를 정하는 방법의 일반적인 방식을 생각해 보자. 먼저 우리가 명심해야 할 것은 이해관계자들은 그들의 이익을 위해서 회사에 요구를 하기 때문에 이해관계자들 간의 이해충돌이 발생한다는 사실이다. 전통적인 이해관계자인 주주만 보더라도

대주주와 소액주주의 요구나 관심사는 매우 다르다. 또한 기업들마다 서로 다른 이슈가 있고 각자 다른 이해관계자들을 대하고 있기 때문에 회사는 자체적으로 이해관계자의 중요도를 판단할 필요가 있다. 이론적으로는 회사가 모든 이해관계자를 동등하게 대하고 소통하며 참여시킬 수 있는 역량이나 자원을 보유했다면 우선순위의 파악이 필요 없을 수도 있다. 하지만 이는 효율적인 경영활동을 지향하는 회사의 입장에서 전략적으로 옳지 못하다.

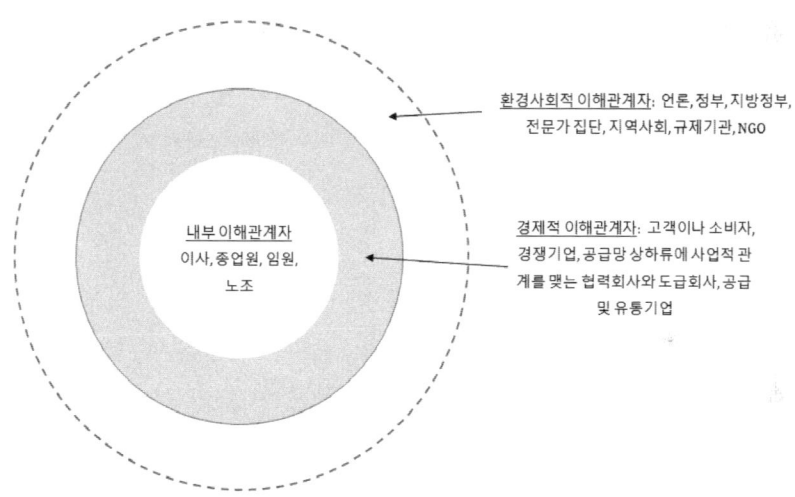

회사가 선택할 수 있는 가장 바람직한 방법은 전략경영의 동태적인 맥락 속에서 현재 중요한 이슈가 무엇인지 끊임없이 반복적으로 확인하는 과정 속에서 그와 관련된 이해관계자의 우선순위를 고려하는 것이다. 즉 중요한 이슈를 분석하면 그와 직접 관련되는 이해관계자를 도출할 수 있다. 앞 절에서 설명한 전략경영의 분석 방법을 통하여 전략적 중요가 높은 이슈를 파악할 수 있다. 21세기 경영환경의 변화속도 하에서는 기업이 이해관계자들이 요구하는 이익을 균형 있게 관리함으로써 성공할 수 있다. 동태적 관점에서 현안을 분석한다는 의미는 잠재적인 이슈와 그에 따른 잠재적 이해관계자의 등장을 미리 고려해 보는 데 있다.

기업은 이해관계자의 모든 이익을 충족시킬 수도 없다. 이는 본질적으로 그렇다. 바꿔서 말하면 이해관계가 상충되는 모든 이해관계자의 요구를 충족시키기 위해서 끊임없이 노력하는 것도 효과적이지 못하다. 그렇다면 기업은 전략체계 내에 이해관계자의 요구와 우선순위를 통합해야 한다. 전략방향별 또는 전략과제별로 실행할 때 구체적인 이해관계자와의 소통으로 세분화하여 관리할 수 있을 것이다. 이해관계자의 우선순위는 구체적인 전략방향이나 전략과제에 따라 달라질 수 있을 것이다. 이러한 방식은 이슈별 이해관계자의 우선순위 파악이란 표현으로 정리할 수 있다.

여기에 보완적인 고려사항도 있다. 이해관계자의 우선순위에 밀린다고 하더라도 계속해서 그들의 요구를 무시할 수는 없다. 예를 들어 지방정부나 연구기관 같은 전문가 집단은 환경사회적 이해관계를 가지고 있으나, 기업의 경영활동에 민감한 요구를 상시적으로 하지 않는다. 하지만 정책도구를 통하거나 여론을 선도하는 역할을 통해 기업의 활동을 극적으로 제한할 수도 있고 통제할 가능성이 있다. 따라서 비록 중요한 현안과 관련된 이해관계자의 존재로 인식이 되지 않더라도 기업의 입장에서는 관심을 거두면 안 된다. 또한 강조하지만 기업이 맞닥뜨리는 이슈는 변화한다는 사실을 알고 상시적으로 이해관계자와 이슈에 대한 분석을 해야 한다. 이는 전통적인 전략경영의 시각에서 봐도 마찬가지다. 전략적 대응이 가능하려면 동적인 관점의 사고가 필요하다.

> **이해관계자 우선순위 파악의 일반적인 기준**
>
> 1. 일반적으로 조직 내부의 이해관계자를 가장 중요하게 고려하고, 둘째로 경제적 자본을 제공해 주는 경제적 이해관계자를, 마지막으로 환경사회적 이해관계자를 고려한다.
> 2. 자신의 기업을 둘러싼 경영환경에서, 진화하고 있는 이슈들과 연계하여 이해관계자의 우선순위를 고려한다.
> 3. 전략경영의 체계 내에서 동적인 맥락을 이해하고 지속적인 이해관계자 분석을 수행한다.
> 4. 현재 중요하지 않으나 극적으로 기업의 경영에 영향을 미칠 수 있는 이해관계자는 꾸준한 관심을 두고 있어야 한다.
> 5. 시간의 흐름에 따라 이해관계자의 중요도 파악은 반복해야 한다.

ESG 이슈파악

이해관계자 관련 ESG 이슈는 변한다. 사이먼 자덱(Simon Zadek)은 이슈를 파악함에 있어서 일반 대중의 인식수준과 사회적 이슈의 중요도 수준에 따라 세분화하여 분석하는 방식을 보여줬다. 우선 일반 대중의 인식수준은 4단계로 나누었는데 1단계는 활동가 사이에만 인식되는 단계, 2단계는 정치인이나 미디어에서 인식하는 단계, 3단계는 시민들 사이에 광범위하게 인식되는 단계, 마지막 4단계는 사회제도화가 완성된 단계로 구분하였다. 또한 사회적 이슈의 중요도 수준은 5단계로 세분했다. 1단계는 이슈를 다루는 것을 거부하는 단계, 2단계는 최소한의 요구수준에 순응하는 단계, 3단계는 회사 실무에서 안건별로 다루기 시작하는 단계, 4단계는 경영전략에 통합한 단계, 마지막 5단계는 사회적으로 기업과 다른 조직의 협업을 통한 실무가 작동하는 단계로 보았다. 단계의 구분을 한눈에 보면 다음 그림과 같다.

사회적 이슈의 중요도				
사회적 연계	최대 기회			
전략적 통합				
실무적 접근				
최소한 순응				
책임 거부				최대 위험
	활동가 사이에서만 인식	정치 및 미디어에서 인식	일반 시민들이 인식	사회적 제도화	대중의 인식수준

위 그림에서 보면 최대의 기회라고 표현되어 있는 좌상향의 위치는 활동가 사이에서만 인식되고 있는 이슈에 대해 사회적 연계나 산업계 전반의 움직임을 주도하는 역할을 하는 기업의 경우에 해당한다. 전반적인 인식수준은 낮으나 ESG관련 중요도를 기업이 먼저 파악하고 시장의 룰을 만들어 나가는 경우다.

과거 탄소발자국(Carbon Foot Print) 논의가 시작되던 시절에 글로벌 최고의 휴대폰 생산업체인 노키아에 방문했을 때 경험이다. 스마트 폰이 없던 당시 노키아는 최고 일류수준의 기업이었고, 친환경 업무 프로세스와 관련한 의견 교환과 자료 공유를 목적으로 국내 모 전자기업의 담당자와 함께 헬싱키에 있던 본사에 방문했다. 당시 두 회사의 브리핑이 진행되고 자유로운 의견 교환의 시간이었는데 노키아의 환경경영 담당자는 자신들의 전과정평가 사례가 실패했다면서 탄소발자국 접근방식의 유용성을 설명했다. 그러면서 물발자국(Water Foot Print)의 검토도 진행 중이라는 말을 했었는데, 당시 한국의 상황에서는 탄소발자국에 대한 논의가 시작되는 시기였고 물발자국 접근방식에 대해서는 아무도 이야기 하지 않던 시절이었다. 출장일정을 마치고 귀국한 후에 탄소발자국에 대한 논의가 확산되는 것을 보면서 선행적으로 물발자국에 대한 실질적인 활동을 시작해야 한다고 생각했으나 여러 가지 여건상 그대로 머무르고 말았던 기억이 있다.

위 그림에서 최대기회를 만들 수 있는 위치는 당시 저자가 경험한 물발자국의 선행적 시도가 아니었을까 생각해 본다. 회사의 전략 측면에서 생각해 봐도 충분히 가능한 시나리오다. 예를 들어 친환경 타이어 개발에 앞장 선 업체가 정부 규제를 자신들의 기술수준만큼 끌어 올리는 것은 사회적으로 인식의 수준이 낮아서 경쟁사들이 미처 기술개발에 매진하지 못할 때, 입법활동과의 연계로 경쟁우위를 보장받을 수 있다. 반대로 기후변화에 대한 논의는 이미 사회적으로 제도화되어 작동하고 있다. 이때 기업이 그들의 탄소배출량 저감에 대한 책임을 망각한다면 그 기업에게는 최대의 위협적인 사안이 된다. 본격적인 ESG 시대에 전략적 고려가 없는 거부는 최대위협이다.

이러한 접근방식은 회사가 어떤 이슈를 어느 정도 인식하고 대응할 준비가 되었는지를 구체적으로 확인해 볼 수 있다. 주요 이슈별로 별도의 도식화를 통해 현황파악도 가능하다. 다만 이 방법은 다양한 이해관계자들과 상호작용을 포함하지 않고 이슈와 회사의 준비 정도 또는 회사의 대응 수준이 어디에 위치하는지 확인한다.

전략적 적합성 판단

지금까지의 설명을 통합해 보면 중대성 평가의 3요소가 있음을 확인하게 된다. 기업의 전략, ESG 이슈, 이해관계자 세 요소는 중대성 평가의 핵심이다. 이 요소들을 독립적으로 고려하면서 각각의 결합을 통해 적절한 대응을 결정해야 한다. 첨언하면 기업은 전략적 이해관계를 이슈별로 확인해야 하고 각 ESG이슈의 진화내지는 변화를 확인해야 한다. 더불어 이해관계자의 요구와 행동의 동기를 확인하고 이 모든 분석을 순차적으로 진행해야 한다. 앞에서 검토했던 자료를 변환해서 기업의 전략과 연계를 살펴보자. 다음 그림은 데이비드 챈들러(David Chandler)가 제시한 분석방식을 본 설명목적에 맞게 수정한 내용이다. 그림의 가로 축은 앞에서 검토했던 4단계의 일반 대중의 인식수준을 뜻한다. 왼쪽은 인식이 잠재된 상태이며 오른쪽 끝은 제도화된 상태이다. 세로축은 분석 대상 개별 이슈들과 기업의 전략이 얼마나 부합되는가에 대한 정도를 의미한다. 즉 전략적 적합성이다. 그 이슈가 기업에게 얼마나 중요한지, 기업의 핵심역량이나 경쟁우위의 원천에 얼마나 가까운지 확인한다. 따라서 이 그림은 일반대중의 인식수준과 기업의 전략 간의 종합적인 관계를 확인한다. 기업이 고려해야 하는 ESG이슈가 5개라면 분석의 결과는 다음 그림과 같다.

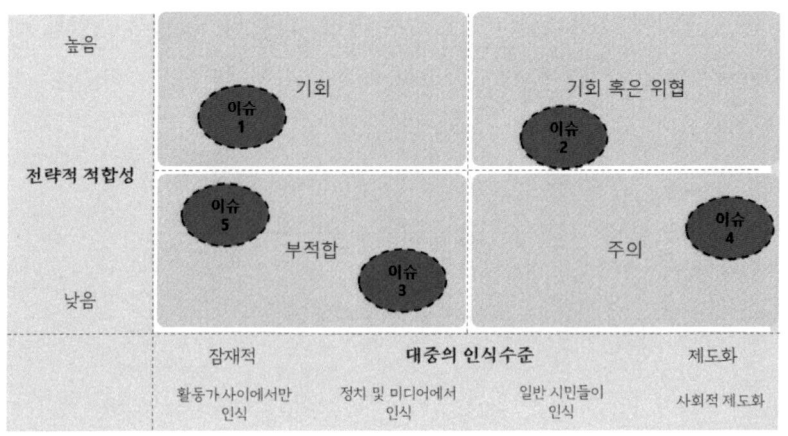

이 그림을 편의상 4개의 단계로 나눠서 볼 수 있다. 높은 전략적 적합성과 잠재된 이슈라면 회사에겐 기회가 된다. 낮은 전략적 적합성과 잠재된 이슈는 회사에게 부적합한 ESG 이슈일 것이다. 또한 낮은 전략적 적합성임에도 사회적으로 제도화된 이슈라면 기업은 이 이슈에 대해서 주의해야 한다. 마지막으로 높은 전략적 적합성과 함께 제도화된 이슈인 경우는 기회가 될 수도 있고 위협이 될 수도 있다. 전략적 적합성이 높다는 것은 기업에게 즉각적인 행동이 필요하다는 의미다. 그 이슈가 잠재된 상태인지 눈앞에 다가왔는지(제도화)의 차이에 따라 기회가 되기도 하고 위협이 되기도 한다. 특히 전략적 적합성도 높고 제도화도 높은 이슈는 기업의 행위가 중요하다. 예를 들어 기후변화가 철강업에 미치는 전략적 적합성은 매우 큼에도 만일 회사가 즉각적인 행동을 하지 않는다면 위협이 될 것이지만, 적극적인 대응을 하면 기회가 될 것이다. 따라서 우상향의 위치는 기회이기도 하고 위협이기도 한 것이다. 이 그림을 통해 회사는 ESG이슈가 어떤 특성을 갖는지 전략적 시급성(이슈 1, 2)과 장기적인 주의대상(이슈 4)임을 확인할 수 있다. 하지만 이 그림만 가지고는 중대성평가의 3요소를 온전히 알 수 없다. 이해관계자의 요구에 대한 파악이 생략되었기 때문이다.

이해관계자의 요구와 영향

그렇다면 앞에서 그룹을 나눠 본 이해관계자 집단은 기업이 마주친 ESG의 현안 이슈에 대해서 각각 어떤 입장인가 확인해야 한다. 기업에 대한 이해관계자의 요구에 우선순위를 정하는 것이 필요하기 때문이다. 분석을 위해 첫째, 세로 축의 의미로서, ESG 이슈가 이해관계자에게 얼마나 중요한지 그래서 그들이 어떤 요구나 행동을 할 것인지를 확인한다. 둘째는 가로 축으로 기업의 입장에서 이해관계자의 요구나 행동이 얼마나 영향을 받는지 확인한다. 즉 이해관계자가 기업의 경영에 미치는 영향의 강도를 뜻한다. 다음 그림(이 그림도 챈들러의 이해관계자 분석모형을 목적에 맞게 수정, 보완하였다)을 보자.

그림 상에 있는 원, 삼각형, 사각형은 각각 이해관계자를 표현한 것이다. 이처럼 모양이나 색으로 다양한 이해관계자의 그룹을 구분하여 표현할 수 있다. 경우에 따라서는 내부, 경제적, 환경사회적 이해관계자의 그룹을 통합하여 표현할 수 있다. 각 도형의 크기는 이해관계자가 해당 ESG 현안 이슈에 대해 얼만큼의 적합성을 보이는가에 따라 달라진다. 부연하면, '전략적 적합성'은 경우에 따라 가로 축에 있는 이해관계자가 미치는 영향강도와 유사한 결과를 나타낼 수 있다. 그렇게 본다면 가로축의 오른쪽 방향은 자연적으로 큰 도형으로 표시될 것이다. 하지만 이해관계자가 영향을 미치는 강도가 크다고 해서 반드시 전략적 적합성이 높은 것은 아닐 것이다. 여기서 중요한 것은, 예컨대 이해관계자(1)이 언론사라는 카테고리라고 한다면 큰 사각형은 방송사이고 작은 사각형은 신문사일 수 있다. 이 경우 이해관계자의 구분을 매체범주별로 하는지, 매체비이클(구체적인 언론사 회사명), 아니면 환경사회적 이해관계자로 구분하는지에 따라 그 세분화의 깊이는 달라질 것이다. 이는 전적으로 회사의 의사결정에 따른다. 따라서 기업에게 광범위한 이해관계자 그룹 내의 서로 다른 소그룹은 현안 이슈에 따라 그 중요성이 다를 것이다. 각 모양의 크기는 이러한 추가적인 우선순위의 계층을 반영한다. 요약하면 큰 사각형은 전략적 적합도가 큰 경우이고 작은 사각형은 전략적 적합성이 작은 경우이다. 다른 도형도 마찬가지이다.

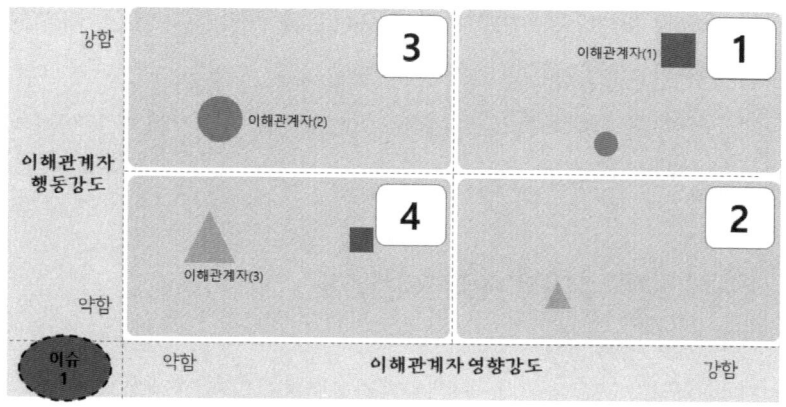

　이 분석은 앞에서 살펴본 이슈별로 수행해야 한다. 위 그림은 예를 들어 이슈1에 대한 분석 결과이다. 이해관계자의 행동강도와 영향강도가 만나는 지점이 기업의 의사결정해야 하는 위치가 된다. 1번 표시 영역은 이해관계자의 행동강도와 영향강도가 모두 강한 영역이다. 따라서 기업은 위협을 회피하거나 기회를 최대한 활용하기 위해 반드시 신속한 대응전략에 나서야 한다. 특히 그림과 같이 이해관계자(1)이 전략적 적합도가 높게 표시되어 있다면 더욱 그렇다. 이 때 ESG 이슈1은 매우 중요한 이슈가 된다. 2번 영역은 이해관계자의 행동은 약하지만 영향강도가 큰 영역에 이해관계자가 위치한 경우다. 이때는 이해관계자가 상시적으로 기업에게 요구하거나 행동하는 경우가 많다. 노조의 연례 발생하는 임금투쟁이 있다면 이 영역에 해당할 것이다. 3번 영역은 반대인 경우다. 행동강도는 강하나 영향강도가 약한 경우다. 그 이유는 여러 가지 가능하나 이슈의 진화가 덜 된 경우(잠재된 경우)일 수 있고, 이해관계자 입장에서 회사가 중요한 대상이 아닐 수도 있다. 하지만 여건이 바뀌면 영향강도가 강해질 수 있기 때문에 관심을 기울여야 한다. 마지막으로 4번 영역은 잠재적 이해관계자로서 이해할 수 있으며 이해관계자 우선순위에서 일반적으로 가장 후순위가 된다. 하지만 4번 영역에서 도형의 크기가 크게 그려진 이해관계자라면 전략적 적합성 측면에서 구체적인 전략 실행계획 상에 이해관계자와의 소통에 집중해야 할 것이다.

중대성 평가의 적용과 자율적 의사결정

기업의 전략, ESG 이슈, 이해관계자 세 가지의 결합으로 어떤 특정 이해관계자가 특정이슈에서 기업의 이익에 어느 정도 중심역할을 하는지. 그리고 그에 따라 어떤 이해관계자 요구에 기업이 가장 우선적으로 대응해야 되는지가 이 분석방법을 통해서 어느 정도 구체화 될 수 있다. 이러한 절차가 중대성 평가절차이다. 요약하면 다음과 같다. 첫째, 기업에 적합한 이해관계자를 분석하고 확인한다. 둘째, 각 ESG 이슈가 어떻게 경영과 연관되고 일반적으로 인식수준이 어떠한지 분석한다. 셋째, 기업의 전략과 이해관계자의 요구간의 우선순위를 파악한다. 넷째, ESG 이슈별로 어떤 이해관계자가 요구하고 행동하고 있는지 판단하여 신속하게 전략적 대응을 한다. 중대성 평가절차는 1년에 한 번 이상 진행하는 것이 바람직하지만 회사의 상황에 맞게 구체적인 방법론을 정하여 시행할 수 있다.

분석의 결과와 도출되는 의사결정 사안은 ESG 경영위원회나 최고 의사결정 구조에서 다루도록 하는 절차를 만드는 것도 중요하다. 이는 ESG에서 다루는 거버넌스와 관련된 것이다. 전담팀이 주체가 돼서 중대성 평가를 진행하고 전략기획 부문과 공동으로 대응책을 논의하는 것도 생각해 볼 수 있다. 구체적으로는 인터뷰와 설문조사 등의 방식도 있으나 이해관계자 그룹을 사전에 지정하여 정기적인 포럼의 형태로 운영하여 상시적인 의견수렴 절차를 유지하는 것도 가능하다. 분석 과정에 이해관계자를 직접 참여시키는 것도 가능하다. 컨설팅 회사가 역할을 할 수도 있고 외부 전문가가 함께 논의를 할 수도 있으며 사내 TF가 구성이 되어서 진행할 수도 있다. 여기서 제시한 방법론은 절대적인 것이 아니다. 이러한 방식이나 절차를 참고하여 회사의 고유한 프로세스를 구축하는 것이 더욱 중요하다. 지속가능성 보고 가이드라인인 GRI 가이드라인에서도 중대성 평가절차에 대한 안내를 자세히 하고 있다. 이해관계자의 규명과 이슈도출 측면에서 역시 유사한 방식을 제안하고 있다.

핵심은 이러한 절차가 거버넌스 구조의 토대가 된다는 점이다. 상충하는 이해관계자를 해결하는 매핑이며 이해관계자를 지원하고 그들과 소통하는 문화를 구축하는 것이다. 또한 이러한 중대성 평가절차는 회사의 의사결정을 지원하는 도구다. 즉 중대성 평가절차를 통해서 전략적 의사결정을 하는 것이 아니란 뜻이다. 중대성평가가 의사결정을 대신할 수는 없다. 회사의 창의적이고 세밀한 전략을 대신할 수 없다. ESG 경영을 도입하게 되면 기업은 결국 '알아서' 해야 한다. 그것이 자유주의 기반의 자본주의 경제질서에서 인정되는 경영의 자유재량권이다. 그 재량권 활용이 전략적이고 창의적이 되도록 도와주는 방법론일 뿐이다. 결론적으로 기업은 이해관계자 가치 창조를 위한 전략적인 노력을 지속해야 된다. 기업은 전향적인 ESG 경영이 필수적이다. 또한 전략적 우선순위에 따라 반응적인 ESG 활동도 가능하다. 이는 기업이 처한 기회와 위협을 고려하는 모습이며 놓치지 않아야 할 것은 이해관계자의 관심사를 예측하는 것, 그리고 적극적이고 신속한 대응이다. 기업은 이같은 과정을 통해 잠재된 사업의 기회도 확인할 수 있으며 부가가치를 만들 수 있다.

부록

국내 ESG 현황 관련 대화

부록

국내 ESG 현황 관련 대화

　이 글은 국내에서 ESG 관련 평가를 수행하고 있는 지속가능발전소㈜의 윤덕찬 대표와의 대화다. ESG 평가는 많은 기업이 고민하는 사안이다. 평가는 크게 두 가지 방식으로 나뉜다. 전통적인 방식은 평가 대상기업이 평가지에 자발적으로 ESG 경영의 성과와 그 근거를 기술하는 것이고, 다른 하나는 이미 공개된 정보를 바탕으로 평가기관이 평가를 진행하는 형태이다. 이 중에서 최근 사회적으로 주목받고 있는 평가방법은 후자이다. 기업이 관심을 가질 필요가 있다.

　이 책의 본문에서 많은 주제들을 학술적으로 다뤘다. 반면에 현재 한국에서 벌어지고 있는 ESG 관련 움직임에 대해서는 중요하게 언급하지 않았다. 이에 독자들은 페이지를 넘기고 여기까지 오면서 궁금증이 생길 수도 있을 것이다. 한국 뿐 아니라 최근의 국내외 동향을 일부라도 정리하여 알리는 것이 필요하다고 생각했다.

　마지막으로 학문적 관점의 ESG가 아니라 실무적인 고민을 하는 전문가의 시각을 전달하는 것도 중요하다고 판단했다. 관련 업계에서 일정 역할을 하며 쌓은 지식과 노하우는 무시할 수 없다. 지적했듯이 수익률로서의 ESG만을 강조하는 문제점은 학문적 관점에서 매우 중요하지만, 실무에서는 후순위일 수 있고 ESG 평가가 기업의 수준을 얼마나 잘 반영하고 기업은 어떤 준비를 하는 것이 중요한지 확인하는 것이 우선순위일 수 있다.

이 대화는 책을 구상하는 단계에서 3차례에 걸쳐 이야기를 나눈 것이다. 지속가능발전소㈜가 ESG 평가모형을 개발할 당시부터 교류하면서 윤덕찬 대표의 사회의 지속가능발전을 위한 역할에 대한 신념을 자연스레 확인했었다. 이미 한국에서도 다양한 방식으로 각자의 전문성을 가지고 ESG 평가나 관련 컨설팅, 전문적 조언과 역할을 하는 뜻있는 기관과 회사, 전문가가 늘어나고 있다. 무척 반가운 일이고 바람직하다. 그럼에도 위에 열거한 이유를 해결하기 위해 지속가능발전소㈜의 윤 대표와 의견을 교환한 것은 직접적으로 필요한 대화가 오갈 수 있으리란 믿음과 회사의 성장과정을 봐오면서 쌓인 친밀감이다. 지속가능발전소㈜의 시장지위의 우월함을 기대거나 기대해서가 아니라는 점을 밝힌다.

독자들의 이해에 도움이 된다는 생각에 원래 화법을 최대로 살리면서 대화형식으로 정리했다. 또한 대화중에 용어의 사용에 있어서 일부 본문의 정의와 다르게 사용되기도 했으나, 현장감을 위해 그대로 두었다. 본 내용을 읽으면서 앞 챕터에서 다뤘던 주제들과 논의, 방법론을 자연스레 떠올리면서 창의적인 ESG 경영의 도입에 도움이 되기를 바란다.

소개와 배경

명 안녕하십니까? ESG 관련하여 사회적 관심이 높아지고 있어서 바쁘시겠지만, 제 부탁에 맞춰 소중한 시간을 내어주셔서 감사합니다. 많이 바쁘지만 그래도 요즘 보람찬 시간을 지내시리라 생각 듭니다.

윤 네, 안녕하십니까? 그렇습니다. 바쁘지만 보람이 있습니다. ESG가 무엇인지 이제 굳이 설명하지 않아도 모두들 알고 있고, 그 중요성에 대해 이해하는 분들도 무척 많아졌습니다.

명 그래서 먼저 여쭤보겠습니다. 기업의 사회적 책임이나 지속가능경영은 과거에도 있어왔던 개념인데요, 그 이전에는 관심이 없어 보였거든요. 제가 전공을 시작하려 할 때와는 전혀 분위기가 다르죠. 최근에 기업들이 ESG 경영에 갑자기 속도를 올리고 있습니다. 왜 그럴까요?

윤 지난 5월 국제금융공사(IFC)가 주관한 IFC Sustainable Investing Conference에서 UNPRI의 수장(CEO) 피오나 레이놀즈 (Fiona Reynolds)는 최근 전세계적인 책임투자 붐의 원인으로 3가지를 들었는데, Regulation, Market demand 그리고 Materiality입니다. 즉, ESG 규제의 등장, 시장의 수요 증가 그리고 중요성 증대입니다.

저는 그 중에서 과거보다 ESG의 영향력이 커지면서. 그 중요성이 증대됐기 때문임을 강조하고 싶습니다. ESG를 바라보는 3가지 관점이 있는데, 기업에게 ESG는 자본을 늘리는 기회요인이고 환경과 사회문제 해결에 기여할 수 있으며 지속가능발전이라는 지구적 목표 달성입니다. 부언하면 최근 강조되는 현실적인 이유는 '투자자' 때문입니다. 즉, 재무 관련 모든 정보를 분석하여 투자를 하지만 실패한 사례들의 많은 부분이 비재무(ESG) 리스크 때문임을 인식하면서 그 공감대가 확산되었습니다. 그러니 재무뿐 아니라 비재무 리스크도 미리 확인하고, 검토한 뒤에 투자를 해야겠다는 생각이 든 것입니다. 여기에 아시는 것처럼 투자자는 대리인 비용 이론과 수탁자 책임에 따라 투자의사결정과정에서 이러한 비재무(ESG) 정보도 검토해야 하는 일종의 책임으로 보기 시작했습니다. 즉, ESG 리스크를 충분히 검토하지 않은 투자의사결정의 수탁자 책임을 다하지 않은 것으로 책임을 물을 수 있다는 것입니다. 그래서 어느덧 연기금과 글로벌 투자기관 뿐만 아니라 거의 모든 일반 기관투자자들도 투자의사결정을 위해 꼭 살펴야 하는 정보가 되었습니다. SRI라고 불리는 사회책임투자로 명시하고 있지 않더라도 말입니다.

그런데, 지난 2019년말부터 시작한 코로나 팬데믹이 이러한 책임투자 또는 ESG를 고려하는 지속가능투자를 실제 증명함으로써 그 가치를 재인식할 수 있는 계기가 되었습니다. 즉, 팬데믹처럼 어느 누구도 예기치 못한 상황에서도 ESG 펀드가 덜 영향을 받고 더 빨리 회복하고 시장보다 더 수익이 나는 것을 보여줌으로써, ESG투자의 붐을 일으키는 요인이 되었습니다.

한편, 전세계는 바이러스로 인한 팬데믹을 통해 기후 변화 대응과 새로운 체계로의 전환이 인류의 지속가능한 발전을 위한 생존전략임을 깨달았습니다. 그래서 앞으로의 ESG는 앞에서 말씀드렸던, 세 번째 관점인 우리 사회의 지속가능성장이라는 목표를 달성하기 위한 수단과 레버리지로 ESG가 더욱 확대되고 규제화되는 추세입니다.

ESG의 과거 20년과 향후 10년

	2000	2008	2010	2015	2020	저탄소경제로의 대전환기	2030
Phase	전략적 CSR과 Sustainability 인식의 시기			ESG 모멘팀 구축 및 기업 관행의 토대가 된 시기		이해관계자 자본주의의 주류화 및 ESG 실천의 시기	
Issue	• 2000년 7월 코피아난 UN사무총장의 주도로, CSR의 개념을 인식시킨 'UN Global Compact' 발족 • 당시 유럽은 CSR을 EU전략에 반영였고, 수많은 논의를 통해 2010년 CSR에 대한 국제표준인 ISO 26000을 마련함 • 기업의 사회적 책임 (CSR)과 지속가능성을 명확히 인식한 시기			• ESG가 기업의 전략적 Mantra가 된 것은 글로벌 금융위기 직후임 • BP의 딥워터 호라이즌 사고, 웰스파고의 계정 사기 스캔들, 폭스바겐의 디젤게이트, #MeToo캠페인 등을 거치면서 TBL 중 환경과 사회가 지배구조와 함께 강조되고, 지속가능한 비즈니스 관행을 촉구함 • 자본시장에 대한 신뢰 회복에 초점을 맞춘 기업 지배구조 개혁을 포함한 ESG 중요성이 인식되면서, 이사회, 경영진, 주주권리와 관련한 책임 및 감독 규정과 코드 (Code), 이니셔티브 등이 마련됨 • 2019년 8월 BRT 성명 "기업의 목적은 이해관계자의 이익 추구"		• 코로나 팬데믹을 통해 기후변화 대응과 새로운 체계로의 전환이 인류의 지속가능한 발전을 위한 생존전략임을 일깨워 줌 • 그 목표는 2015년 UN SDG와 파리기후협약의 달성 • 2020년 다보스포럼(WEF) 주제 "지속가능한 세상을 위한 이해관계자 자본주의" • 현대 서구경제모델, 즉 주주가치 중심의 서구 자본주의 헤게모니가 전환되는 시점이자 지속가능 성장을 실천하는 시기 • ESG, 녹색전환을 독려하기 위한 수단 ⇒ 지속가능 금융	

명   그렇군요. 지금은 정말 시대적 전환의 한 복판인 것 같습니다. 구체적인 질문을 드리기 전에 우선 ㈜지속가능발전소에 대한 소개 부탁드립니다. AI를 통한 ESG 조사를 실시하시는 것으로 알고 있는데, 매우 혁신적인 ESG 평가방식으로 보이거든요. 그 매커니즘을 소개해 주신다면요.

윤   데이터 분석기술을 활용하여 기업의 다양한 ESG데이터를 분석하고 있는 ESG insight provider입니다. 저희는 기존 ESG평가 시스템의 문제점을 AI 등 IT를 통해 해결하는 Who's Good 솔루션을 개발해서 전세계 기관투자자에게 ESG분석정보를 제공하고 있습니다. 저희와 같은 방식의 비즈니스 모델을 갖고 있는 경쟁사가 미국의 TrueValue Labs와 유럽의 RepRisk가 있습니다. 최근에는 ESG를 보다 정확하게 분석하고 반영하기 위해서는 인공지능(AI) 등 데이터 분석기술의 사용이 불가피하다는 보고서와 보도자료가 나오고 있습니다.

원래 투자자들이 보려고 하는 ESG는 기업의 비재무 리스크입니다. 그러나 그동안 ESG 평가시장에서 이 부분이 간과되었고, 때문에 기업이 잘하는 '성과'만 강조되는 구조에서 나온 평가결과가 시장에서의 기업가치를 제대로 반영하지 못하는 문제가 있었습니다. 특히 기존 ESG 평가의 문제점 중에 대표적으로 오염된 데이터소스, 늦은 리스크 식별, 평가의 편향성 등이 있습니다. 이것을 보완하기 위해 객관적인 리스크 관련 데이터를 찾게 되었고, 그 중 대표적인 것이 뉴스데이터입니다. Reprisk, Truevaluelabs, 저희 Who's Good 모두 이러한 점에서 기업에 의존하지 않고, 매일 리스크를 식별하고, 실시간 반영할 수 있다는 장점에서 AI 기반으로 ESG를 분석한 정보를 자본시장에 제공합니다.

명 어떤 계기로 지속가능발전소를 만들었습니까? (웃으며) ESG 시대의 도래를 예견한 것인가요?

윤 하하하. 제가 예언가는 아니구요. 우선 창업을 고민하게 된 계기는 당시까지 책임투자가 활성화되지 않는 원인 중 하나가 ESG 평가 자체에 문제가 있어서, 실제 지속가능한 기업을 찾아내는데 기여하지 못함으로써, 잘못된 평가결과를 활용하여 결국 투자가 실패해왔다고 생각했습니다. 그래서 'ESG'가 중요한데, 사실 잘못된 평가과정 때문에 ESG가 기업가치에 사실상 영향을 미치지 못한다고 십수년간 오해해 왔습니다. '평가'의 오류로 사실상 지속가능한 기업을 찾지 못하고, 모범답안을 써주는 대기업만을 높게 평가한 것이지요. 그래서 항상 매년 ESG평가결과가 나올 때마다 사람들이 고개를 갸우뚱하는 이유는 우리가 모두 알고 있는 그 기업의 문제를 평가결과에서는 반영되어 있지 않았던 겁니다. 우리가 다 아는 사실을 반영못하는 구조였기 때문이죠.

명 제가 항상 말하는 '잘못된 질문'과 유사한 느낌이기는 하네요.

윤 즉, 우리가 기대했던 소위 "착한기업에 투자한다"는 ESG 기반의 책임투자가 그동안 잘 작동하지 않은 것의 근본적 문제는 기업 ESG 분석의 구조적 문제에 있다고 생각했습니다. 재무정보와 비교하면 비재무(ESG) 정보시장은 지극히 폐쇄적입니다. 이러한 정보를 제공하는 기존 평가사들은 컨설팅이나 리서치 비즈니스라는 비즈니스 모델에 근거하고 있으며, 분석의 자료가 되는 데이터는 오로지 기업이 제공한 것에 의존하고 있었습니다. 권위있는 글로벌 ESG평가기관조차 데이터를 기반으로 한 객관적인 평가가 아닌 암묵지와 기업 제공 데이터에 의존하고, 1년에 한 두 번 평가하는 구조 때문에 적시에 리스크 식별을 하지 못하고 있으며, 객관적이지 않고 일부 편향된 평가시스템이라고 하는 구조적인 문제점이 있음을 알게 됐습니다.

그래서 컨설팅 비즈니스가 아니라 평가를 객관화시키고 데이터 비즈니스화 할 때, 그 ESG 데이터에 숨어 있는 팩트를 통해 누구나 좋은 기업을 알 수 있고, 데이터 분석기술을 활용한다면 기존 시장을 혁신할 수 있으며, 작은 회사도 충분히 시장에 의미 있는 정보를 제공해 줄 수 있다고 생각했습니다. 그러한 고민 속에서 결국 '데이터가 팩트(fact)'라고 생각하고, 데이터분석기술을 배웠습니다. 그래서 평가과정에서 사람의 개입을 최소화하고 모든 평가과정을 자동화 및 알고리즘화했고, 분석에 필요한 데이터는 기업 제공 데이터가 아닌 공공데이터와 빅데이터를 활용하며, 인공지능 알고리즘을 활용해서 빅데이터에서 새로운 Insight를 찾아낸다면, 그러한 ESG 평가시장의 문제점을 해결할 수 있다고 생각하고 지속가능발전소를 시작하게 됐습니다.

명　기업의 입장에서 항상 오픈된 정보가 평가의 소스로 사용된다는 건 엄청난 압박으로 느껴질 수도 있을 것 같네요. 상시적인 전략적 소통이라고 해야 할까, 어카운터빌리티의 중요성이 다시금 느껴집니다. 그렇다면 기업 등급을 정할 때 특히 어려운 점에 대해 말씀해 주신다면요. 다른 평가기관과의 차별점에 대해서도 말씀해 주십시오.

윤　아직 해외기업의 ESG 사건사고를 전 기간 평가하지 않았지만, 아마 중국기업처럼 새로운 국가의 사건사고를 분석할 때, 한국에서 보지 못한 유형의 사건이 발생할 것입니다. 이러한 사건의 경우에도 사람이 일일이 확인할 수 없기 때문에, 기존 사건을 학습한 머신러닝이 유사한 사건을 찾아내서 학습한 데이터에 근거해서 평가하게 됩니다. 이러한 점이 차별성이자 장점입니다. 다만 현재 저희 ESG 사건의 분류 및 리스크 수준에 대한 평가 결과의 정확도는 평균 92% 내외입니다. 따라서 이러한 정확도를 어떻게 더 높일 것인가가 어려운 과제입니다.

ESG 평가방식과 사례

명　알겠습니다. 객관적이고 신뢰성있는 데이터로 ESG 평가를 하는 것이 중요하다는 의미도 이해했습니다. 그런데 여기서 근본적인 생각을 한 번 해보죠. ESG 등급이 정말 중요한가요? ESG 점수가 높다고 경영 측면에서 우수한 기업이라고 할 수 있을까요?

윤　등급이 중요한 게 아닙니다. 등급은 누구나 낼 수 있고 평가할 수 있습니다. 중요한 것은 그 등급이 무엇을 의미하고 있고, 그것을 신뢰할 만한 결과인지가 중요합니다. ESG는 두가지 속성이 있는데, 밝은 면과 어두운 면이라 표현할 수 있습니다. ESG의 밝은 면은 기업의 지속가능성의 핵심 요소이자, 기업의 사회적 책임(CSR)의 핵심 내용입니다. 반면 어두운 면은 ESG는 기업의 대표적인 비재무 리스크라는 점입니다. 제가 영화 '스타워즈'에 비유하는데, 제다이가 갖는 능력, "포스"(ESG)를 통해 저항군의 제다이 기사가 될 수도 있고, 다크 사이드에 서면 제국의 시스나 다스베이더가 될 수 있는 것처럼, 기업은 수익만 잘 낸다고 좋은 기업이 아니라 ESG를 잘 관리해야 지속가능한 성장을 할 수도 있고, ESG리스크가 재앙이 되어 나쁜 기업으로 시장에 오래 기억될 수도 있습니다. 즉 외부에 어떻게 평가될 것인지가 아니라 사회의 지속가능성에 대한 진정성 있는 노력이 그 기업의 경영과 비즈니스에 담겨 있어야 합니다.

투자자들이 투자가 실패하지 않도록, 비재무 리스크인 ESG를 확인하고 투자의사결정에 반영하려고 하는 것이 그 시작입니다. 그런데 그동안 국내에서 ESG등급은 이러한 리스크를 반영하지 못하고, 기업이 발간한 지속가능보고서처럼 기업이 보여주고 싶은 정보만을 가지고 평가했고, 리스크는 감춰졌습니다. 데이터 분석에서는 '신호와 소음'을 구분하는데, 그동안 제대로 분석하지 못하고 소음을 마치 어떤 의미 있는 신호인양 활용했고, 결국 왜곡이 많은 결과물이 되고 말았습니다.

이성적으로 ESG를 정말 잘 관리하는 기업은 지속가능할 수 밖에 없는데, 십 수년동안 이를 증명하지 못하고 그저 "책임투자는 단기가 아닌 장기 투자다" "장기투자하면 수익이 난다"라는 주장밖에 하지 못했습니다. 그러나 저희가 국내기업의 ESG 데이터만 가지고 분석해도, 우리 기업들의 가치에는 이미 ESG가 반영되어 있기 때문에 ESG가 우수한 기업은 장기적으로 보지 않아도 ESG평가가 낮은 기업보다 상대적으로 높은 수익성(Operating margin, FCF margin)과 좋은 배당성향을 유지하고 있었고, ROE, ROIC 모두 높았으며, 리스크 저항력은 더 높았음을 확인할 수 있었습니다.

명 사실 그래서 리스크 관리차원과 수익률 극대화 차원 두 가지로 보는 것이 중요하다고 봅니다. 그렇다면 현재 기업들의 ESG 평가 방식은 어떻게 진행되며, 한계점과 보완해야할 점은 무엇인지요? 그 두 가지 차원이 전부 고려되는 것이겠지요?

윤 최근 국내에서도 기업 뿐 아니라 많은 사람들이 ESG평가방식에 대해 관심도 높고 의문을 제기하기도 합니다. ESG평가는 최근 많은 변화가 있습니다.

일단, 신용평가와 ESG평가를 비교한다면, 첫째, 전자는 채무상환능력에 대한 평가이고, 후자는 지속가능성에 대한 평가입니다. 둘째, 전자는 재무 및 회계 정보를 활용한 평가이고, 후자는 비재무 정보를 활용한 평가입니다. 셋째, 전자는 기업이 (과거) 사업의 결과(성과)인 재무를 기반으로 평가한다는 점에서 과거와 현재에 대한 평가라면, 후자는 현재 시점의 비재무 관리성과를 기초로 미래의 리스크를 미리 반영한 비재무 평가라는 점에서 현재와 과거에 대한 평가입니다.

즉, ESG평가결과는 현재의 비즈니스를 지속적으로 했을 때 미래에 예상되는 리스크를 현재 ESG를 평가할 때 미리 반영하여 평가함으로써, 미래의 지속가능성을 현재 평가하게 됩니다. 따라서 ESG평가를 통해 현재 뿐 아니라 미래의 리스크와 경쟁력을 확인할 수 있기 때문에, 리스크와 기회를 같이 식별할 수 있는 장점이 있습니다. 대표적인 예가 기후 리스크이죠. 지금 사업에는 문제가 없어보여도 리스크가 높게 나온 결과를 무시하고 개선하지 않으면 향후 지속가능하지 않는 비즈니스가 될 수 있습니다.

따라서 과거의 ESG평가와 최근의 ESG평가는 크게 달라지고 있으며, 이러한 점에서 기업은 진정성 있게 지속가능한 비즈니스를 해야 합니다. 현재 눈가림 같은 행동으로는 변화되는 ESG평가에 대응할 수 없습니다.

명 어느 인터뷰를 보니 "ESG 평가 중 사회공헌이 차지하는 부분은 극히 일부분"이라면서 "사회공헌을 ESG경영으로 오해하지 말라"고 말씀하셨는데, 그렇다면 ESG 평가에 직접적인 영향을 미치는 부분은 무엇인가요?

윤 제가 생각하는 ESG의 정의는 "환경·사회적으로 지속가능하고 사회의 지지를 받는 방식으로 제품과 서비스를 생산하는 것"입니다. 또한 ESG는 기업과 사회간의 상호 의존적 관계에서 생겨난 것이며, 단순한 이윤창출이 아니라 "지속가능한 가치의 창출에 관한 것"입니다. 동시에 이해관계자의 이해를 전면에 내세워 기업활동의 정당성을 유지하는 방법으로 이러한 상호 의존적 관계의 중요성(materiality)을 평가하는 것입니다. 따라서 업종에 따라 이러한 중요성이 상이하며, ESG의 이슈는 그 중요성에 따라 업종별로 기업에게 미치는 민감도가 다릅니다.

더불어 앞으로 우리 경제사회는 저탄소 경제로 급속히 전환될 것입니다. 이러한 점에서 각 업종별 ESG의 많은 이슈에서 그 중요성이 변하고 있습니다. 이를 인식하는 것이 매우 중요합니다. 즉 업종에 따라 기본적인 지속가능성의 중요성 이슈가 다른데, 최근

이러한 중요성 역시 변화하고 있어서, ESG평가는 이슈별 중요성과 민감도, 미래 리스크 등을 최대한 반영하는 작업의 과정입니다. 따라서 사회공헌은 예전에 기업의 사회사업이라고도 불렸지만, 이는 기업과 그 기업이 속한 업종이 받는 ESG 리스크를 상쇄할 수 없습니다. 따라서 사회공헌으로 ESG평가점수가 크게 상승할 수 없습니다.

업종마다 상의하기 때문에 직접적 영향이 있는 부분을 모두 말씀드릴 수는 없으나, 앞에서 말한 바와 같이 ESG는 이러한 이해관계자와의 상호 의존적 관계 또는 지속가능한 생산방법이나 지속가능한 가치창출을 평가하는 것이므로, 업종별로 이 부분과 직접적으로 관련되는 부분이 평가에 가장 크게 영향을 미친다고 보면 됩니다.

예를 들면, 바이오/제약산업의 경우 임상실험 환자의 안전, 의약품 접근성, 의약품 안전, 마케팅 윤리, 도덕성 등이 중대성 이슈라 말할 수 있습니다. IT 서비스 및 소프트웨어 업종이라면, 하드웨어의 환경발자국, 데이터 프라이버시, 데이터 보안, 시스템 위험 관리 등이 중대성 이슈입니다. 업종별로 이렇게 차이가 많습니다.

한편 방금 예로 든 산업은 기업가치에서 무형자산의 비중이 80% 이상인 산업입니다. 이러한 무형자산을 기반으로 성장하는 산업의 기업에게는 ESG 리스크가 더 큰 영향을 줍니다. 이를 ESG 민감도라고 할 수 있습니다. 따라서 평가에는 무형자산 만큼 반영되는 것은 아니지만, ESG사건사고가 발생하면, 기업가치 중에 무형자산의 비중만큼 크게 영향을 받을 수 있음을 주지해야 합니다.

명 전적으로 동감합니다. 저는 이를 전략적 의사결정으로 정리하는 데요. 사실상 기업의 사회공헌활동이 유사하게 연말에 집중되는 방식은 그 수명이 다한 것이라 봅니다. 제가 지속가능발전소(주)에서 발표한 자료를 살펴보니, 작년 2020년에 발표하신 연례 사건보고서에서 ESG 리스크가 상승한 기업에 국내 굴지의 중공업 회사와 ○○물산, 대표적인 식음료 회사, 또 ESG에 많은 보고서를 발표하는 ○○증권사 등이 있었습니다. 또 유틸리티 독점기업인 전력회사와 가스회사, 철강회사, 자동차회사 등 기존의 다른 ESG 평가에서는 볼 수 없었던 주로 대기업들이었는데요. 이 기업들의 리스크 점수가 높았어요. 그 이유가 무엇이라고 보시는지요.

윤 많은 기업들을 거론하셔서 모두 설명할 수는 없을 것 같고, ○○중공업에 대해서만 말씀드리겠습니다. 살펴보면 작년 초부터 이 회사의 ESG 리스크가 급등했습니다. 아래 그림의 Black line이 이 기업의 리스크 수준입니다. 현재 이 회사는 지배구조에서 내부거래 문제도 있지만, 무엇보다 지난해 초부터 ESG 리스크가 높아진 이유는 소셜 부문에서 소비자문제, 산업안전, 공급망리스크 등의 문제가 있었기 때문입니다. ○○ 5호기와 관련하여 다양한 문제가 노출되었습니다. 물론 관련 기사가 있습니다. 저희는 뉴스데이터 기반이니까요. 기사를 찾아보시면 좋을 것 같습니다. 현재 최근에 노출된 이 회사의 리스크는 다음과 같이 11개 이슈입니다.

리스크 점수 변화 추이

ESG(환경, 사회, 지배구조)관련 이슈 리스크 점수 추이 입니다.

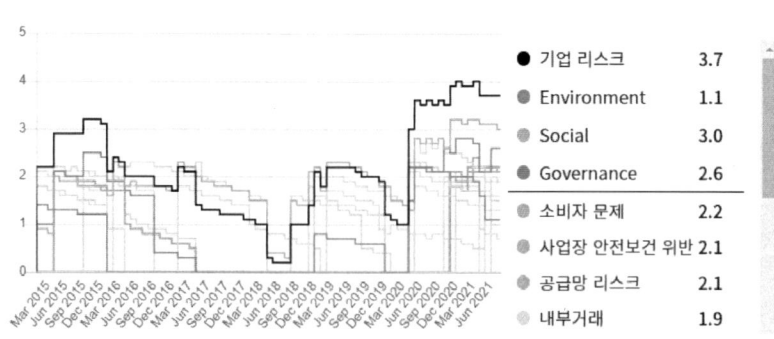

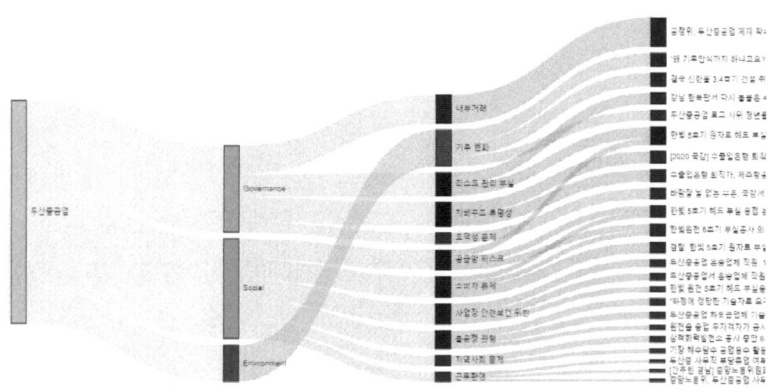

이처럼 저희는 모든 기업들의 ESG 사건사고를 모니터링하고 추적하여 리스크 수준과 현황을 측정하고 확인합니다. 하나의 사건보다 다양한 리스크에 노출되는 경우, 그 기업의 리스크는 더 심각하게 평가되며, 따라서 다른 기업들도 하나가 아니라 여러 리스크를 갖고 있어서 리스크 관리 수준에 따라 ESG 리스크가 심각하게 평가됩니다.

명 그렇다면 ESG 리스크를 산정하는 기준이 세부적으로 어떻게 되는지 궁금합니다. 특히 제가 아는 바에 의하면 지속가능발전소에서 도덕성과 공급망 리스크, 내부거래 등 자체적으로 정한 ESG 이슈별 리스크 점수가 있는데, 리스크 점수 기준은 어떻게 정하셨나요. 그리고 문제가 발생하면 그 기업의 점수를 바로 내리는지, 아니면 시간을 두고 반영하시는지, 후속조치를 반영하시는지, 세부적인 내용이 궁금합니다. 말씀해 주시죠.

윤 저는 예전에 EHS compliance 전문가였고, 그래서 다년간 기업 EHS compliance 및 Due Diligence 감사(Auditor)를 했었습니다. 저 같은 감사 역할은 기업 및 사업장 감사를 위해 국가별 산업별로 프로토콜을 두며, 전 세계적으로 공통의 기준을 적용하여 리스크를 평가합니다. 글로벌 기업들은 세계 각지에 있는 사업장의 EHS 리스크를 단일의 기준으로 평가 비교할 필요가 있기 때문입니다.
이러한 리스크 평가 기준과 관점 등이 기초가 되어, 저희는 현재 17개로 ESG 리스크 이슈를 분류했습니다. 이러한 방법론을 일찍이 적용한 유럽의 Reprisk는 28개로 분류하고 있고, Refinitiv는 23개로 분류하고 있습니다. 반면 기존의 휴먼 애널리스트 기반의 전통적인 평가사들은 평가기간에, 또는 고객사가 요청할 때 리스크를 평가합니다. 매일 사건사고가 발생하는데, 이를 제때 식별하지 못하면 적시에 올바른 의사결정을 하기 어렵습니다. 그런 차이 때문에 ESG평가에서는 AI가 산업표준이 될 것이라는 주장도 설득력이 있습니다.

Analyst-driven vs. AI-driven ESG

Analyst-driven ESG research
Derives ratings in a structured data model

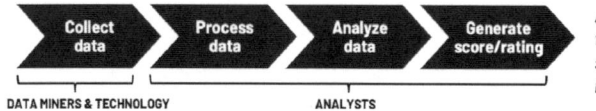

Analyst role at the end of the process allows subjectivity to color results

AI-driven ESG research
Derives signals from unstructured data

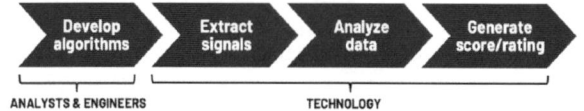

Analyst expertise at the beginning of the process produces consistent results

(그림 출처: Mark Tulay, Man vs. machine: A tale of two sustainability ratings systems, 2020.5 https://www.greenbiz.com/article/man-vs-machine-tale-two-sustainability-ratings-systems)

기후변화 관련 동향

명 주제를 바꿔서 여쭤보겠습니다. 넓게 생각해 보려 합니다. ESG를 평가하는 핵심이슈(Key Issue)에는 어떤 것들이 있을까요?

윤 전통적인 이슈는 당연히 포함됩니다. 이를테면 환경정책과 방침, 오염방지, 화학물질 관리, 기후변화완화 및 적응, 자원 효율성이 해당될테고요, 사회분야를 보면 노사 대화와 협력, 근무조건, 동등한 기회 및 차별금지, 인권, 공정경쟁 및 가치사슬 책임, 지역사회 이슈, 소비자 보호가 포함됩니다. 거버넌스 측면은 이사회 독립성 및 역량, 특수관계자 거래, 지배구조의 건전성과 도덕성, 보상의 적절성, 배당의 적정성, 주주권리 보호 등이 있습니다. 최근 더 강조되는 이슈는 함께 이야기 나눈 기후리스크를 포함하여 공급망 리스크가 해당됩니다.

기후리스크의 경우, 기업이 직면한 기후 리스크 수준을 분석하고 있습니다. 1.5도, 2도 시나리오 분석을 통해 기후 리스크에 대응하는 지배구조, 경영전략, 리스크 관리 역량 등이 앞으로 ESG 평가에 중요한 이슈가 되리라 생각합니다. 또한, 코로나 팬데믹은 기업의 공급망 관리에도 큰 변화를 가져왔습니다. 팬데믹 기간 동안 수많은 기업들이 정리해고, 임금 삭감 등을 진행하였고, 반면 위기상황에도 책임있는 노동관행을 고수한 기업은 인적자원을 확보함으로써, 팬데믹 직후 새로운 고용비용 발생 없이 생산성 증대뿐만 아니라 지속가능경영의 성과를 증명할 것이라 생각합니다.

따라서, 글로벌 공급망에서 ESG는 위기상황을 관리할 수 있는 협력업체와 그렇지 못한 업체를 구별하게 하고, 이는 장기적 관점에서 고려해야 할 비즈니스 모델의 필수적인 부분이 되고 있습니다. 공통된 일반적인 ESG 이슈 중에 말씀드렸습니다만, 업종별로 ESG의 핵심 이슈는 다릅니다. 따라서 꼭 업종별 중대성(materiality) 이슈를 확인하셔야 합니다. 예컨대, 제약산업에서 의약품의 안전, 마케팅 윤리, 소프트웨어 산업에서는 하드웨어의 환경발자국과 데이터 프라이버시가 중요하며, 가공식품산업에서는 식품안전, 제품 라벨링, 공급망관리 등이 핵심적인 중대성 이슈에 해당됩니다.

명 경영학을 전공한 사람으로서 저도 중대성 이슈와 전략적 선택의 적용은 매우 필수적이고 중요하다고 생각합니다. 말씀 하신김에 기후변화와 관련된 얘기를 좀 더 해보죠. 지난(2021년) 5월 30일 서울에서 '2021 P4G 서울 녹색미래 정상회의' 행사도 있었고 그 전날인 29일에는 대통령 직속 탄소중립위원회가 출범했었습니다. 근데 주목할 만한 내용이라고 생각 드는 것이 출범식에서 "위원회의 당면과제는 상반기에 '2050 탄소중립 시나리오'를 만들고, 중간 목표로서 2030년 NDC 상향 계획을 조속히 마련하는 것"이라는 내용이었습니다. NDC 상향 계획이라면, 쉽게 표현해서 파리협정의 주요합의 내용 중에 비준국의 자발적 온실가스 감축안(Nationally Determined Contributions)을 더욱 높게 가져가겠다는 뜻이지요. 그리고 얼마 전 10월 18일 탄소중립위원회 2차 회의에서 정부위원 18명과 민간위원 51명이 참석해서 '2030 국가 온실가스 감축목표 상향안'과 '2050 탄소중립 시나리오안'을 심의, 의결했습니다. 일단 NDC를 40%까지 상향한 건데요, 산업계에 미치는 영향과 그 의미가 무엇일까요?

윤 기재부가 '2050 탄소중립 시나리오'마련에 착수한다는 소식은 계속 있었습니다. 원래는 상반기로 이야기를 했었는데 새로운 시나리오를 만들기에 그것은 시간상 무리라고 생각을 했습니다. 사실, 2020년 그러니까 작년 말 경에 정부가 '2050 탄소중립전략'을 발표했는데, 이 전략 발표에 앞서 2050 장기 저탄소 발전전략안을 수립하면서, 이미 환경부가 2050년을 목표로 부문별 감축에 대한 5가지 시나리오를 마련해 검토한 바 있었습니다. 이미 산업계에는 정부의 생각이 전달이 된 셈이지요. 갑작스럽게 NDC가 상향된 것은 아닙니다. 당시 최저 40%에서 최대 75%의 감축안이 있었고 이 시나리오 중에 하나를 선택하는 것이 당시에도 현실적인 예상이었습니다. 이번 목표는 2020년 말 발표한 기존 26.3% 감축보다는 상향한 2018년 대비 40% 감축이지만, 한편 국제사회의 요구는 2010년 대비 45% 감축안이었던 것을 감안하면 그래도 산업계를 고려한 타협의 산물입니다. 2018년 대비 40% 감축은 2010년 기준으로는 33.5% 감축에 해당합니다. 타 국가와 달리 우리나라의 배출량 최고치는 2017-2018년이기 때문입니다.

한편, 우리는 국내 상황과 우리 정부의 입장을 이해해 볼 필요가 있습니다. 2010년 당시 이명박 정부시절 발표한 국가 감축목표는 2020년 5억 4,300만 톤 배출이었습니다. 그런데 지난 2019년 현재 한국의 온실가스 배출량은 7억 톤이었습니다. 박근혜 정부 시절 2015년 6월에 발표한 우리나라 2030 배출전망치는 5억 3,600만 톤으로 겨우 700만 톤 줄인 수준이었습니다. 이 때문에 국제사회에서 4대 기후악당 소리도 들어야 했습니다. 그런데 문재인 정부에서 지난해 2020년 12월 발표한 2030년 목표도 2017년 대비 24% 감축안이지만, 실제 배출량은 5억 3,600만 톤으로, 박근혜 정부 때와 동일한 목표수준입니다.

이 때문에 최근 NDC 상향에 대한 국제적인 압력이 거세지고 있었고요, 최근이죠. 지난 4월 22일에 있었던 기후정상회담에서 미국의 바이든 대통령은 미국의 감축목표를 2050년에서 2030년으로 20년을 앞당기고, 온실가스 감축 목표를 2005년 대비 52%까지 상향해 발표하면서, "각국의 NDC 강화"를 촉구했습니다. 미국을 포함해 최근 발표한 국가별 감축 목표를 비교해 보면, 2010년 대비 영국은 58% 감축, 미국은 49%, EU는 46% 감축, 일본 42% 감축인 반면, 한국은 18% 감축에 불과했었구요. 결국 선진국들이 2010년 대비 45% 내외인 반면에, 한국은 매우 미흡했었습니다. 참고로 기후변화에 관한 정부간 채널인 IPCC의 권고안 45% 감축목표에 따르면, 우리나라는 2030년 3억 6천 톤을 배출해야 합니다. 지금의 절반 수준이지요. 이대로라면 남은 10년간 엄청난 노력이 필요하게 됩니다.

지난 5월 한미정상회의에서도 미국 측에서 NDC에 대한 상향을 언급했었고, 문 대통령은 정상회의에서 연내 상향을 약속했습니다. 공동선언문에도 올해 10월 이후 NDC 상향치를 공개하겠다고 밝힌바 있었지요. 또 전 부통령인 앨 고어도 5월 중 문재인 대통령에게 "2030년까지 24%에서 50% 이상으로 감축목표를 상향하기를 바란다"는 공개서한을 보낸 바 있습니다.

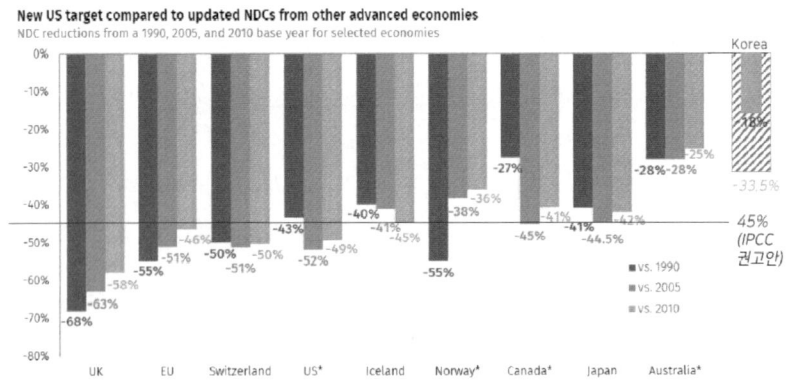

이렇듯 국제사회의 NDC 상향 압박이 만만치 않았습니다. 더욱이 2021년에 P4G 주최국으로서 이에 상응하는 조치를 천명하지 않을 수 없었다는 것이지요.

때문에 당시 제 개인적인 생각으로는 2030년까지 2010년 대비 최소 45%는 감축하는 NDC 상향안을 발표하지 않을까 예상했었는데, 그것보다는 다소 완화된 감축목표를 발표한 것입니다. 산업계의 부담을 고려하지 않을 수 없었는데, 결국 2050년까지 탄소중립(넷제로)을 달성하기 위해서는 2030년 이후 세대의 부담이 되었습니다.

명 그렇군요. 우리가 무시할 수 없는 수준으로 국제사회의 압력이 있었고, 기업들도 충분히 이해하고 전략적인 고민이 필요하다는 의미로 들립니다. 그렇다면 산업별로 어떤 대안이 나올까요?

윤 중요하게 봐야 할 것은 2050년 부문별 미래상입니다. 작년 발표한 NDC를 국제사회의 요구로 1년 만에 다시 발표해야 하는 정부 입장에서는, 역시 1년만에 2050 탄소중립 시나리오를 일부 수정하지 않을 수 없습니다. 시나리오에 따라 부문별 부담은 다소 달라지지만, 전환부문에서는 모든 석탄발전 뿐 아니라 LNG 발전은 중단하고 재생에너지 발전 비중이 전체의 56~70%를 차지해야 합니다. 2050년에 도로를 가득 매울 차량의 최소 76%에서 많게는 97%는 전기차와 수소차입니다. 철강은 수소환원 제철 기술을 100% 도입해야 하고, 시멘트산업은 연료전환이 완전히 이루어지는 세상이라는 것입니다.

시나리오에 따른 온실가스 배출량 (단위: 만톤 CO₂eq)

구분	2018년	2050년 배출량		
		8월 초안	A안	B안
합계 (순배출량)	72,760 (68,630)	Net-Zero	Net-Zero	Net-Zero
전환	26,960	0	0	2,070
산업	26,050	5,310	5,110	5,110
수송	9,810	280	280	920
건물	5,210	620	620	620
농축수산	2,470	1,540	1,540	1,540
폐기물	1,710	440	440	440
흡수원	-4,130	-2,470	-2,530	-2,530
CCUS	-	-5,790	-5,510	-8,460
수소	-	0	0	9
탈루등	560	70	50	130

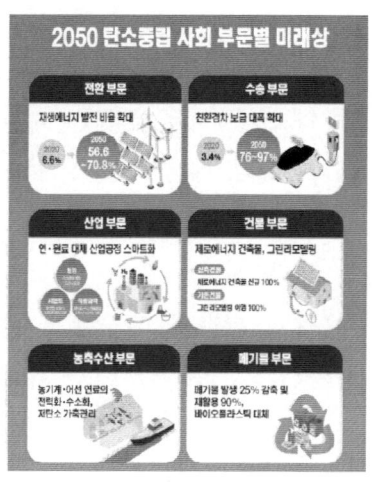

이러한 미래의 모습에서 현재의 기업들이 생존해서 수익을 창출하려면 지금의 비즈니스는 대부분 유지되기 어렵거나 규제의 대상이 될 것입니다. 현재는 경제의 중심이지만 곧 죄악산업으로 분류되는 산업도 있습니다. 따라서 '말도 안돼'라고 하면서 외면하거나 반대만 외칠 상황이 아닙니다. 다른 국가들의 경쟁사들은 이러한 시대에 대비해서 경쟁력을 갖기 위한 노력을 할 것이기 때문입니다. 심각하게 받아들여야 하고, 여기서 기회를 찾아야 합니다. 그것이 ESG 경영의 핵심이고, 앞에서 제가 언급한 기업이 정해야 할 '미래 지속가능성 목표'입니다.

1865년에 유럽에서 '적기조례'(red flag act)라는 규제가 제정되어 새롭게 등장한 자동차에 운전사 옆에 기관원을 두고, 50m앞에 기수가 낮에는 붉은 깃발을 흔들면서 가도록 함으로써 마차보다 빨리 못달리게 했습니다. 기존 마차산업과 마부들의 일자리를 보호하기 위한 조치였습니다. 수십년 후를 보지 못한 규제였습니다. 마차와 자동차가 혼재하던 1860년대처럼, 2020년대 도로는 전기·수소차와 가솔린·디젤차가 혼재되어 달립니다. 그러나 2030년 가솔린·디젤차의 생산이 금지되고 2050년에는 거의 100%로 도로에는 전기·수소차가 가득찰 것입니다. 전기·수소차가 지배하는 세상의 경제는 지금의 경제와 다를 수 밖에 없습니다. 이미 예견되어 있는 미래를 준비하는 자만이 살아남을 수 있습니다. 우리 사회와 경제가 지속가능한 성장을 위한 전환이 시작되었습니다.

각 산업내 기업, 특히 중소기업이 대안을 정하기는 현실적으로 어렵지만 불가능하지는 않습니다. 다행히 최근 유럽연합과 국제표준화기구 등 주요 국제기구들을 중심으로 '지속가능한 분류'(sustainable taxonomy)를 규정하기 시작했습니다. '지속가능한 분류'란 환경적으로 또는 사회적으로 지속가능한 경제활동을 정의하고, 여기에 부합되는 비즈니스 및 경제활동을 분류하고 열거하는 것입니다. 간단히 말하면 이 분류는 탄소중립사회에 기여하는 각 산업별 비즈니스를 규정하는 것입니다. 따라서 여기에서 기회를 찾고 기업의 목표를 찾을 수 있습니다. 비즈니스 모델을 전환한다면, 택소노미에서 정한 요건을 충족하는 방향으로 목표를 설정하기를 권고드립니다.

ESG관련 투자

명 적기조례의 반복이라는 비유를 들으니 더 쉽게 와닿는 것 같습니다. 증권사의 애널리스트나 펀드매니저들은 상장사를 보는 데 있어 비재무적인 요소를 어떻게 기업 평가에 반영할 수 있을까요? 사실 그들은 지금까지 관심이 없었던 것도 사실입니다.

윤 요즘 "ESG투자"라고 불리는 "지속가능투자"(sustainable investment)에는 다양한 방식으로 ESG를 고려하는 투자전략이 있습니다. 그 중 가장 대표적인 투자전략은 네거티브 스크리닝이었습니다. 15년 넘게 가장 많이 활용되는 전략인데, 2020년 그 흐름이 바뀌어서 'ESG 통합'(ESG integration)전략이 1위로 올라섰습니다. 반면 ESG점수가 좋은 기업에 투자하는 "베스트인 클래스" 또는 "포지티브 스크리닝"전략은 잘 사용하지 않는 전략입니다. 일반 투자와 차별화되지 않기 때문입니다.

물론 ESG평가결과가 객관적이고 정확해야 하지만, 보다 중요한 것은 ESG투자도 투자인 만큼 투자전략을 잘 활용해야 합니다. ESG통합방식이 전세계에서 가장 많이 활용되는 이유는 기업 가치평가에 ESG를 반영하는 방식이 정말 다양하기 때문입니다. 따라서 운용사가 해당 ESG펀드의 투자전략을 수립함에 있어 E,S,G에서 각 이슈들과 그 데이터의 특성을 잘 이해하고 필요한 요소를을 찾아서 다양한 통합방법을 만들어야 합니다. 그 과정이 어렵습니다. 신용등급을 보고 투자하지 않듯이, ESG통합점수가 모든 것을 말해주지는 못합니다.

이제 대표적인 ESG 투자 전략인 'ESG통합'전략은 투자의사결정을 위한 재무분석 프로세스에 ESG 요소를 체계적으로 융합하여 같이 고려하는 투자전략으로, 여기에서 활용하는 기업 가치평가 방법을 하나를 소개하면 EVA 밸류에이션 기법을 들 수 있습니다. 즉, 기업가치평가에서 할인율을 조정하는 것인데, ESG평가에 따라 가중평균자본비용(WACC)과 투하자본수익률(ROIC)을 조정하여 '경제이익 적정가치'를 산출하는 방법입니다.

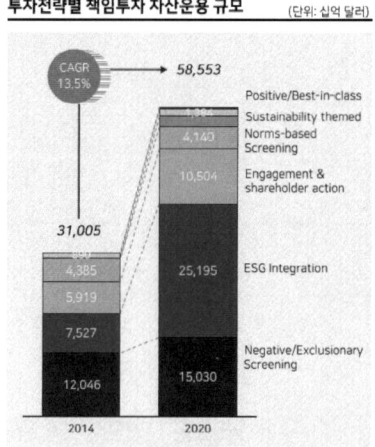

즉 ESG가 좋은 기업은 우수한 리스크 관리 능력을 보이므로, 더 낮은 자본비용(WACC)의 혜택을 받고, 경쟁우위는 우수한 운영효율로 이어져 기업의 잉여현금흐름(FCF)과 투하자본수익률(ROIC)에 긍정적인 영향을 미치므로 이를 할증하는 방식입니다. 이렇게 해서 나오는 기업가치를 '적정가치'(fair value)라고 부릅니다. 이렇게 하면 기존 재무 기반의 기업가치와 확연히 다르게 평가가 되고, 이러한 재무와 비재무가 통합된 기업가치평가방법을 기초로 지속가능한 기업군을 만들어 투자 대상에 활용하는 것입니다.

명   국내외 ESG 관련 투자 규모는 치근에 얼마나 됩니까? 워낙 빠르게 그 규모가 성장하고 있어서요.

윤   글로벌지속가능투자연합 GSIA에 따르면, 2020년 전 세계 ESG를 고려한 운용자산의 규모는 약 45조 달러, 한국 돈으로 약 5경 원을 넘은 것으로 보고하고 있습니다. 특히 지난해 4분기에 사상 최대 자금이 ESG 투자에 유입되었습니다. 국내 책임투자의 규모는 2020년 기준 102조로, 사상 처음으로 100조가 넘은 것으로 추정됩니다. 2019년 국민연금이 32조 규모였으나 지난해 101조가 넘으면서, 자본시장에 큰 영향을 미치고 있습니다.

한편 채권과 관련하여 지난 5월말까지 국내에서 발행한 ESG 채권은 총 118조 규모로, 이미 5개월 만에 작년 규모인 59조원을 넘었을 만큼 빠르게 증가하고 있습니다.

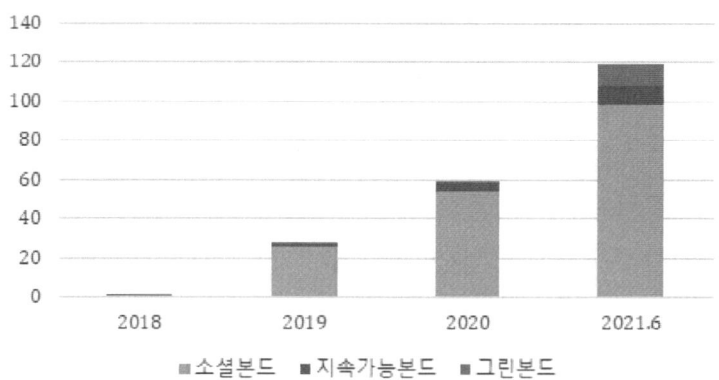

ESG 본드 발행추이

■소셜본드 ■지속가능본드 ■그린본드

명   그렇다면 주가와 관련해서도 궁금한데요. ESG를 잘 하는 기업에 투자하는 것은 투자수익률을 높이는 것과 같다는 주장이 매우 많아졌습니다. 즉, ESG를 잘 하는 기업에 대한 투자성과도 좋다는 뜻인데, 실제로 ESG 실행이 기업의 재무적 성과에도 기여할 수 있습니까? 투자자들이 기업의 ESG 행보에 주목해야 하는 이유가 충분히 될까요?

윤   일단 올해 보면, 1분기 국내 ESG 펀드 수익률이 코스피 200 수익률을 1%p 앞섰습니다. 사실 책임투자의 오랜 논쟁이 바로 ESG와 재무성과의 인과관계입니다. 그것을 증명하기는 어려운 점이 많습니다. 전 세계적으로 둘 사이의 인과관계를 다루는 수많은 논문이 있는데요, 그동안 시장에서는 논문들을 분석해 봤습니다. 물론 인과관계가 있다고 결론을 내린 논문 수가 많았다는 것을 근거로 ESG와 재무성과의 인과관계를 주장하거나, 해외의 유명 기관의 지수를 토대로 15년 이상 장기투자하면 시장보다 우월한 수익률, 즉 수익이 난다는 것을 주장을 해 왔습니다.

이렇게 분석을 해 보면 국내 기업의 경우도 유사하게 보입니다. 데이터로 쉽게 증명이 되는 것입니다. 저희가 2015년부터 5년간 3,500개 국내기업을 대상으로 분석한 결과, ESG 등급 상위 20% 기업이 하위 20% 기업 대비 수익성이 더 좋았고, 배당수익률과 배당성향도 더 높았으며, ROE와 ROIC도 더 높아서, 투자의 자본 효율성이 더 높다고 할 수 있습니다. 반면 한국에서는 PBR와 EV/EBITA는 낮아서, 아직까지도 기업가치가 낮게 평가되어 있었습니다. 따라서 이런 기업에 투자한다면 더 나은 수익을 기대할 수 있는 것이죠.

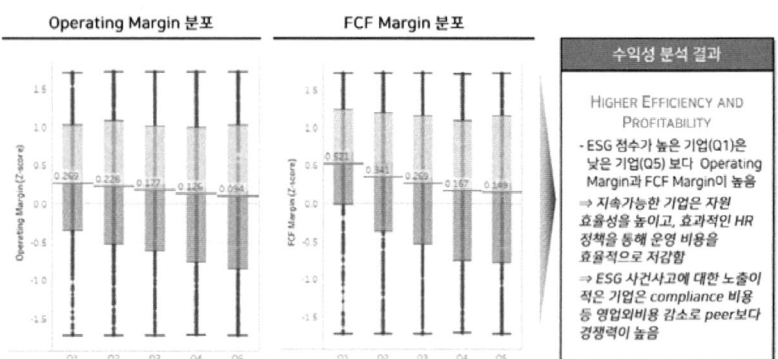

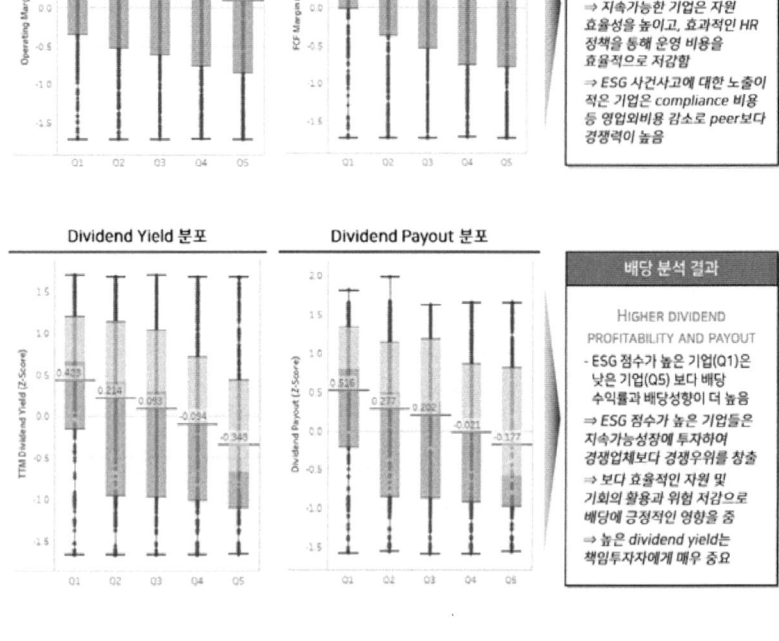

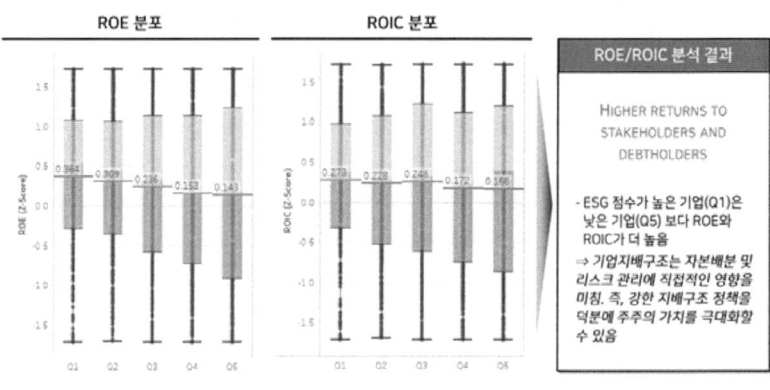

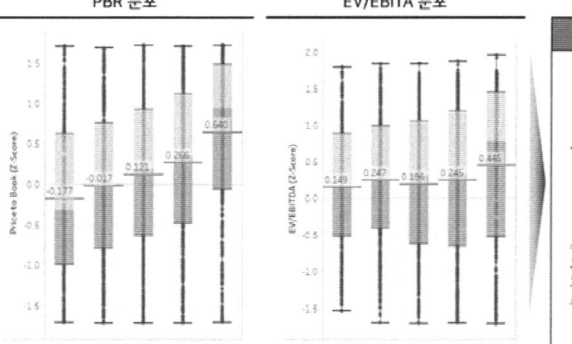
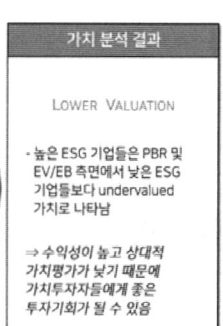

명   그렇다면 다행입니다. ESG의 투자수익률이 높다는 것은 시장과 기업에게 매우 매력적인 이야기라고 생각합니다. 하지만 만일 ESG가 기업의 수익률에 긍정적인 영향을 미치지 않는다고 하면 ESG는 필요 없는 것인가에 대해 저는 항상 문제의식이 있습니다. ESG를 해야 하는 것은 당연한 것인데, 투자수익률을 내세우는 지금의 논의는 불충분한 것이라 봅니다. 경제학이나 경영학의 역사적 흐름이나 기업의 사회적 책임에 대한 철학적 이해를 바탕으로 본다면 그렇습니다. 실무에서 ESG 평가를 진행하고 기업의 ESG를 독려하는 입장에서 ESG와 투자수익률에만 관심을 두는 사회적 논의의 흐름에 대해 어떻게 평가하시는지 듣고 싶습니다.

윤   네. 교수님 말씀이 맞습니다. ESG와 수익률, ESG와 기업가치, ESG와 재무성과와의 상관관계를 찾으려고 한 이유는 ESG가 투자시장에서 먼저 활용되었기 때문입니다. 말씀드린 것처럼 투자자들이 투자의 리스크를 줄여서 성공적인 투자 확률을 높이기 위해, ESG의 가치나 지속가능발전에 대한 기여라는 관점 보다는 투자시장에서 실무적으로 면밀하게 검토해서 투자의사결정을 했음에도 투자에 실패하는 사례들을 봤더니 알지 못했던 기업의 감춰진 비재무 리스크나 사건 때문입니다.

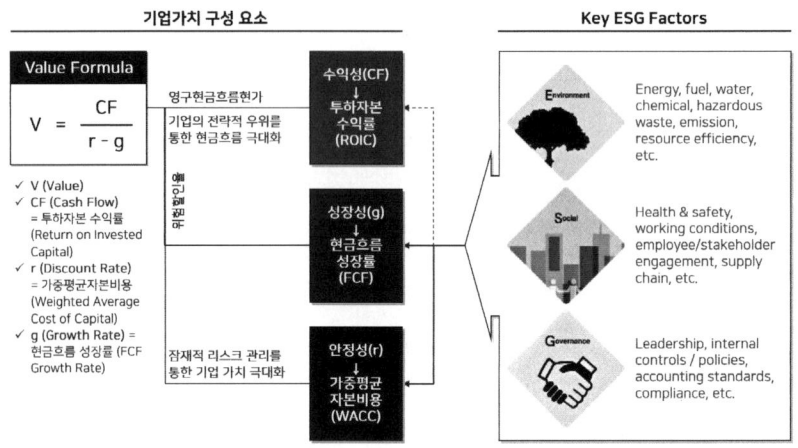

이 때문에, 기업 입장에서는 투자자에게 투자를 잘 받기 위해서, 즉 자본을 늘리기 위한 기회요인으로 ESG를 관리해야 한다는 수동적인 관점에 머물러 있습니다. 그러나 이는 이해관계자 중에 '투자자' 또는 '주주'만 보는 "주주가치 중심"의 자본주의 입장에 불과하며, 기업의 CSR의 중요성을 강조하기 시작하던 2000년대 초의 배경과 저탄소 경제로의 전환을 시작하는 2020년대 '이해관계자 자본주의'가 본격화되는 지금에 있어서 관통되는 일관된 관점이 "이해관계자"와 "지속가능한 발전"입니다.

2000년대 초에는 순수한 관점에서 기업의 지속가능 경영을 통해 사회의 지속가능발전에 기여하기를 바랐고, 안타깝게 사회공헌을 기업의 사회적책임으로 워싱하는 현상이 일어나면서 기대를 저버렸습니다. 더불어 금융기관의 부도덕으로 발생한 글로벌 금융위기, BP의 딥워터 호라이즌 사고, 웰스파고의 계정사기 스캔들, 폭스바겐의 디젤게이트 등을 거치면서 기업은 주주의 수익 만을 위한 조직이어서는 안되며, 2019년 BRT (business round table)에서 발표한 것 처럼 "기업의 목적은 이해관계자의 이익 추구"임을 고백하지 않을 수 없었습니다. 더구나 2020년 코로나 팬데믹은 바이러스 하나로도 전지구가 락다운에 빠질 수 있다는 것을 인식하면서 전 인류에 지속가능한 발전을 위한 생존전략을 고민하게 되었고, 결국 기후변화는 바이러스처럼 일시적으로 사람의 이동을 중지시킨다고 해결될 수 없으며 이미 가속화되고 있는 온난화를 방지하기 위해서는 기업이 포함된 전세계 경제사회의 탄소중립으로의 전환만이 희망임을 깨닫게 되었습니다. 결국 현대 서구 경제모델, 즉 주주가치 중심의 서구 자본주의의 헤게모니가 전환되고, 지속가능한 성장을 실천하는 것이 중요하며, 이에 전세계가 ESG의 가치, 즉 우리 사회의 지속가능성에 기여하는 기업의 ESG경영이 핵심적으로 중요한 이유가 되었습니다. 따라서 2020년 전후의 ESG, 즉 팬데믹 전후의 뉴노멀이 된 ESG의 역할은 분명 다르며, 따라서 기업의 수익과의 상관성 때문이 아니라 인류의 지속가능한 발전을 위한 생존전략이 'ESG'임을 깨달아야 합니다.

국내 기업의 ESG

명 국내 기업들에 대한 관심 차원에서 여쭤보고 싶은데요, 직접 ESG 평가를 수행하는 입장에서 글로벌 선도기업 대비 한국 기업들의 평균적인 ESG 경영 수준은 어떻게 평가하십니까?

윤 　모닝스타(Morningstar)의 평가에 따르면, 한국기업의 ESG 수준은 평가대상 46개국 중 31위로 인도 기업보다도 낮은 수준입니다. 구체적으로 한국 기업의 환경측면은 14위, 사회측면은 33위, 거버넌스는 44위입니다. 국내 기업의 지난 10년간 연평균 매출 증가율이 3.5%로서 OECD 국가의 기업 중 6위인 것과 비교하면, 국내 기업의 ESG 경영이 얼마나 취약한 지 알 수 있습니다. 그 이유는 분명히 있습니다. 글로벌 ESG 평가에서 한국 기업이 좀처럼 좋아지지 않는 원인 중 큰 부분이 '공시'입니다. 블룸버그 평가를 보면 한국 기업의 ESG 평균 공시율이 30%가 되지 않습니다. 둘째는 ESG 리스크 측면에서도 ESG 사건이 꾸준히 발생하고 있다는 점입니다. 저희가 지난해 2020년 발생한 324만 건의 뉴스기사를 분석한 결과, 상장사 2,373개 중 1/4인 474개사에서 ESG 사건이 발생했습니다. 200대 기업 중에는 무려 80%인 169개사에서 ESG 사건사고가 발생했습니다. 그 내용을 분석해 보면 49%는 기업지배구조 문제, 48%는 사회적 측면, 3%가 환경문제였습니다. 특히 2016년부터 2020년까지 5년 연속으로 한국 기업의 지속가능성을 해하는 첫 번째 요소는 지배구조에서 '도덕성'이슈였는데, 주로 횡령, 뇌물, 주가조작, 분식회계 등 경영진의 도덕성 관련 사건사고들입니다. 반면, 최근 5년사이 환경 및 사회 관련 사건사고 발생 기업이 증가추세에 있습니다.

명 　국내 기업들 경우, 아직도 많이 부족하다는 것이 여러 자료를 통해서도 확인이 되는군요. 그렇다면 최근 괄목할 만한 ESG 행보를 보인 기업들도 있습니까? 국내 ESG 경영 구체적인 성과 사례가 있는지도 궁금합니다. ESG 경영에 성공한 기업의 공통적인 특징이 확인된 것이 있습니까?

윤 아직 ESG경영을 어떤 기업이 잘한다 얘기하는 것은 시기 상조입니다. 2030년에 다가가면 지금 노력의 성적표가 명확히 드러날 것입니다. 따라서 앞으로 ESG 경영에 성공하는 기업이 나온다면, 곧 다가올 미래의 리스크를 미리 현재의 비즈니스 모델에 반영하기 시작한 기업들이 될 것입니다. 즉 2030년 기업을 운영하게 되는 경제시스템은 현재와 확연히 다른 저탄소경제입니다. 이 경제체제에서는 화석연료기반의 비즈니스들은 모두 사라지거나 도태될 것입니다. 따라서 새로운 경제체제가 요구하는 비즈니스 경쟁력을 갖추는 노력을 하는 기업만이 살아남을 것이고, 그것이 지금 ESG경영을 하는 기업의 성공 여부라 생각합니다.

굳이 생각해서 말씀드리자면, 최근에 ESG를 경영자 성과보상에 반영한 국내 기업이 늘고 있습니다. 2020년 기준 S&P500기업의 18% 정도가 환경과 사회지표를 경영자 성과 보상에 반영했는데 국내의 사례는 정말 손꼽을 만큼 적었습니다. 기억을 돌려 보면, 국내에서는 2015년 12월 30일 롯데 신동빈 회장이 2016년부터 ESG를 사장단 평가에 반영하겠다고 발표한 적이 있었는데요, 이른바 그룹 총수가 ESG를 평가에 직접 언급한 것은 그때가 처음이었던 걸로 기억합니다. 많이들 알려졌지만 2018년에는 SK가 계열사 경영진의 핵심성과지표(KPI)에 사회적가치(SV) 측정결과를 50% 반영하겠다고 발표했습니다. 2020년 SK사업보고서를 보면, 최태원 회장이 상여금 10억 원을 받았는데, '경영성과 즉, 1조 5천억의 영업이익 달성과 ESG 관점에서 SV 추구 등을 종합적으로 고려했다'고 명시하고 있습니다. 좀 더 말씀드리면 현대차는 2019년부터 ESG 등급을 경영자 성과지표에 반영한다고 발표했고 KB금융지주는 2020년 11월에 계열사 CEO 및 임원평가에 ESG 성과를 반영한다고 발표했는데, 지난해 사업보고서에서는 현대차 정의선 대표의 상여금 9억 4천만 원이나, KB 윤종규 회장의 상여금 18억 원에 대해, SK처럼 ESG 성과를 고려한 것인지 산정기준을 구체적으로 밝히지는 않고 있습니다.

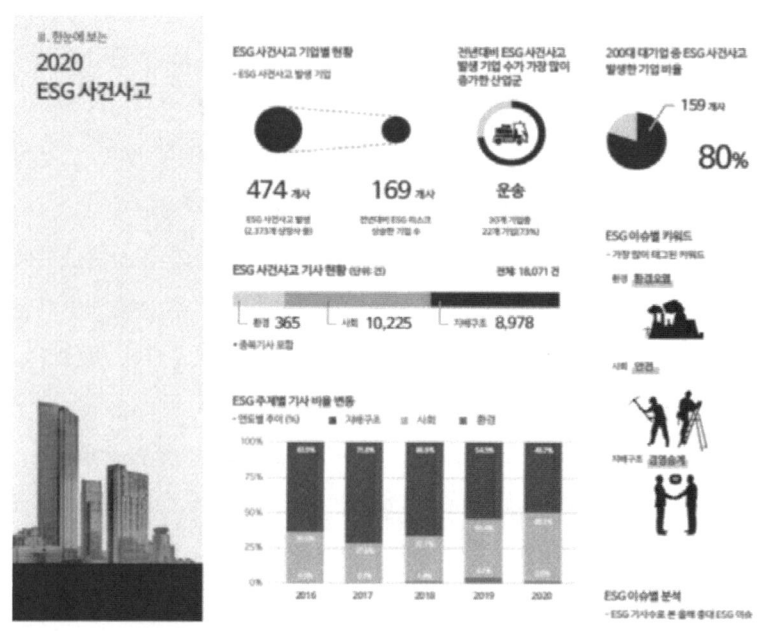

명 기업들의 ESG 경영이 환경에만 치우쳐져 있다는 평가도 나오고 있습니다. 그와는 반대로 지배구조와 관련한 투명경영이 취약하다는 연구 결과가 나왔습니다. 어떻게 보십니까?

윤 기존 투자시장에서의 논리대로 거버넌스를 더 중요하게 보고 3개 테마에 대한 기계적인 균형을 맞추려고 하는 시도가 있었습니다. 하지만 원래 Governance는 오랫동안 자본시장에서 강조되었던 이슈입니다. 기업 거버넌스가 중요한 것은 이미 다 알고 있는 사실입니다. 오래된 얘기입니다. 2018년 기준으로 전세계 46개국 상장사 ESG를 분석해 본 결과, 한국기업의 지배구조는 46개 국 중 44위 였습니다. 투자자에게 지배구조 개선이란 "이해상충을 완화해서 효율성을 개선하는 것"입니다. 이것은 자본시장에서 '장기적 자본 생산성 향상의 지표'로 보고 있습니다. 이에 반해, 최근 ESG가 강조되는 근본적인 배경은 환경, 즉 기후리스크 때문이라고 해도 과언이 아닙니다. 우리는 지금 기후리스크로 인해 인류의 큰 위기에 봉착해 있고, 유일한 해결책이 전 세계가 저탄소 경제, 나아가 탄소중립사회로 전환하는 것입니다. 이를 위해 금융이 ESG를 레버리지로 활용하여 재편되고 있는 것입니다. 따라서 오히려 환경은 아직 제대로 강조되지 않았다고 생각합니다. 녹색전환은 생각보다 굉장히 괴롭고 힘든 일이 될 것이며, 따라서 지금의 10배는 더 강조해야 하고, 더 집중해야 하며 경영의 모든 면에 반영해야 합니다. P4G 정상회의에서 강조되었듯이, 앞으로 10년 동안 포용적 녹색회복을 위한 공동의 노력을 지속해야 하는 이유이기도 합니다.

명 계속 여쭤봐야할 거 같은데요, 국내 금융사의 ESG 투자 규모가 자산 대비 1.3% 수준에 불과해 탄소중립 준비에 소극적이라는 지적이 나옵니다. 투자 규모에 따라 ESG경영을 평가하는 기준점이 있나요?

윤 ESG평가에서는 투자 규모에 따라 평가하지 않습니다. 투자의 포트폴리오에 따라 평가합니다. 글로벌 평가사들을 중심으로 이러한 평가방식이 점점 반영되고 있습니다. 최근 ESG평가의 변화중에 하나입니다. 즉, 규모와 상관없이 금융사의 투자 비중 중에 지속가능한 사업에 투자한 비중이 얼마인지, 화석연료 기반의 비즈니스에 대한 투자 비중이 몇 %인지가 중요한 평가기준의 하나가 되고 있습니다.

탄소중립을 위해 금융의 역할이 강조되고 있고, 점점 중요해지고 있습니다. 이를 자본의 재배분이라고 합니다. 모든 업종의 비즈니스를 지속가능한 비즈니스와 지속가능하지 않는 비즈니스로 나누고, 후자에서 전자로 모든 금융기관의 자본을 재배분하고 있습니다. 후자에 투자된 자산은 좌초자산으로 분류하고, 이러한 자산은 회수가 어려워질 것입니다. 이것은 금융기관의 리스크가 될 것이기 때문에, 금융사의 ESG 평가에 반영하지 않을 수 없습니다.

명 최근 산재사고가 잇달아 이어지고 있어 ESG 중 노동 분야가 유독 취약하다는 지적도 있습니다만.

윤 사회부문은 데이터로 관리하지 않고 있는 항목이 많습니다. 기업에게 공시의무가 부여되고, 정부 또한 관련 데이터를 적극적으로 공개하면 금방 개선될 것이라 생각합니다. 기업의 가장 중요한 이해관계자 중 하나는 직원입니다.

명 사회적 가치 창출에 노력해야 할 공기업의 ESG 리스크 관리수준도 심각한 수준인 것으로 보고서에 나왔다고 들었습니다. 이에 대해 어떻게 평가하십니까?

윤 공기업은 해당 부문에 있어서 공공성이 매우 중요하기 때문에 정부가 민간의 자율에 맡기지 않고 독점적인 사업권을 제공함으로써 공익을 도모하기 위한 것입니다.

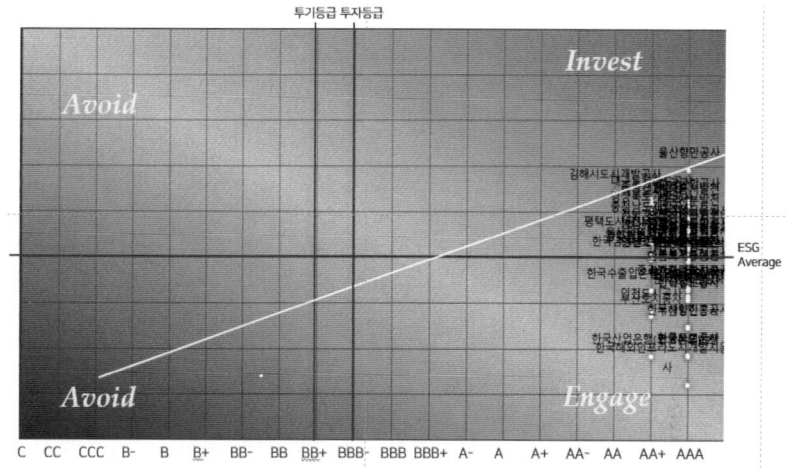

그럼에도 불구하고 저희가 지난 4월 대표적인 국내 공기업 50개 사의 ESG를 평가한 결과, ESG 수준이 매우 심각한 기업이 많았습니다. ESG 사건사고도 많았지만, 그린워싱도 심각합니다. 국제사회로부터 "한국에서 발행하는 녹색채권은 이제 앞으로 시장에서는 외면할 것"이라고도 말합니다. 공기업은 거의 대부분 AA 또는 AAA라고 하는 가장 높은 신용등급을 받음에도 불구하고, ESG 수준은 매우 차이가 많이 났습니다. 공기업이 우리 사회에 미치는 영향이 큰 만큼 지속적인 개선이 필요한데, 상장사는 투자기관이 ESG가 좋지 않으면 참여를 하지만, 공기업은 그러하지 못합니다. 따라서 정부가 적극적으로 공기업의 ESG를 관리감독 하거나 경영평가에 반영하는 것이 필요해 보입니다.

명 대기업의 ESG 확산에 따른 부담이 중소기업에 그대로 이전되지는 않을까요? 중소기업은 탄소배출량이 많은 업종에서 친환경 업종으로 전환하기 쉽지 않을 것이고 근로 환경도 열악한 편입니다. 지배구조도 이사회 독립성 평가 기준에 불리한 것으로 알고 있습니다. 현실적으로 중요한 이슈인 것 같은데요.

윤 중소기업에게 똑같은 ESG를 요구하는 것은 그 목적을 잘못 이해하는 것입니다. 대기업 또는 상장사와 달리 중소 중견기업에게 요구하는 ESG는 자본을 늘리는 기회요인이 아니라, 전환을 위한 지원의 근거로 활용되어야 합니다. 지속가능금융(sustainable finance)이 바로 그 역할을 하기 위한 것입니다. 지속가능금융에서 ESG를 기준으로 자본의 흐름을 전환하고 있고, 예컨대 미국은 2조 달러, 유럽연합은 1조 유로를 준비한 것도 이 때문입니다. 중소기업에게 지배구조도 상장사와 같은 기준을 요구하는 것은 현재 이해관계자 자본주의의 프로토콜로 활용되는 ESG의 역할을 아직 이해하지 못하는 것입니다. 금융시장에서 ESG가 상장사에 대한 투자자의 채찍이라면, 중소기업에게는 은행을 통한 당근으로 작용해야 합니다. 그게 다가오는 2020년대 지속가능금융의 성공 열쇠입니다.

명 국내 기업들이 ESG 경영을 담당하는 전담부서를 신설하고 있는데 기업별로 ESG 위원장과 위원은 대부분 사외이사가 겸직하고 있어 실효성과 전문성의 논란도 있습니다. 어떻게 생각하십니까?

윤 ESG 위원회를 만드는 것은 ESG 경영의 핵심요건이 아닙니다. 잘하겠다는 의지를 보이는 것이고, 이사회 내 위원회는 견제를 위해 사외이사를 중심으로 운영되어야 한다는 기본적인 거버넌스 원칙에서 그렇게 하는 것 같습니다. 사외이사는 어느 기업의 어떤 위원회이건 전문성이 있는 사람이어야 하는 것은 맞습니다. 중요한 것은 ESG 경영의 핵심은 앞으로 2030년 저탄소 경제하에서 지속가능한 비즈니스를 할 수 있도록 우리 기업에게 예상되는 리스크를 극복하면서 비즈니스 모델에 반영하는 목표와 방향, 전략을 수립하고, 추진하는 것입니다. 필요하다면 그 기업의 비즈니스 모델을 바꿀 수 있는 충분한 권한과 역량을 갖느냐가 중요하다고 생각합니다.

기업의 태도와 그린워싱

명 이쯤 말씀 듣다 보니, 그린워싱 관련해서도 여쭤보고 싶은데요, 거기에 대해서는 조금 기다리시구요. (웃음) 먼저 기업의 대처와 관련된 어려움부터 질문 드립니다. 최근에 많은 기업이 ESG에 대해서 관심을 갖고 있고, 또 경영활동에 도입하려는 움직임도 많아지고 있습니다. 그런데 현장에서 들리는 소리는 평가기관별로 ESG 등급 기준이 들쭉날쭉해 기업들이 대처하기 어렵다는 의견이 많이 있지요. 이에 대해 어떻게 생각하십니까.

윤 우선 강조할 것이, ESG 경영은 ESG 평가에 대응하는 것이 아닙니다. ESG 경영은 지속가능성을 위해 하는 것이며, ESG 평가는 투자사에게 ESG 투자를 위한 정보를 제공하는 것일 뿐 ESG 경영 전반을 평가하는 잣대는 아닙니다. ESG 평가사의 평가 결과가 좋다고 그 기업이 앞으로도 지속가능하다고 장담할 수 없습니다. 생각해 보면, ESG를 평가하는 기관이 기업의 이해관계자가 아니라, 투자사가 기업의 이해관계자이며, ESG를 통해 자본을 늘리는 기회요인으로만 본다면 그것은 진정한 ESG 경영이 아닙니다. ESG 평가사의 고객은 기관투자자이고, 기관투자자는 자사의 투자 철학과 전략에 따라 ESG 평가사가 제공한 정보를 참고자료로

취사선택하거나 활용하기 때문에, 여기에만 신경 쓰는 것은 결코 바람직하지 않습니다. 큰 운용사일수록 자체 평가모델을 갖고 있고, 다수의 ESG 평가사로부터 정보만 받아 활용하기도 합니다. 평가의 기준 역시 시대나 사회의 변화에 따라 변화하는 것이므로, 많은 평가사나 평가기준에 대응하는 것은 소모적인 일일 뿐, 결코 경영에 도움이 되지 않습니다. 따라서 본질적으로 지속가능경영을 잘 수행한다면 어떠한 평가기준이나 평가기관에서도 좋게 평가받을 수 있으며, 이러한 점에서 장기적인 비전과 목표를 수립하고 그에 따른 경영 전략을 추진해 나가는 것이 바람직합니다.

명 많은 기업들이 ESG 평가를 잘 받기 위해 신경 쓰고 있고 컨설팅도 받고 있는데 어떻게 생각하십니까? 사실 저는 좀 비판적입니다만.

윤 주객이 전도되었습니다. 투자를 잘 받기 위해서, 또는 ESG평가를 잘 받기 위해서 ESG경영을 하는 것이 아닙니다. 목표가 잘못되어 있습니다. 그러한 컨설팅은 잘못된 것이고, 오히려 기업의 경영을 망칩니다. 원래 저희가 who's good을 설립하게 된 계기도 이런 점수 올려주는 족집게 컨설팅이 기업들을 망치고 있기 때문이었습니다. ESG평가시장의 구조적 문제점을 악용해서 기업에게 점수 올려주는 컨설팅을 해 돈을 버는 좋지 못한 회사들이 오히려 지금 더 많아진 것 같습니다.

일찍이 2000년대 초 기업의 사회적 책임(CSR)이 강조되면서 지속가능경영보고서(Sustainability report)가 중요해 졌습니다. ESG를 공시하는 방법 중 보고서 발간이 보편화 된 것입니다. 이걸 기초로 ESG평가가 시작되자 지속가능경영 컨설팅이 시작되었습니다. 그런데 지속가능보고서와 여기에 담아야 하는 지속가능경영전략을 동시에 컨설팅하기 시작했습니다. CSR을 경영에 녹여내기 위한 경영전략 컨설팅이 아니라, 보고서에 담기 위한 목정의 전략 컨설팅이 된 겁니다. 이런 행태가 발전해서 2010년 대부터는 극단적으로 ESG점수 올려주는 컨설팅이 되어 버리는 것을 목도했습니다.

예컨대, 우리는 토익 점수를 잘 받으려고 영어공부를 하는 게 아닙니다. 영어 실력을 늘리려고 공부하는 것이고, 내가 노력한 결과 현재 어느 정도 수준인지를 객관적으로 알고자 시험을 보는 것입니다. 그런데, 토익 OOO 점수가 취업의 기본요건이 되면서, 영어실력과 상관없이 좋은 점수 잘 받기 위한 기출문제 유형을 연구하고 교육받습니다.

즉, 영어로 커뮤니케이션하기 위한 목적으로 영어실력을 키우는 것처럼, 앞에서도 언급한 바와 같이 이해관계자 자본주의하에서의 기업 경영은 이해관계자의 이해를 바탕으로, 환경·사회적으로 지속가능하고 사회의 지지를 받는 방식으로 제품과 서비스를 생산함으로써, 기업활동의 정당성을 유지하는 경영입니다. 따라서 이해관계자의 평가를 잘 받기 위해 ESG경영을 한다는 것은 말이 안됩니다. 이러한 의미에서 ESG 경영은 다른 말로 표현한다면 '이해관계자 경영'입니다. 우리 기업의 다양한 이해관계자와의 가치 실현에 노력하는 경영활동이 필요하고, 그렇게 하면 자연스럽게 ESG가 개선되어 리스크가 줄어들고 경쟁력이 높아지면 기업의 가치 또한 높아지게 됩니다. 이 과정을 자본시장에서는 외부의 ESG평가사들이 면밀히 판단해서 평가하고, 그 결과를 투자자에게 제공하는 것입니다. 따라서 ESG평가는 이 정보를 필요로 하는 투자자의 철학과 투자전략에 따라 다양하며, 그러므로 모든 평가기관의 기준에 따라 대응하고 노력한다는 것은 불가능하고 무의미합니다.

명 전적으로 동감합니다. 그럼에도 이렇게 다시 여쭤 보겠습니다. 기업들이 ESG에 대응하기 어렵다는 하소연도 계속 나옵니다. 어쨌든 ESG 평가에서 좋은 점수를 얻으려면 어떤 노력이 필요한가는 기업들의 최대 관심사입니다. ESG 경영을 성공적으로 수행하기 위한 전략이 무엇일까요?

윤 '대응하기 어렵다'는 말 자체가 잘못됐습니다. ESG는 대응하는 것이 아니라, 스스로 자사의 ESG 리스크를 관리하고 나아가 기회를 찾아나가는 과정이어야 합니다. 중요한 것은 이 노력의 과정이 목표가 명확해야 합니다. 지금까지의 ESG는 기업이 자본을 늘리는 기회요인이었습니다. 투자자가 ESG가 좋아야 투자하기 때문이었는데, 2020년대부터는 대다수 기업의 ESG 경영의 방향은 곧 비즈니스 모델의 개선 또는 피봇이 될 것입니다. ESG 경영을 성공적으로 수행하려면 먼저 자사의 ESG 수준을 진단하고 리스크를 정확히 식별하여 우리 기업가치에 영향이 큰 리스크 먼저 관리해 나가야 하는데, 그 과정에서 우리 회사의 미래 지속가능성 목표에 정렬(alignment)해야 하기 때문입니다.

즉 앞에서 언급한 바와 같이, ESG 평가가 기존의 신용평가와 다른 점은 신용평가가 과거의 비즈니스 결과물인 재무성과를 기초로 현재의 채무상환능력을 평가하는 것이라면, ESG평가는 현재 기업의 관리역량을 기초로 미래의 지속가능성 또는 미래 경쟁력을 평가하는 것입니다. 즉 "현재 어떤 사업을 하고, 기업은 운영하는 것에 큰 문제가 없다"하더라도, ESG 평가방법론은 업종별로 예상되는 미래의 리스크를 미리 반영해서 평가하기 때문에, 현재의 관리수준과 역량 대비 해당 리스크가 매우 높게 측정되는 이슈들을 식별할 수 있습니다. 바로 그이슈를 잘 관리하지 않으면, 앞으로 더 문제가 발생하고 결국 회사의 존립자체까지 위협할 수 있음을 보는 지표라는 점입니다. 이러한 관점에서 ESG평가를 통해 식별되는 리스크를 경영에 반드시 반영하고 활용해야 합니다.

명   금융연구원에서도 중요한 표현을 했던 적이 있습니다. 저도 무척 공감하는데요, '무늬만 ESG 확산'을 이야기 하면서 ESG 투자규모가 빠르게 성장하는 반면에 'ESG워싱 혹은 그린워싱' 리스크가 커지고 있다는 경고가 있었습니다. 그러면 투자판단에 있어 주의해야할 부분이 무엇인지도 함께 설명 부탁드립니다.

윤   친환경인 척 가장하는 녹색세탁이 글로벌 자본시장에서도 가장 큰 문제입니다. 그린워싱이란 바로 그러한 우려를 표현하는 말입니다. 녹색전환을 위해, 어렵게 조성된 ESG 투자자금이 위장기업에게 투자가 되면 전체 자본시장을 흔들 수 있습니다. 그래서 전 세계 금융당국과 중앙은행은 기후 리스크 나아가 ESG 리스크가 금융의 안정성, 재정 건전성을 위협하는 요소로 모두 인식하고 있습니다. 한국의 한국전력이 2020년 5억불, 한국 돈으로 약 6천억 원의 녹색채권을 발행한 직후, 인도네시아와 베트남 등 동남아에 신규 석탄발전소에 투자한 것을 두고 블룸버그는 그린워싱이라며 지적을 했습니다. 이를 두고 한 기관은 '그린워싱은 한국의 녹색채권 시장의 명성을 훼손하고, 한국의 녹색채권에 대한 수요를 떨어뜨릴 것'이라고 지적했습니다. 한전은 녹색채권의 발행자금으로 석탄발전에 투자한 것이 아니므로 그린워싱이 아니라고 주장하지만, 진정성이 문제인 것입니다. 파리목표 달성을 위해 전세계가 노력하고 있고, 특히 에너지 전환이 중요한 시점에서, 발행하는 녹색채권에 전세계 기관이 투자하는 이유는 그 저탄소경제로의 전환을 지지하고 기여할 것이 라는 기대 때문입니다. 녹색채권은 매우 구체적인 기후 또는 친환경 관련 프로젝트에만 채권 발행자금을 사용할 것을 정한 특수목적채권입니다. 진정성을 의심받기 충분합니다.

(참고: https://www.bloomberg.com/news/articles/2021-05-25/green-bond-seller-investing-in-coal-shows-how-tricky-esg-can-be?fbclid=IwAR3SRvDGxKCRCzmRH4rsMql5ZeSLax9NXbjpiF_FINgDt9Oliwt2b4nIL-c)

이 때문에 월드뱅크 등 국제금융사회에서는 이러한 워싱을 없애기 위해, 각국 정부에게 '지속가능 분류체계(Taxonomy)'를 구축하고, 이에 부합하는 비즈니스에 대해서만 투자하도록 하는 지속가능투자시스템과 국가의 지속가능금융전략의 수립을 강력히 권고했습니다. 앞으로 투자할 때 해당 기업의 활동이 지속가능한 활동을 정의한 분류체계에 부합하는지 검토하고 투자해야 합니다. 더불어 투자자는 지속가능활동에 투자한 투자금액도 의무적으로 공개해야 합니다. 이러한 워싱 문제는 지속가능금융시스템의 도입을 통해 점차 해결될 것으로 판단합니다.

명 ESG경영의 일환으로 은행들이 지속가능 금융상품을 선보이려고 하는데요, 당연히 환영할 만한 움직임이긴 한데요, 어떤 방향으로 접근해야 할까요?

윤 지속가능 금융(sustainable finance) 중 '지속가능 투자'는 책임투자 또는 ESG투자라는 이름으로 UN PRI를 중심으로 지난 15년간 연기금 및 자산운용사가 명확한 투자정책과 적극적인 주주행동주의를 통해 이끌어 왔습니다. 최근 ESG투자의 붐이 일게된 것도 이 때문입니다. 반면 은행은 실물경제의 중심이자 자본 흐름의 중개에 있어 중요한 역할임에도 불구하고 그동안 이를 외면해 왔습니다. 그러다가 2019년이 되어서야 글로벌 130여개 은행들이 모여 책임은행원칙(PRB)을 발족시켰습니다. 비록 시작은 늦었지만, 저탄소 경제로의 전환을 시작해야 하는 시점에서 은행은 적극적으로 책임은행원칙을 시행해야 합니다. PRB의 6가지 원칙이 바로 은행이 지속가능한 금융을 위한 기본적인 접근 방향입니다.

명 좀 더 본질적인 질문인데, ESG 평가 관련 사업을 하는 입장에서 ESG 등급 평가에 대한 비전이 무엇인가요? 그리고 이를 위해 기업과 정부, 사회가 어떻게 변화해야 할지 의견을 주시면 좋겠습니다.

윤 최근의 ESG는 단순히 기업이 자본을 늘리는 기회요인을 넘어, 이해관계자 자본주의로의 전환을 위한 레버리지로 활용되고 있으며, 핵심적으로 저탄소 경제로의 전환을 달성하기 위한 독려 수단이 되고 있습니다. 더불어 기업 자체가 아니라 기업이 하는 비즈니스 자체의 지속가능성을 평가하는 수단이 되고 있습니다.

따라서 기업은 단순히 투자자만을 바라보고 좋은 점수를 받기 위해 힘쓰는 것이 아니라, 앞으로 2030년, 즉 10년 후에도 살아남는 기업이 될 수 있도록 리스크를 줄이고 기회를 찾아 비즈니스 모델을 개선 또는 전환하는데 중요한 요소로 이해하고 경영에 적극 반영해야 합니다. 더불어 정부와 사회는 대기업뿐만 아니라 중소기업들도 10년 후로 예정된 저탄소 경제·사회로의 전환에 낙오되지 않고 동참하여 생존할 수 있도록 적극적으로 관심을 갖고 지원해야 합니다.

따라서 ESG 평가는 현재가 중요한 것이 아니라 미래 지속가능성의 지표이어야 하며, 따라서 비록 현재 좋지 않게 평가받더라도 ESG 평가를 정태적인 결과가 아니라 가능한 동태적인 가치지향적인 방향을 설정할 수 있는 수단으로 활용해야 합니다. ESG는 방향과 과정이 중요합니다.

마무리

명 마지막입니다. 요즘 다들 이야기 합니다. '선택 아닌 필수다. 이제는 ESG의 시대가 왔다.' 이러한 시기에 AI기반의 ESG 평가서비스를 제공하고 있는 ㈜지속가능발전소의 궁극적 역할은 무엇인가요?

윤 말씀대로 저희는 인공지능 기반의 ESG 데이터를 분석하는 기업입니다. ESG 평가기준도 자체적으로 개발하여 시장에서 좋은 반응도 얻고 있다고 자부합니다. 저희는 ESG에 대한 사회적 관심도 없고, 투자를 받지 못해 어려움을 겪을 때도, 한 가지 믿음을 갖고 버텨왔습니다. 흔히 미션, 기업의 사명이라고 하는데요, 저희는 '지속가능성에 기반한 비재무(ESG) 분석을 통해 투자자, 소비자, 기업의 변화를 이끌어 내서 지속가능금융(sustainable finance) 및 우리 사회의 지속가능발전에 기여한다.'는 미션을 가지고 있습니다. 즉, ESG평가의 구조적 문제점을 AI를 비롯한 데이터 분석기술을 활용하여 데이터 기반의 보다 객관적인 분석을 통해, ESG가 가지고 있는 다양한 함의에서 인사이트를 찾아내 투자자, 소비자 등 이해관계자에게 제공하는 것입니다. 저희의 멘토가 된 책 중의 하나가 "기업은 저절로 착해지지 않는다"라는 책입니다. 이 책 제목처럼 기업은 저절로 착해지지 않습니다. 기업이 착해지려면, 이해관계자가 요구해야 하는데, 대표적으로 투자자, 소비자, 직원 등이 먼저 그 기업의 팩트(fact), 즉 분명한 사실을 알게 되는 것이 중요하다고 생각합니다. 그 역할을 저희가 하고자 합니다.

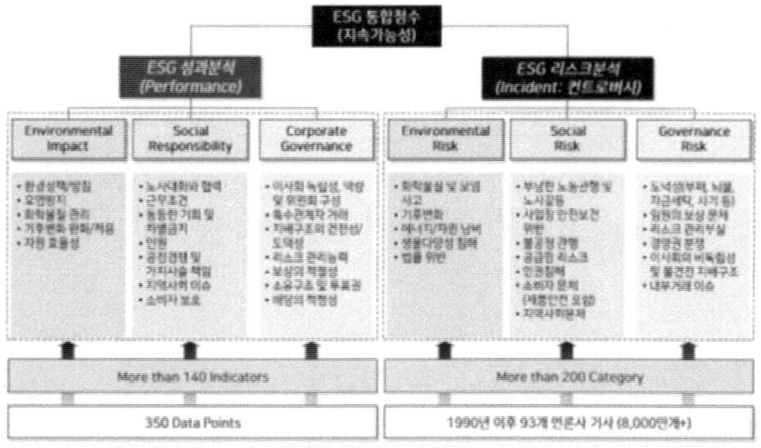

그렇게 기업이 변하면 우리 사회는 보다 더 지속가능한 발전을 할 수 있다고 믿고 있습니다. 이를 위해 현재 전체 상장사를 포

함한 국내 2,800여개 기업의 ESG 리스크를 매일 모니터링하여 분석정보를 하루에 2번 국내외 자본시장에 제공하고 있습니다. 이 알고리즘을 발전시켜서, 일본, 중국, 인도네시아 등 아시아 기업으로 확대해 그들은 ESG를 분석하여 제공할 예정입니다. 또한 지속가능금융이 중요해짐에 따라, 은행 등 금융기관들도 중소기업의 지속가능성을 기초로 대출 및 금융 서비스가 제공될 수 있도록 지속가능성 신용평가모델을 도입하여 운영하고 있습니다.

명 긴 시간 함께 해 주시고 좋은 말씀 감사합니다. 앞으로도 ESG 확산을 위한 활동에 큰 성과 있기를 바라겠습니다. 다시 한 번 감사합니다.

윤 예, 감사드립니다. 학계와 실무 산업계에서 함께 전진하는 자리가 많아지길 기대하겠습니다. 감사합니다.

마무리글

　회사는 ESG 경영을 추진해야 한다. 이는 매우 규범적인 명제다. 지금까지 기업이 어떠한 사회적 책임을 갖고 있는지 살펴봤다. 기업의 존재 이유가 이익극대화만이라 말하기에는 역사적으로나 철학적으로 아쉬움이 있다. 이익극대화는 기업이 달성해야 하는 선한 목적이라는 것이 옳은 표현이다. 이익극대화는 영리를 추구하는 조직으로서 기업이 정체성을 가져야 하는 제약조건으로 보는 것이 맞다. 사회는 기업에게 사업을 영위할 수 있는 권리를 부여했다. 권리에는 책임이 따른다. 그 책임은 기업의 이해관계자들에게 피해를 주지 않으면서 영리를 추구하는 것이다.

　기업은 자유로운 의사결정 권한을 가지고 있다. 사회의 누구도 기업에게 의사결정을 구체적으로 강제할 수는 없다. 기업은 권리를 행사함에 있어서 자유롭지만 그 한계는 명확하다. 자유로운 의사결정이 비윤리적 의사결정을 포함하지는 않는다. 이는 스미스 시절부터 확립된 것이다. 그 대신 자유로운 의사결정은 전략적인 의사결정에서 빛을 발할 수 있다.

이해관계자의 요구에 자유롭게 반응하는 것이 ESG 이슈를 무시해도 좋다는 의미가 아니라, ESG 이슈를 창의적으로, 전략적으로 풀어낼 수 있는 권리가 있다는 뜻이다.

이해관계자는 기업에게 ESG를 요구한다. 이해관계자는 각자의 수준에 맞게, 각자의 위치에서 요구하고 행동한다. 이해관계자가 가진 인식의 수준과 사회적 책임에 대한 이해도는 이해관계자의 요구수준을 결정한다. 기업은 이해관계자의 요구에 '전략적'으로 응하는 것이지 이해관계자의 요구가 없는 것을 그들의 입장에서 먼저 그들에게 알려주며 경영활동을 할 의무는 없다. 따라서 한 사회의 ESG 수준의 차이는 드러난다. 그것은 사회의 구성원인 이해관계자의 책임의식 때문이기도 하다.

하지만 21세기 경영환경은 글로벌시장에서 신속하게 정보가 교환되는 특징이 있다. 기업이 속한 사회와 국가의 사회적 책임 인식수준에만 머물러서 소극적인 반응을 한다면 지금의 경영환경에서는 현명하지 못하다. 원칙적으로 문화적 상대주의가 인정될 수도 없고, 요구수준에 맞추는 대응은 전략적이지도 못하다. 전략적인 ESG 경영활동의 방법은 다양하다. 사업적 특성에 맞춰 생각해야 하고 신사업을 착수 시에도 고려해야 한다. 전통적인 전략경영의 시각을 그대로 적용해야 한다. 중대성 평가절차가 그 시작이다. 이해관계자의 요구와 ESG 이슈, 회사의 전략 간의 균형을 찾는 것이 필요하다.

'돈이 되는 ESG'라는 명제를 올바르게 이해해야 한다. 자본시장에서 ESG 경영을 하는 기업에게 투자하면 투자수익률 높다고 발표한 것은, 일반론이 아니다. 우리 회사가 어떻게 경영을 해야 할 것인지 전략적인 고민이 없으면 '돈이 되는 ESG'는 그들만의 이야기일 뿐이다. 돈이 되는 투자대상에 편입되는 것이 중요하다. ESG 평가기관의 요구에 정답을 써서 제출하는 것보다는 실제로 ESG 경영전략의 성과를 바탕으로 블루칩이 되는 것이 중요하다.

마지막으로 프라할라드의 '피라미드의 바닥(Bottom of the Pyramid)'의 비유를 생각해 본다. 지금까지 기업은 피라미드의 꼭대기만 대상으로 사업을 해왔다. 왜냐하면 돈 많은 상위층의 구매력이 높기 때문이었다. 하지만 생각을 바꿔보면, 절대다수의 인구를 차지하는 피라미드의 바닥계층의 요구를 충족시켜주는 제품과 서비스를 개발하는 것이 새로운 시장기회를 여는 것이고 그들의 삶에도 긍정적인 변화를 만들어 낼 수 있다. 기업의 수익성과 사회적 성과를 동시에 볼 수 있는 것이다. 핵심역량이라는 단어가 경영학에 뿌리내리게 한 인도계 경영학자인 프라할라드는 생전에 ESG를 주장했던 사람이 아니다. 하지만 지금 우리는 그의 주장을 되뇌어 볼 필요가 있다. ESG를 고려하는 전략이란 너무도 당연한 것이다. ESG는 비용이나 규제가 아니다. 기업의 당연한 의무이자 전략이며 새로운 기회다. 바로 그러한 고민을 시작하는 독자들에게 이 책이 도움이 되기 바란다.

바람직한 기업의 필수조건
ESG경영 - 규범적 도입과 전략적 실행

초판인쇄 2021년 11월 25일
초판발행 2021년 11월 29일

저   자   명재규 · 윤덕찬 · 김종대

펴 낸 이   홍명희
펴 낸 곳   아딘크라
주   소   경기도 용인시 기흥구 탑실로 152
           대주피오레 2단지 202-1602
전   화   031)201-5310
등록번호   2017.12. 제2017-000096호
인 쇄 처   진흥인쇄렌드 02)812-3694

ISBN 979-11-89453-13-8 93320

값 17,000원
ⓒ 2021